GARCIA LORCA

GARLAND REFERENCE LIBRARY
OF THE HUMANITIES
(VOL. 259)

GARCIA LORCA
An Annotated Primary Bibliography

Francesca Colecchia
editor

GARLAND PUBLISHING, INC. • NEW YORK & LONDON
1982

r
Z8323.6
G37

Library of Congress Cataloging in Publication Data (Revised)
Main entry under title:

García Lorca.

(Garland reference library of the humanities ; v. 143, 259)
Includes indexes
Contents: v. l. A selectively annotated bibliography
of criticism—v. 2. An annotated primary bibliography.
1. García Lorca, Féderico, 1898–1936—Bibliography.
I. Colecchia, Francesca Maria. II. Series:
Garland reference library of the humanities ; v. 143,
etc.
Z8323.6.G37   016.868′6209   79-3509
ISBN 0-8240-9800-5 (v. 1)   AACR2
ISBN 0-8240-9496-4 (v. 2)

Printed on acid-free, 250-year-life paper
Manufactured in the United States of America

CONTENTS

v

INTRODUCTION

The preparation of the second volume of this bibliography on García Lorca has proved more difficult and frustrating than the first. If, in researching the earlier volume dealing with works about Lorca, the many inaccuracies and "non-existent" items listed in published sources presented problems to the compilers and editor, research for the present volume—dealing with works by Lorca as well as translations and adaptations of them—offered even more obstacles.

The emphasis on works by Lorca, including correspondence, lectures, and interviews, explains in part the problems encountered in its preparation. A great number of these works appeared originally in small, short-lived literary magazines or in provincial journals—many more than fifty years ago. Locating such items for personal verification has required tremendous expenditures of effort and time.

The authentication of Lorca's drawings has been especially troublesome. Since many of these were included in letters and dedications of books to friends, a number of them have simply disappeared over the years while others will remain hidden until the owners release these communications to the public. Additionally, several of the drawings bear an identical name or have no name. Where possible, we have compared those with identical titles or similar descriptive phrases to ascertain the exact identity of the sketch or drawing. In the case of others, we have noted slight variations in the titles assigned to these drawings by diverse editors and authors of studies concerning them.

The Andalusian writer's correspondence presented difficulties of a different sort. By their nature, letters, postcards, and notes are personal—the property of the addressees rather than the public. One can only conjecture about the number of letters and other communications lost in the normal process of attrition and the number still in private hands. Those available to us have been listed here. The rest await the generosity of their owners and/or the passing of time to afford the scholar new insights on the poet/dramatist.

The organization of this volume follows the major divisions of García Lorca's work. Entries appear under genre groupings, and within these under the general headings of: Collected works, anthologies, and individual works. A brief appendix listing pertinent publications not available in the United States is provided, along with a list of works which might be supposed to contain works by Lorca, but which do not. In the presentation of the author's original works stress was placed on their earliest publications, rather than on the numerous reimpressions and new editions of standard works. Where available, the material accompanying theater entries includes details about the first production of a given piece.

The author's lectures, interviews, and letters are organized in essentially the same way. Translations and adaptations of Lorca's works adhere in general to the format set out for listings of his original works. Lorca's drawings and sketches appear in slightly different order, namely those published in the *Obras completas*, those found elsewhere, and those presumed to exist in private hands.

A comparison of the table of the contents in the *O. C.* concerning García Lorca's statements, interviews, and similar "non-literary" efforts indicates some variations among the different editions of his complete works with reference to the category to which these items have been assigned. For example, the 1960 Aguilar edition of the *O. C.* lists "En la Universidad International de Santander" under "Entrevistas," while the 1977 edition places it under "Alocuciones." Similar differences are noted in other instances. For the sake of uniformity we have followed the classification for these entries as found in the 1977 Aguilar edition of the *O. C.* Additionally, the volume and page reference for these items in the 1977 Aguilar edition of the *O. C.* is placed in parentheses following the title.

Every effort has been expended to assure the completeness and accuracy of this work. Each section chair assumed responsibility for the preciseness and inclusiveness of his or her specific area. Nonetheless, the editor willingly accepts the blame for any deficiencies or errors that appear herein.

FMC
Pittsburgh, 1980

ACKNOWLEDGMENTS

A. Advisors and Consultants to the Project
Grace Alvarez-Altman, SUC at Brockport
Advisor

Manuel Durán, Yale University
Advisor

Ricardo Gullón, University of Chicago
Advisor

Harrison T. Meserole, Pennsylvania State University
Technical Consultant

B. Section Chairmen
Rupert Allen, University of Arizona
Poetry

Francesca Colecchia, Duquesne University
Translations and Adaptations

Virginia Higginbotham, University of Texas
Theater

Dennis A. Klein, University of South Dakota
Biography, Elegies, Lectures

Nelson Orringer, University of Connecticut
General Criticism

Kathleen Sibbald, McGill University
Obras completas, Editions, Publications of Individual Works

C. Contributors
Fernando Arrojo, Oberlin College

General Criticism

Ubaldo Bardi, Florence, Italy
General Criticism

Suzanne Byrd, The College of Charleston
La Barraca

Rodolfo Cortina, University of Wisconsin, Milwaukee
Biography, Elegies, etc.

Barbara Davis, Onondaga Community College
Prose, Interviews, Letters

Daniel Eisenberg, Florida State University
Music and Original Art

Celia S. Lichtman, Long Island University
Myth and Symbol

Richard F. Meux, University of Wyoming
Biography, Elegies, etc.

Nina Scott, University of Massachusetts
Biography, Elegies, etc.

John W. Timm, University of New Mexico
Biography, Elegies, etc.

Michael Thomas, University of Houston
Biography, Elegies, etc.

Allan R. Zoll, Fanshawe College (Canada)
General Criticism

D. Correspondents
    Peter Bly, Queens University (Canada)
    Canadian Studies

    Barbara Czopek, The Polish Academy of Sciences, The
        Polish Language Institute
    Polish

    John Gorman, Miami
    German

Talat Halman, Princeton University
Turkish

Jacqueline Minett de Millán, University of Durham
(England)
English

Marie Naudin, University of Connecticut
French

M. Violeta Peralta de Loma, Buenos Aires
Argentina

Paul Rasmussen, University of Copenhagen
Scandinavian Languages

Victor Rojas, SUC at Brockport
Portuguese

M. Jadwiga Sucharzewska, The Ludwik Solski State School of
Drama
Polish

Benjamin Webb, University of Miami
German

Beno Weiss, Pennsylvania State University
Italian

E. Librarians

The editor wishes to express her appreciation to the librarians
in the Reference Room at the Duquesne University Library,
and in particular to Mrs. Erica Strasser whose persistence and
diligence contributed immeasurably to the realization of this
project.

MATERIALS

ABC
Aberdeen University Review
Accent
Alhambra
All världens berättare (Sweden)
Antaeus
Arbetaren (Sweden)
Arena (Sweden)
Atenea (Concepción, Chile)
Atlantic Monthly
Avanti
Berlinger Zeitung
BH   **Bulletin Hispanique**
BHS   **Bulletin of Hispanic Studies**
Boletín del Centro Artístico (Granada)
BSS   **Bulletin of Spanish Studies** (Liverpool)
Buhnenblätter des National theaters in Mannheim
Caballo Verde Para La Poesía (Madrid)
Camp de l'Arpa (Barcelona)
Canadian Forum
Cancionero (Valladolid)
Caracola (Malaga)
Carmen (Santander)
Carte Parlanti
Carteles (Havana)
CHA   **Cuadernos Hispanoamericanos**
Cinco (Victoria)
Commonweal
Corrente
Correo de Galicia (Buenos Aires)
Crítica (Buenos Aires)

Crónica (Madrid)
Cuadernos de Agora (Madrid)
Cuadernos de Arte y Literatura
Cuadernos del Congreso por la Libertad de la Cultura
Das Neue Forum
Ddooss
Dialog (Poland)
Diario de Burgos
Diario de Madrid
Die Welt
Dookoła Świata
Dramma (Turin)   **Il Dramma**
Dziennik Bałtycki
Dziennik Literacki
Dziennik Ludowy
Dziś i Jutro
Echo Teatralne i Muzyczne
El Cantábrico
El Debate
El Defensor de Granada
El Día Gráfico
El Estudiante
El Liberal
El Luchador
El Norte de Castilla
El Pez y la Serpiente (Managua)
El Sol
El Tiempo Presente (Madrid)
Encore
Escena
España
Est Lit   **La Estafeta Literaria: Revista Quincenal de Libros, Artes y Espectáculos**
Etude
Europe
Evergreen Review
Express Wieczorny
Fantasy
FH   **Frankfurter Hefte**
Fiddlehead (Canada)
Filologia Romanza
FLe   **Fiera Letteraria**

Folket i bild
Floresta de Prosa y Verso
Forum Akademicum
France Illustration
Frankfurter Allgemeine Zeitung
Gaceta del Sur
Gaceta Literaria
gallo: revista de granada
Gids   **De Gids**
Głos Tygodniowy
GLR   **García Lorca Review**
Gromada
HdE   Hora de España (Valencia)
Heraldo de Madrid
Héroe (Madrid)
Horizonte—Arte, Literatura, Crítica
Illustrowany Kurier Polski
Indice
Insula (Madrid)
Inventario, Rivista Trimestrale
Katolik
Kenyon Review
Kultura i Życie
Kulturkontakt
Kuźnica
L'Amic de les Arts
L'Avant-Scène
La Farsa
La Gaceta Literaria (Madrid)
La Humanitat
L'Instant (Barcelona)
La Lettura (Milan)
La Libertad
La Mañana
La Nación
La Noche (Barcelona)
La Pluma (Montevideo)
La Publicitat
La Rambla de Catalunya (Barcelona)
La Vanguardia
La Verdad (Murcia)
La Voz

La Voz de Granada
La Voz de Guipúzcoa
Le Magasin du Spectacle
Le Soleil Noir. Positions
Le Temps de la Poésie
Les Cahiers du Sud
Les Langues Néo-latines
Les Lettres Françaises
Letras de Madrid
Letras de Méjico
Letras, Revista Decenal
Library Journal
Listy Teatru Polskiego
Litoral
Living Age
Łódź Teatralna R.
Los Cuatro Vientos (Madrid)
Luz
Lyrikvännen
Maly Teatr
Manchester Guardian
Mass und Wert
Mediodía (Seville)
Mercure de France
Merkur
Metallarbetaren
Mirador (Barcelona)
Młodzi idą
Młodziez Świata
Modern International Drama
Mundo Gráfico
Musicalia (Havana)
New Directions
New Statesman and Nation
New Writing
Noroeste (Zaragoza)
Noticias Gráficas (Buenos Aires)
Noticiero Granadino
NRF   Nouvelle Revue Française
Nowa Kultura
Nowa Weiś
Nowiny Literackie

Nowy Nurt
Nutida Musik
NYHT   **New York Herald Tribune**
NYT   **New York Times**
Odra
Odrodzenie
Orka
Osmose
Parábola: Cuadernos Mensuales de Valoración Castellana (Burgos)
Partisan Review
PEN (Buenos Aires)
Planas de Poesía (Las Palmas)
Poet Lore
Poetry
Pokolenie
Política (Madrid)
Prospettive
PSA   **Papeles de Son Armadans**
QIA   **Quaderni Ibero-Americani** (Turin)
Quaderns de Poesía (Barcelona)
Radio i Świat
Razem
RCrit   **Le Ragioni Critiche**
Rejsy
Renovación: Revista Decenal (Granada)
Revista de Avance
Revista de las Indias
Revista de la Universidad Internacional de Santander
RHM   **Revista Hispánica Moderna** (New York)
RO   **Revista de Occidente**
Robotnik
Salted Feathers
SCr   **Strumenti Critici: Rivista Quadrimestrale di Cultura e Critica Letteraria**
Sendas (Granada)
Sesimiz (Turkey)
SIA (Sweden)
Simoun (Oran)
1.616 (English and Spanish Poetry) (London)
Słowo Powszechne
SoR   **The Southern Review**
Spectaculum

Sprawy i Ludzie
SRL   Saturday Review of Literature
SuF   Sinn und Form
Sur
Świat
Świat Młodych
Swierszczyk
Sztandar Młodych
TAH   The American Hispanist
TDR   The Drama Review (Formerly Tulane Drama Review)
Temoins
Tercüme (Turkey)
Theater Arts Monthly
Théâtre Populaire
The Aberdeen University Review
The Living Age
The Nation
The Nation and the Athenaeum
The New Mexico Quarterly
The New Republic
The Reporter
TM   Les Temps Modernes
Trece de Nieve
Trybuna Dolnosląska
Tutto Libri
Tw   Twórczość
Tydzien Literacki
Tygodnik Powszechny
Tygodnik Zachodni
Varlik Yilligi (Turkey)
Verve
Vi (Sweden)
Vindrosen (Denmark)
Volksbuehne
VyP   Verso y Prosa: Boletín de la joven literatura
Welt und Wort
Wieś
Wroclawski Tygodnik Katolicki
Współczesność
YR   The Yale Review: A National Quarterly
Yeni Dergi (Turkey)
Yorum (Turkey)

Yunque (Lugo)
Zebra
Zenit
Zero
Zwierciadło
Życie
Życie Akademickie
Życie Literackie

ABBREVIATIONS

Occurring in the annotation of entries, they are as follows:

anon.	anonymous
Aug.	August
B.A.	*La casa de Bernarda Alba*
bibliog.	bibliography
Bodas	*Bodas de sangre*
Cante jondo	*Poema del cante jondo*
chap(s).	chapter(s)
Dec.	December
Diván	*Diván del Tamarit*
Doña Rosita	*Doña Rosita la soltera*
ed(s).	editor(s)
Feb.	February
illus.	illustrated
introd.	introduction
I.T.	Index Translationum
Jan.	January
L	Lorca
Llanto	*Llanto por Ignacio Sánchez Mejías*
Maleficio	*El maleficio de la mariposa*
Mar.	March
M.P.	*Mariana Pineda*
ms.	manuscript
n.d.	no date
Nov.	November
n.p.	no publisher
O.C.	*Obras completas*
Oct.	October
p., pp.	page, pages
Perlimplín	*Amor de don Perlimplín con Belisa en su jardín*

Poeta	*Poeta en Nueva York*
pref.	preface
rev.	revised
Rpt.	reprint(ed)
Romancero	*El romancero gitano*
Sept.	September
supp.	supplement
tr(s).	translated by, translator(s)
unp.	unpaged
unpubl.	unpublished
vol.	volume
Zapatera	*La zapatera prodigiosa*

Literary Works

Collections of plays
other than those found in the *Obras completas*.

1. *Cinco farsas breves: seguidas de Así que pasen cinco años.*
   Editorial Losada: Buenos Aires, 1953. 207 pp.; 2nd ed.
   1960; 3rd ed. 1968. Prologue by Guillermo de Torre.

   This edition contains *Los títeres de Cachiporra*; *Retablillo de Don Cristóbal*; *La doncella, el marinero y el estudiante*; *El paseo de Buster Keaton*; and *Quimera*. The front
   cover illustration of the 3rd edition is by David Almirón.

2. *Teatro selecto.* Madrid: Las Américas Publishing Co., 1969.
   422 pp. illus. Prologue by Antonio Gallego Morell.

   Contains: *M.P.*, *Zapatera*, *Bodas*, *Yerma*, *B.A.*, *Retablillo
   de Don Cristóbal*.

3. *Teatro selecto de Federico García Lorca.* Madrid: Esceli-
   cer, 1969. 442 pp. illus. Prologue by Antonio Gallego
   Morell, pp. 7-21; bibliog., pp. 24-46.

   Includes a photograph of L at the piano, facing the title
   page.

   See also: 230.

4. *Teatro mayor: Bodas de sangre. Yerma. La casa de Bernar-
   da Alba.* (Colección Teatro y Danza). Havana: Instituto
   Cubano del libro, 1972. xv + 94 pp. Prologue by Nicolás
   Dorr.

Individual plays

5. [*Mariana Pineda*.] Romance de la muerte de Torrijos. *El
   día gráfico* (Barcelona) (June 25, 1927): 11.

   M. Laffranque has noted possible errata and/or variants
   of the text given in the Aguilar edition of *O.C.* (1954)
   in "Federico García Lorca: Conférences, déclarations et
   interviews oubliés," *BH* LX, 4 (Oct.-Dec. 1958): 545.

6. *Mariana Pineda: Romance popular en tres estampas*. Santiago de Chile: Editorial Moderna, [1927]. 139 pp.

   According to Sidonia C. Rosenbaum this edition was published in 1928. See: "Federico García Lorca: Bibliogra-
   fía," *RHM* (New York) VI, 3-4 (July-Oct. 1940): 264.

7. *Mariana Pineda*. *La farsa* II, 52 (Sept. 1928): 7-19.

   An early publication of *M.P.* dedicated to Margarita
   Xirgu with illustrations and sketches by the author, and
   sketches of settings by Barbero. Black and white sketch
   of author on back cover.

8. *Mariana Pineda, Romance popular en tres estampas*. Madrid:
   Rivadeneyra (S.A.), 1928. 69 + 1 pp.

   "Puesta en escena por Salvador Dalí; estrenada en el
   teatro Fontalba, de Madrid, en octubre de 1927."

   Item also includes four illustrations by the author,
   three sketches of the sets by Barbero, and a caricature
   sketch of L by Emilio Ferrer. Reprinted from *La farsa*.

   See also: 319, 321, 322, 323.

9. *Mariana Pineda; Romance popular en tres estampas*. (*Argentores*, año 4, núm. 142). Buenos Aires: Editorial
   Argentores, 1937. 28 + [4] pp.

   Item also includes: "Radioteatro: El visitante imagina-
   rio. Sketch de Enrique Segré," pp. [1] - [2] - [31].

10. *Mariana Pineda; Romance popular en tres estampas (1927)*.
    (Biblioteca contemporánea, 115). Buenos Aires: Edito-
    rial Losada, 1944. 131 pp.; 2nd ed. 1948; 3rd ed. 1957;
    4th ed. 1964.

11. *Mariana Pineda: Romance popular en tres estampas*.
    Edited by R.M. Nadal and Janet H. Perry. London: George
    G. Harrap & Co., 1957. 128 pp.

    This edition contains an "Introduction," "Notes," and
    "Vocabulary." American edition: Boston: D.C. Heath,
    1960, 157 pp.

12. *Mariana Pineda*. *Doña Rosita la soltera o El lenguaje
    de las flores*. (Colección Austral, 1467). Madrid:
    Espasa Calpe, 1971. 230 pp.

FEDERICO GARCÍA LORCA

MARIANA PINEDA

ROMANCE POPULAR EN TRES ESTAMPAS

Estrenado en el teatro Fontalba, de Madrid,
en octubre de 1927.

ILUSTRACIONES DEL AUTOR.—BOCETOS
DE LAS DECORACIONES, DE BARBERO

LA FARSA

AÑO II · ▨ · 1 DE SEPTIEMBRE DE 1928. 'NUM. 52
MADRID

Title page: *Mariana Pineda*. (*Special Collections Department, University of Pittsburgh Libraries*)
See Item 7.

REPARTO

PERSONAJES	ACTORES
Mariana Pineda.................	Margarita Xirgu.
Isabel la Clavela................	Pascuala Mesa.
Doña Angustias.................	Eugenia Illescas.
Amparo.......................	Carmen Carbonell.
Lucía........................	Julia Pacello.
Niño.........................	Luisito Peña.
Niña.........................	María López Silva.
Sor Carmen...................	Julia Pacello.
Novicia primera...............	Carmen Carbonell.
Id. segunda..............	María Gil Quesada.
Monja primera................	María Díaz Valcárcel.
Fernando.....................	Luis Peña.
Don Pedro Sotomayor...........	Alfonso Muñoz.
Pedrosa......................	Francisco López Silva.
Alegrito......................	Elías Sanjuán.
Conspirador primero............	Luis Alcaide.
Id. segundo............	Fernando Porredón.
Id. tercero.............	Antonio Alarma.
Id. cuarto.............	Fernando Fresno.

Mujer del velón, niñas, monjas.

List of characters and the actors playing the various roles in the premier performance of *Mariana Pineda*. (*Special Collections Department, University of Pittsburgh Libraries*)
See Item 7.

LA DONCELLA, EL MARINERO
Y EL ESTUDIANTE

BALCON.

VIEJA.	*En la calle.* Caracoleeees. Se guisan con hierbabuena, azafrán y hojas de laurel.
DONCELLA.	Caracolitos del campo. Parecen amontonados en la cesta una antigua ciudad de la China.
VIEJA.	Esta vieja los vende. Son grandes y oscuros. Cuatro de ellos pueden con una culebra. ¡Qué caracoles! Dios mío ¡qué caracoles!
DONCELLA.	Déjame que borde. Mis almohadas no tienen iniciales y esto me dá mucho miedo.. Porque ¿qué muchachilla en el mundo no tiene marcada su ropa?
VIEJA.	¿Cómo es tu gracia?
DONCELLA.	Yo bordo en mis ropas todo el alfabeto.
VIEJA.	¿Para qué?
DONCELLA.	Para que el hombre que esté conmigo me llame de la manera que guste.
VIEJA.	*Triste.* Entonces eres una sinvergüenza.
DONCELLA.	*Bajando los ojos.* Sí.
VIEJA.	¿Te llamarás María, Rosa, Trinidad. Segismunda?
DONCELLA.	Y más, y más.
VIEJA.	¿Eustaquia? ¿Dorotea? ¿Genara?
DONCELLA.	Y más, más, más...

La doncella eleva las palmas de sus manos palidecidas por el insomnio de las sedas y los marcadores.

First publication of Lorca's *La doncella, el marinero y el estudiante*, and *El paseo de Buster Keaton* in *gallo: revista de granada*, April 1928.
See Item 14.

La vieja huye arrimada a la pared, hacia su Siberia de trapos oscuros donde agoniza la cesta llena de mendrugos de pan.

DONCELLA. A, B, C, D, E, F, G, H, I, J, K, L, M, N, Ñ.

Ya está bien. Voy a cerrar el balcón. Detrás de los cristales, seguiré bordando. *Pausa.*

LA MADRE. *Dentro.* Hija, hija ¿estás llorando?

DONCELLA. No. Es que empieza a llover.

Una canoa automóvil llena de banderas azules, cruza la bahía dejando atrás su canto tartamudo.

La lluvia pone a la ciudad un birrete de doctor en Letras. En las tabernas del puerto comienza el gran carrousell de los marineros borrachos.

DONCELLA. *Cantando.*

A, B, C, D.
¿Con qué letra me quedaré?
Marinero empieza con M,
y estudiante empieza con E
A, B, C, D.

MARINERO. *Entrando.* Yo.

DONCELLA. Tú.

MARINERO. *Triste.* Poca cosa es un barco.

DONCELLA. Le pondré banderas y luces.

MARINERO. Si el capitán quiere. *Pausa.*

DONCELLA. *Afligida.* ¡Poca cosa es un barco!

MARINERO. Lo llenaré de puntillas bordadas.

DONCELLA. Si mi madre me deja.

MARINERO. Ponte de pie.

DONCELLA. ¿Para qué?

MARINERO. Para verte.

DONCELLA. *Se levanta.* Ya estoy.

MARINERO. ¡Que hermosos muslos tienes!

DONCELLA. De niña monté en bicicleta.

MARINERO. Yo en un delfín.

DONCELLA. También eres hermoso.

MARINERO. Cuando estoy desnudo.

DONCELLA. ¿Qué sabes hacer?

MARINERO. Remar.

El marinero toca el acordeón polvoriento y cansado como un siglo VII.

ESTUDIANTE. *Entrando.* Vá demasiado deprisa.

DONCELLA. ¿Quién vá deprisa?

ESTUDIANTE. El siglo.

DONCELLA. Estás azorado.

ESTUDIANTE. Es que huyo.

DONCELLA. ¿De quién?

ESTUDIANTE. Del año que viene.

DONCELLA. ¿No has visto mi cara?

ESTUDIANTE. Por eso me paro.

DONCELLA. No eres moreno.

ESTUDIANTE. Es que vivo de noche.

DONCELLA. ¿Qué quieres?

ESTUDIANTE. Dame agua.

DONCELLA. No tenemos algibe.

ESTUDIANTE. Pues yo me muero de sed!

DONCELLA. Te daré leche de mis senos.

ESTUDIANTE. *Encendido.* Endulza mi boca.

DONCELLA. Pero soy doncella.

ESTUDIANTE. Si me echas una escala viviré esta noche contigo.

DONCELLA. Eres blanco y estarás muy frío.

ESTUDIANTE. Tengo mucha fuerza en los brazos.

DONCELLA. Yo te dejaría si mi madre quisiera.

ESTUDIANTE.	Anda...
DONCELLA.	No ..
ESTUDIANTE.	¿Y por qué no?
DONCELLA.	Pues porque no...
ESTUDIANTE. **p p.**	Anda...
DONCELLA. **p p p.**	No.

Alrededor de la luna, gira una rueda de bergantines oscuros. Tres sirenas chapoteando en las olas, engañan a los carabineros del acantilado. La doncella en su balcón piensa dar un salto desde la letra Z *y lanzarse al abismo.*

Emilio Prados y Manolito Altolaguirre enharinados por el miedo del mar, la quitan suavemente de la baranda.

EL PASEO DE BUSTER KEATON

GALLO.	Kiquiriki.

Sale Buster Keaton con sus cuatro hijos de la mano.

BUSTER K.	¡Pobres hijitos míos!

Saca un puñal de madera y los mata.

GALLO.	Kiquiriki.

BUSTER K. *Contando los cuerpos en tierra.* Uno, dos, tres y cuatro.

Coge una bicicleta y se vá.
Entre las viejas llantas de goma y bidones de gasolina, un negro come su sombrero de paja.

BUSTER K.	¡Qué hermosa tarde!

Un loro revolotea en el cielo neutro.

BUSTER K.	Dá gusto pasear en bicicleta!
EL BUHO.	Chirri, chirri, chirri, chi.
BUSTER K.	¡Qué bien cantan los pajarillos!
EL BUHO.	Chirrrrrrrrrrrr.
BUSTER K.	Es emocionante. *Pausa.*

Bester Quiton cruza inefable los juncos y el campillo de centeno. El paisaje se achica entre las ruedas de la máquina. La bicicleta tiene una sola dimensión. Puede entrar en los libros y tenderse en el horno del pan. La bicicleta de Buster Keaton no tiene el sillón de caramelo, ni los pedales de azúcar, como quisieran los hombres malos. Es una bicicleta como todas, pero la única empapada de inocencia. Adán y Eva correrían asustados si vieran un vaso lleno de agua, y acariciarían en cambio la bicicleta de Keaton.

BUSTER K.	¡Ay amor, amor!

Buster Keaton cae al suelo. La bicicleta se le escapa. Corre detrás de dos grandes mariposas grises. Vá como loca, a medio milímetro del sueño.

BUSTER K. *Levantándose.* No quiero decir nada. ¿Qué voy a decir?

UNA VOZ.	Tonto.
BUSTER K.	Bueno. *Sigue andando.*

Sus ojos infinitos y tristes como los de una bestia recién nacida, sueñan lirios, ángeles y cinturones de seda.

Sus ojos que son de culo de vaso. Sus ojos de niño tonto. Que son feísimos. Sus ojos de avestruz. Sus ojos humanos en el equilibrio seguro de la melancolía.

A lo lejos se ve Filadelfia

Los habitantes de esta urbe, ya saben que el viejo poema de la máquina Singer puede circular entre las grandes rosas de los invernaderos, aunque no podrán comprender nunca, qué

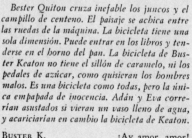

sutilísima diferencia poética existe entre una taza de té caliente y otra taza de té frío. A lo lejos, brilla Filadelfia.

BUSTER K.   Esto es un jardín.

Una americana con los ojos de celuloide viene por la hierba.

AMERICANA.   Buenas tardes.

Buster Keaton sonríe y mira en gros plan los zapatos de la dama. ¡Oh qué zapatos! No debemos admitir esos zapatos! Se necesitan las pieles de tres cocodrilos para hacerlos.

BUSTER K.   Yo quisiera ...

AMERICANA. ¿Tiene usted una espada adornada con hojas de mirto?

Buster Keaton se encoje de hombros y levanta el pie derecho.

AMERICANA. ¿Tiene usted un anillo con la piedra envenenada?

Buster Keaton cierra lentamente los ojos y levanta el pie izquierdo.

AMERICANA.   ¿Pues entonces?...

Cuatro serafines con las alas de gasa celeste, bailan entre las flores. Las señoritas de la ciudad tocan el piano como si montaran en bicicleta. El vals, la luna y las canoas, estremecen el precioso corazón de nuestro amigo.

Con gran sorpresa de todos el Otoño ha invadido el jardín, como el agua al geométrico terrón de azúcar.

BUSTER K.   Suspirando. Quisiera ser un cisne. Pero no puedo aunque quisiera. Porque ¿dónde dejaría mi sombrero? ¿dónde mi cuello de pajaritas y mi corbata de moaré? ¡Qué desgracia!

Una joven cintura de avispa y alto cucuné viene montada en bicicleta. Tiene cabeza de ruiseñor.

JOVEN.   ¿A quién tengo el honor de saludar?

BUSTER K.   Con una reverencia. A Buster Keaton.

La joven se desmaya y cae de la bicicleta. Sus piernas a listas tiemblan en el césped como dos cebras agonizantes. Un gramófono decía en mil espectáculos a la vez "en América, no hay ruiseñores".

BUSTER K.   Arrodillándose. Señorita Eleonora, ¡perdóneme que yo no he sido! ¡Señorita! Bajo. ¡Señorita! Más bajo. ¡Señorita! La besa.

En el horizonte de Filadelfia luce la estrella rutilante de los policías.

FEDERICO GARCÍA LORCA

Julio 1925.

13. *Mariana Pineda*. (Colección Voz Imagen, Serie Teatro, 22). Barcelona: Aymá, 1975, 1976. 208 pp.

"Con textos de José Monleón y Antonina Rodrigo."

14. *La doncella, el marinero y el estudiante*. *El paseo de Buster Keaton*. *gallo: revista de granada* (Granada) 2 (April 1928): 17-20.

A small abstract drawing separates the two pieces. The date July 1925 appears just below the signature.

Both pieces, together with "Quimera," were first republished together in: Couffon, Claude (tr. and ed.). *Petit Théâtre*. Paris: Les Lettres Mondiales, 1951, a bilingual French/Spanish edition. Cf. Couffon, Claude. *Granada y García Lorca*. Buenos Aires: Editorial Losada, 1967. See particularly pp. 68 and 76, and notes 1 and 2, p. 76. See also "El paseo de Buster Keaton. La doncella, el marinero y el estudiante. Quimera," in *Espiga* (Buenos Aires) I, 16-17 (1952-1953); and "Teatro desconocido de Federico García Lorca," in *Anales, Organo de la Universidad Central del Ecuador* (Quito) LXXXII, 337 (1954), which also gives two sketches, "Leyenda de Jerez" and "Nostalgia."

15. *El público*. (De un drama en cinco actos). *Los cuatro vientos* (Madrid) 3 (June 1933): 61-78.

Item contains: "Reina [sic] romana" and "Cuadro quinto."

See also: 233, 239, 241, and 246.

16. Martínez Nadal, R. (ed.). *El público: Amor, teatro y caballos en la obra de Federico García Lorca*. Oxford: The Dolphin Book Co. Ltd., 1970. 272 pp.

A limited edition of 1050 copies.

17. ————. *El público: Amor y muerte en la obra de Federico García Lorca*. Mexico: Editorial Joaquín Mortiz, 1974. 283 pp.

A second, revised and corrected, edition with a new chapter by the editor on L's attitude to death. There is an English version of this text: *Lorca's The Public. A Study of This Unfinished Play (El público) and of Love and Death in the Work of Federico García Lorca*. London: Calder and Boyars, 1974. 247 pp.

See also: 233.

18. *Federico García Lorca. Autógrafos II: El público.*
    "Facsímil del manuscrito. Prólogo, versión depurada y
    transcripción por Rafael Martínez Nadal." Oxford: The
    Dolphin Book Co. Ltd., 1975. LVII + 145 pp.

    A limited edition of 1000 numbered copies.

19. Laffranque, M. "Federico García Lorca: Une pièce in-
    achevée." *BH* LXXVIII, 3-4 (July-Dec. 1976): 350-372.

    The unfortunate typographical errors here have been cor-
    rected in the republication of the text with a new "In-
    troducción" in *El público y Comedia sin título. Dos
    obras teatrales póstumas.* Barcelona: Editorial Seix
    Barral, 1978, pp. 270-364.

    See also: 246.

20. *El público y Comedia sin título. Dos obras teatrales
    póstumas.* Barcelona: Editorial Seix Barral, 1978.
    365 pp. "Introducción, transcripción y versión depurada
    por R. Martínez Nadal y M. Laffranque." Cover design
    by △ TRIANGLE. Edition supervised by A. Sargatal.

    The transcription of L's manuscript and the corrected
    version of *El público* come from *Federico García Lorca.
    Autógrafos II: El Público.* Oxford: The Dolphin Book Co.
    Ltd., 1976. The "Guía al lector de *El público*" has been
    taken from material already published in the two previous
    editions of R. Martínez Nadal's study: *El público: Amor,
    teatro y caballos en la obra de Federico García Lorca.*
    Oxford: The Dolphin Book Co. Ltd., 1970; and *El público:
    Amor y muerte en la obra de Federico García Lorca.* Me-
    xico: Editorial Joaquín Mortiz, 1974. *Comedia sin títu-
    lo* is republished with corrections to the text given
    originally in *BH.*

    See also: 16, 17, 18, 19.

21. *Bodas de sangre (tragedia en tres actos y siete cuadros).*
    Madrid: Ediciones del Arbol, 1935. 125 pp.

    Imprint on the cover reads, "Madrid, Cruz y Raya, 1936."
    The first presentation of this play took place on Mar.
    8, 1933, in the Teatro Beatriz in Madrid. For a review
    of this performance see: Espina, A. "Estreno en el Te-
    atro Beatriz." *Luz* (Mar. 9, 1933): 13.

22. *Bodas de sangre.* (Biblioteca contemporánea, 141).
    Buenos Aires: Editorial Losada, 1944. 129 pp.; 2nd ed.

1947; 4th ed. 1961; 5th ed. 1964; 6th ed. 1966. 123 pp.; 8th ed. 1969; 10th ed. 1971.

23. *Bodas de sangre. La casa de Bernarda Alba*. New York: Las Américas Publishing Co., 1964. 204 pp.

24. *"Así que pasen cinco años"* (Escena inédita: Romance del Maniquí). *HdE* (Valencia) 11 (Nov. 1937): 67-74.

On the title page there is a small sketch of a dress-maker's dummy. The excerpt is accompanied by a "Nota" by Max Aub.

25. *Así que pasen cinco años*. Perpignan: Imprimerie Cata-lane, 1966. 168 pp.

Item also contains a commentary, "Le Désir d'éternité" by Lucette Elyane Roux. The text is in Spanish and the commentary in French.

26. *Así que pasen cinco años; Amor de don Perlimplín con Belisa en su jardín*. (Temas de España, 94). Madrid: Taurus, 1976. 165 pp.

Item includes bibliographical references. Introductory study by the editor, E.F. Granell.

27. *Yerma, poema trágico en tres actos, dividido en dos cuadros, cada uno en prosa y verso*. Santiago de Chile: Editorial Moderna, 1937. 84 pp.

28. *Yerma. Poema trágico en tres actos y seis cuadros*. Buenos Aires: Anaconda, 1937. 93 pp.

This play was performed for the first time in Madrid on Dec. 29, 1934. For comments on this work, see: Salado, José Luis. "Antes del estreno. Diálogo con tres barbas ilustres." *La voz* (Dec. 29, 1934): 3. For a critical evaluation of this performance see: Díez Canedo, E. "*Yerma*, el poema trágico de Federico García Lorca, ob-tuvo un extraordinario éxito en el Español." *La voz* (Dec. 31, 1934): 3.

29. *Yerma. Poema trágico en tres actos y seis cuadros (1934)*. (Biblioteca Clásica y Contemporánea, 131). Buenos Aires: Losada, 1944. 110 pp.; 2nd ed. 1948; 3rd ed. 1952; 4th ed. 1954. 101 pp.; 5th ed. 1959; 6th ed. 1963; 7th ed. 1965; 8th ed. 1967; 9th ed. 1969; 10th ed. 1971; 12th ed. 1974.

30. *Yerma*. (Colección voz imagen, Serie teatro, 20). Barcelona: Aymá Editora, 1973. 161 pp.

    Prologue by José Monleón.

31. *Yerma*. *La casa de Bernarda Alba*. *Doña Rosita la soltera o El lenguaje de las flores*. (Sección Literaria Española, Teatro Siglo XX, Colección Novelas y Cuentos, 2nda época). Madrid: EMESA, 1974. 261 pp. Introd. by Ricardo Doménech.

32. *Retablillo de don Cristóbal*. Valencia: Subcomisariado de propaganda del Comisariado general de guerra, 1938. 31 pp.

    The first performance was in the Teatro Avenida of Buenos Aires, in Mar. 1934. The version published was that put on by "La Tarumba" on May 12, 1935, in the Feria del Libro, Madrid. According to the program for this performance, reproduced in Comincioli, Jacques. *Federico García Lorca*. *Textes inédits et documents critiques*. Lausanne: Rencontre, 1970, pp. 202-205, this performance was organized and directed by Lorca and Manuel Fontanals and offered as a "... demonstración de afecto a los cronistas de teatro y escritores de la ciudad de Santa María de los Buenos Aires." The reader is referred to the pages cited for additional details about this production.

33. *Quimera*. *RHM* VI, 3-4 (July-Oct. 1940): 312-313.

    L intended to publish this piece in the third issue of *gallo*, which never came out. Cf. Claude Couffon. *Granada y García Lorca*. Buenos Aires: Editorial Losada, 1967, p. 75.

    See also: 14 and 220.

34. *Doña Rosita la soltera: o, El lenguaje de las flores, poema granadino del novecientos, dividido en varios jardines, con escenas de canto y baile. (1935)*. Buenos Aires: Editorial Losada, 1938 (*O.C.*, vol. 5, pp. 9-12); 1943. 127 pp.; 2nd ed. 1947; 4th ed. 1957; 5th ed. 1962; 9th ed. 1969; 10th ed. 1970.

    Note: This play was presented for the first time in Dec. 1935 at the Principal Palace in Barcelona.

35. *La zapatera prodigiosa: Farsa violenta en dos actos*. (Biblioteca clásica y contemporánea, 133). Buenos Aires: Losada, 1944. 113 pp.; 2nd ed. 1948; 3rd ed. 1953; 4th ed.

1957. 114 pp.; 5th ed. 1962; 6th ed. 1964; 7th ed. 1966. 117 pp.; 8th ed. 1968.

This play was presented for the first time at the Teatro Español in Madrid in 1930.

36. *La zapatera prodigiosa*. New York: W.W. Norton and Co., Inc., 1952. 192 pp.

Edited with an introduction, exercises, notes, and vocabulary by Edith F. Helman.

Review: RHM 20, 1-2 (1954).

37. *La zapatera prodigiosa. Farsa violenta en dos actos*. Edited by John Street and Florence Street. London: George G. Harrap and Co., 1962. 112 pp.

This edition includes an introduction, notes, and vocabulary.

38. *Los títeres de Cachiporra. Tragicomedia de don Cristóbal y la señá Rosita. Farsa en seis cuadros y una avertencia*. In: Guerrero Zamora, Juan. "Una obra inédita de Federico García Lorca." *Raíz* (Madrid) 3 (1948): 2-4; 4 (1948): 2-7.

This play was first presented in Dec. 1937 at the Zarzuela Theater in Madrid.

39. *Títeres de Cachiporra*. (Publicación Teatral Periódica, 2). Buenos Aires: Ediciones de Losange, 1953. 121 pp.

"Bocetos y viñeta originales de Federico García Lorca."

40. *La casa de Bernarda Alba, drama de mujeres en los pueblos de España*. (Biblioteca Contemporánea, 153). Buenos Aires: Editorial Losada, 1944. 125 pp.; 2nd ed. 1945; 3rd ed. 1953; 4th ed. 1957; 5th ed. 1961; 6th ed. 1964; 7th ed. 1966; 8th ed. 1967; 11th ed. 1970.

41. *La casa de Bernarda Alba*. (Colección Voz Imagen, Serie Teatro). Barcelona: Aymá Editora, 1964. 122 pp. Prologue by D. Pérez Minik, pp. 9-36. Notes by J.A. Bardem, pp. 107-122.

Of special interest in this edition are the cast lists of the first performance of the play in Buenos Aires at the Teatro Avenida on Mar. 8, 1945, by Margarita Xirgu and her company, and in Madrid at the Teatro Goya on Jan. 10, 1964, by the Maritza Caballero Company. The

photographs and the notes on the staging by J.A. Bardem,
the director of the latter production, are also included.

42. *La casa de Bernarda Alba: drama de mujeres en los pue-
    blos de España.* (Colección repertorio teatral). Ha-
    vana: Instituto Cubano del Libro, 1969. 80 pp.

43. *La casa de Bernarda Alba. La zapatera prodigiosa.*
    (Colección Austral, 1520). Madrid: Espasa Calpe, 1973.
    208 pp.; 2nd ed. 1974.

44. *La casa de Bernarda Alba.* Edited by Allen Josephs and
    Juan Caballero. (Colección Letras Hispánicas). Madrid:
    Cátedra, 1977. 199 pp.

    Includes a preliminary study and a selected bibliography.
    The cover is by Mauro Cáceres.

45. *El maleficio de la mariposa.* In: del Hoyo, Arturo (ed.).
    Obras completas. (Colección Obras Eternas). Madrid:
    Aguilar, 1954.

    This work was presented for the first time during the
    1919-1920 season at the Teatro Eslava in Madrid by the
    Compañía de Catalina Bárcena, under the direction of
    Gregorio Martínez Sierra. The settings were by Mignoni,
    and the costumes by Barradas. Catalina Bárcena played
    the role of Curianito el nene, and La Argentinita, that
    of Mariposa blanca. For the complete cast, the reader
    is referred to: Comincioli, Jacques. *Federico García
    Lorca. Textes inédits et documents critiques.* Lausanne:
    Rencontre, 1970, pp. 198-199.

46. *Amor de Don Perlimplín con Belisa en su jardín.* [Escena
    segunda. (Cuadro tercero)]. In: Gallego Morell, Antonio
    (ed.). *García Lorca: Cartas, postales, poemas y dibu-
    jos.* Madrid: Editorial Moneda y Crédito, 1968, pp. 83-
    85.

    Sometime in [1926] L sent together with a letter to
    Melchor Fernández Almagro "este trozo de mi aleluya eró-
    tica." This version differs substantially in both text
    and directions from the version established in the *O.C.*

47. *Amor de Don Perlimplín con Belisa en su jardín. Así
    que pasen cinco años. El maleficio de la mariposa.*
    (Sección Literaria Española, Teatro Siglo XX, Colección
    Novelas y Cuentos, 2nda época). Madrid: EMESA, 1975.
    213 pp. Introd. by Ricardo Doménech.

Perlimplín was first performed by the club Anfistora on
April 5, 1933, in Madrid.

POETRY

Books of Poetry

48. *Libro de poemas*. Madrid: Maroto, June 15, 1921. 301 pp.

    Reviews: Meza Fuentes, R. *Atenea* VI (1929): 643-646.
    Trend, John. *The Nation and the Athenaeum*
    (Jan. 14, 1922): 594-596 (rpt. in: *Alfonse
    the Sage*. London, 1926, pp. 155-161).

49. *Libro de poemas*. (Biblioteca Contemporánea, 149).
    Buenos Aires: Editorial Losada, 1945. 139 pp.; 3rd ed.
    1957. 136 pp.; 4th ed. 1964. 141 pp.

50. *Libro de poemas*. (Colección Austral, 1451). Madrid:
    Espasa Calpe, 1971. 221 pp.; 2nd ed. 1974; 3rd ed.
    1977.

51. *Canciones (1921-1924)*. Málaga: Primer suplemento *Litoral*
    (Imprenta Sur), May 17, 1927. 154 pp.

52. *Canciones (1921-1924)*. 2nd ed. Madrid: Revista de
    Occidente, 1929. 150 pp.

53. *Canciones (1921-1924)*. Santiago de Chile: Editorial
    Moderna, n.d. 150 pp.

    According to Sidonia C. Rosenbaum, this edition was pub-
    lished in 1937. See: "Federico García Lorca: Biblio-
    grafía," *RHM* VI, 3-4 (July-Oct. 1940): 263.

54. *Canciones. Poemas sueltos. Varia*. (Colección Austral,
    1531). Madrid: Espasa Calpe, 1973. 215 pp.

    Under "Varia" this collection contains "Cantares popu-
    lares"; "Las tres hojas"; "Los cuatro muleros"; "El café
    de Chinitas"; "Los peregrinitos"; "Las morillas de Jaén";
    "Anda jaleo"; and "Los mozos de Monleón."

55. *Primer romancero gitano (1924-1927)*. Madrid: Revista de
    Occidente, 1928. 149 pp. 2nd ed. published as *Romancero
    gitano*, 1929.

LIBRO
DE
POEMAS

POR

FEDERICO G. LORCA

1921
IMPRENTA MAROTO
MADRID

Title page of first edition: *Libro de poemas*.
See Item 48.

Federico García Lorca

CANCIONES

1.921 — 1.924

LITORAL

Primer suplemento. Imprenta Sur

MALAGA

Title page of first edition: *Canciones* (1921–1924).
See Item 51.

56. *Primer romancero gitano*. Caracas: Editorial Elite, 1937.
     48 pp. Prologue by Antonio Arranz.

57. *Poema del cante jondo*. Madrid: Ediciones Ulises, Com-
     pañía Iberoamericana de Publicaciones, 1931. 171 pp.

     Cover by Mauricio Amster. See item 256 for information
     on fourteen poems excised by the poet from this first
     edition.

58. *Poema del cante jondo. Llanto por Ignacio Sánchez Mejías*.
     (Biblioteca contemporánea, 125). Buenos Aires: Editorial
     Losada, 1944. 127 pp.; 2nd ed. 1948; 3rd ed. 1952; 4th
     ed. 1957; 5th ed. 1964.

59. *Llanto por Ignacio Sánchez Mejías*. Madrid: Ed. del Ar-
     bol, 1935. 22 pp.

     Three illustrations by José Caballero.

60. *Romancero gitano (1924-1927)*. Madrid: Espasa Calpe,
     1935. 152 pp.

61. *Romancero gitano*. Barcelona: Editorial Nuestro Pueblo,
     1937. 79 pp.; 2nd ed. 1938. Illustrations by Juan
     Antonio.

     Front cover reads: "Edición de homenaje popular." There
     is an introduction, "Palabras para Federico," signed
     Rafael Alberti, pp. 3-6.

62. *Romancero gitano (1924-1927)*. Santiago de Chile: Edi-
     torial Moderna, 1937. 149 pp.

63. *Romancero gitano. Poema del cante jondo. Llanto por
     Ignacio Sánchez Mejías*. Mexico: Editorial Pax-México,
     1942. 160 pp., 2nd ed. 1945.

64. *Romancero gitano*. (Colección Rama de Oro). Buenos
     Aires: Ed. Schapire, 1942. Prologue by Rafael Alberti.

65. *Romancero gitano (1924-1927)*. (Biblioteca contemporánea,
     116). Buenos Aires: Editorial Losada, 1943. 121 pp.;
     3rd ed. 1948; 4th ed. 1949; 6th ed. 1953; 8th ed. 1959;
     9th ed. 1962, 117 pp.; 10th ed. 1964; 12th ed. 1967;
     13th ed. 1968.

66. *Romancero gitano*. (Colección Caracol). Havana: Edicio-
     nes La Tertulia, 1961. 81 pp.

67. *Romancero gitano. Yerma.* (Biblioteca General Salvat, 4).
Barcelona: Salvat Editorial, 1971. 141 pp.

68. *Romancero gitano. Poema del cante jondo.* (Colección
Austral, 1499). Madrid: Espasa Calpe, 1972. 215 pp.;
2nd ed. 1973; 3rd ed. 1976; 4th ed. 1976; 5th ed. 1977.

69. *Seis poemas galegos.* Santiago de Compostela: Ed. "Nos,"
1935. 36 pp. Introd. by Eduardo Blanco Amor.

70. *Primeras canciones (1922).* Madrid: Ediciones Héroe,
1936. 31 pp.

71. *Primeras canciones (1922).* Buenos Aires: Losada, 1945.

This was reprinted with *Seis poemas galegos* by Losada in
1953.

72. *Primeras canciones (1922).* Málaga: Imprenta Sur, n.d.

73. *Poeta en Nueva York.* (Colección Arbol). Mexico: Editorial Séneca, 1940. 187 pp. Prologue by José Bergamín.

Includes four original sketches and the poem by Antonio
Machado.

Review: Babín, M.T. *RHM* 3-4 (July-Oct. 1941): 242-243.

74. *Poeta en Nueva York* [Selection]. Madrid: Antología de
la Literatura Contemporánea, no. 1, 1945. 29 pp. illus.

The preface is signed Joaquín de Entrambasaguas. The
cover reads: "Suplemento primero de 'Cuadernos de literatura contemporánea' del Consejo Superior de Investiga-
ciones Científicas."

75. *Poeta en Nueva York.* Barcelona: Editorial Lumen, [1966].
unp. "Fotografías Maspons y Ubiña."

Two features distinguish this edition. First, it contains some forty-seven photographs taken in New York in
1965 by Oriol Maspons and Julio Ubiña. These correspond,
directly, to actual places cited in the text and, indi-
rectly, to a more personal view of New York thirty-five
years after the poet's visit. Second, the edition follows the order imposed in the lecture-recital given by
L on his return to Spain; thus, "1910 (Intermedio)" and
"Niña ahogada en el pozo" are placed out of the usual order of the book. The text of the lecture is interspersed
with the poems, those actually read by L being printed
in boldface type.

POETA

EN

NUEVA YORK

POR

FEDERICO GARCIA LORCA

CON CUATRO DIBUJOS ORIGINALES

Poema
de
ANTONIO MACHADO

Prólogo
de
JOSE BERGAMIN

EDITORIAL SENECA
MEXICO, D. F.
1940

Title page of first edition: *Poeta en Nueva York*.
See Item 73.

Review: Laffranque, M. *BH* LXXI, 3-4 (July-Dec. 1969): 646-648.

76. *Poeta en Nueva York.* (Serie Española y Latinoamericana, 22, Libres de Sinera). Barcelona: Ocnos, 1972. 140 pp. See: Marinello, Juan. *García Lorca en Cuba.* Havana: Ediciones Belic, 1965, p. 40 for a facsimile of a typed manuscript of "Poema doble del lago Eden" with corrections in L's hand.

77. *Diván del Tamarit.* *RHM* (New York) VI, 3-4 (July-Oct. 1940): [305]-311.

    Published as the first section under the general title "Federico García Lorca: obras inéditas."

    Although the claim was made that the collection was complete, the last poem of the first part, "Gacela del mercado matutino," is missing.

    See also: 33, 235.

78. *Diván del Tamarit.* Barcelona: A.D.L., 1948, 101 pp. Prologue by Néstor Luján. Illustrated by Isabel Pons.

79. *Diván del Tamarit.* (Poesía del mundo, 2). Havana: [Dirección de Cultura, Ministerio de Educación], 1961. 32 pp.

80. *Poemas póstumos, Canciones musicales, Diván del Tamarit.* Mexico: Ediciones Mexicanas, 1945. 104 pp.

81. *Primeras canciones, Canciones, Seis poemas galegos.* (Biblioteca contemporánea, 151). Buenos Aires: Editorial Losada, 1945. 130 pp.; 3rd ed. 1957; 4th ed. 1965. 128 pp.

82. *Casidas.* Madrid: Ediciones de Arte y Bibliofilia, 1969. unp.

    "Con una colección de diez litografías, estampadas a mano, directamente realizadas sobre la piedra y firmadas por Manuel Viola. Introducción de Gerardo Diego."

    A limited edition of 198 copies.

Individual Poems

83. Crisantemos blancos. *Renovación: Revista decenal* (Granada) 2 (Dec. 10, 1918).

    José Mora Guarnido, citing from memory, gives this poem
    as the first poem of L's to be published. See: *Federico
    García Lorca y su mundo*. Buenos Aires: Losada, 1958, p.
    177. Ian Gibson corroborates both the title of the poem
    and the name of the journal in which it was to be pub-
    lished, and deduces the date of publication. See: "Los
    primeros escritos impresos de Federico García Lorca: dos
    artículos más." *BH* LXX, 1-2 (Jan.-June 1968): 121. Such
    an early publication would antedate what has been deemed
    L's first published poem, "Balada de la placeta," included
    in *Antología de la poesía española*. Novela Corta, 1919.
    See: M. Laffranque. "Pour l'étude de Federico García
    Lorca. Bases chronologiques." *BH* LXV, 3-4 (July-Dec.
    1963): 337. As yet, however, the Dec. 10, 1918 issue of
    Renovación, containing what would be L's first published
    poem, has not been traced.

    See also: 84.

84. Granada: Elegía humilde. *Renovación: Revista decenal*
    (Granada) June 25, 1919.

    This was the first poem published by L according to
    Antonio Gallego Morell, who republished the poem in "El
    primer poema publicado por Federico García Lorca." *BH*
    LXIX, 3-4 (July-Dec. 1967): 491-492.

    See also: 83.

85. Madrigal. *España* (Madrid) 293, VI (Dec. 11, 1920): 12-
    13.

    Contains "Madrigal," "Encrucijada," and "La sombra de
    mi alma." The last two poems were published here with-
    out titles.

86. Veleta. Solo tu corazón caliente. Mi corazón reposa
    junto a la fuente fría. *La Pluma* (Madrid) II, 8 (Jan.
    1921): 49-53.

    Following L's signature there is a highly stylized draw-
    ing of a courtier and a broken column (unlikely that this

drawing was by L?). A date, July 1920, place of composition, Fuente Vaqueros, Granada, and a final "estri-
billo" were added, together with other revisions in punctuation, to the poem "Veleta" when it was incorporated
into *Libro de poemas*. Madrid: Maroto, 1921. See *O.C.*
I, pp. 7-8. "Veleta" was republished as the first poem
of the selection in both the first (1932) and the second
(1934) editions of Gerardo Diego's anthology *Poesía española*. See his republication of both the anthologies
*Poesía española contemporánea (1901-1934). Nueva edición
completa*. (Colección Sillar). Madrid: Taurus, 1959,
pp. 404-405.

87. El jardín de las morenas (Fragmentos): Pórtico, Acacia,
Encuentro, Limonar. *Indice* (Madrid) 2 (1921): 32-XVI--
33-XVIII.

88. Suite de los espejos: Símbolo, El gran espejo, Reflejo,
Rayos, Réplica, Tierra, Capricho, Sinto, Los ojos, Ini-
tium, Berceuse al espejo dormido, Aire, Confusión,
Remanso. *Indice* (Madrid), 3 (1921): 56-XVI--57-XVII.

See also: Sibbald, Katherine. "Federico García Lorca's
Contributions to the Literary Magazines in the
Years 1917-1937." *GLR* II, 1 (Fall, 1974), unp.

89. Noche (Suite para piano y voz emocionada): Rasgos, Preludio, Rincón del cielo, Total, Un lucero, Franja, Una,
Madre, Recuerdo, Hospicio, Cometa, Venus, Abajo, La gran
tristeza. *Indice* (Madrid) 4 (1922): 14-XIV--15-XV.

Republished posthumously by J. Comincioli in "Poemas
olvidados de Federico García Lorca: Noche (Suite para
piano y voz emocionada)." *Insula* 155 (Oct. 15, 1959):
11.

90. Baladilla de los tres ríos. *Horizonte--Arte, literatura,
crítica* (Madrid) 5 (1923): 1.

This poem, later the first poem in the *Poema del cante
jondo*, was included with a letter dated [the end of Dec.
1922], from L to Melchor Fernández Almagro. See: Gallego
Morell, Antonio. *García Lorca: Cartas, postales, poemas
y dibujos*. Madrid: Editorial Moneda y Crédito, 1968,
p. 48. The 1922 and 1923 versions have certain variations in text which reappeared in *Antonia Mercé, la Argentina*. New York: Instituto de las Españas, 1930,

de tema— el uno, el tema tradicional, el otro, el tema impresionista—, aunque cambiaran de objeto. A las dulces aglomeraciones morbidas de Ingres y a los tersos abdómenes de Chasseriau, Manet, tanto como Degas, prefirieron el atractivo de las costumbres y las apariencias diarias; al empacho de «idealismo» sucedió la visión cotidiana y modesta; al no menor empalago de la línea ondulante y muelle, la firme sintetización de Manet o la dura violencia de Degas. Ese paso de lo mórbido a lo característico en el objeto casi llevaba ya consigo un cambio de tema: la simpatía con los impresionistas estaba así facilitada.

Porque Cézanne redujese el campo de sus objetos a una botella, un mantel y una manzana, su tema no dejaba de ser el puramente impresionista: el objeto está subordinado a las condiciones atmosféricas; el empleo del color se hace con estos propósitos y no por razones de carácter. La simplificación del objeto en Cézanne es la consecuencia de su necesidad de concretar. Su pintura es de quien desea darse clara cuenta del problema reduciendo a un mínimo los datos. Ese principio individual se erigió en estética, y, al proclamarse *anecdótico* al carácter (último vituperio) no hubo más luz que hiciese girar a las mariposas que la cuestión técnica, fuese para resolver algo o para no resolver nada. Al convertirse los datos en cosa final surgieron todos los *ismos* que se adherían a este o a aquel dato. Un poco en broma por este aturrullamiento, y bastante en serio como consecuencia de la sintetización hasta su extremo límite, iniciada por Cézanne, se pensó que sólo existía digno de pintarse el juego de las superficies coloreadas, haciendo de los volúmenes una cuestión general, una propiedad de cada masa iluminada. Esto, que es una definición del cubismo, conserva aún tres principios tradicionales: arquitectura, valores, y volúmenes. Alternativamente uno u otro de esos principios ha sido más favorecido que los otros y, con ello, los diversos estilos y alcances del cubismo.

En su actual exposición, Pablo Picasso presenta cuadros que partiendo de su primer estilo «característico» (el objeto, muy acertado, fué el circo y sus personajes) llegan hasta su actual retorno a Ingres, retorno hinchado, erisipelatoso, tumefacto, como maltrecho después de su triple experiencia cubista. La evolución de ese proceso tiene, a mi juicio, una clara lógica.

Picasso debuta en el cubismo por simples construcciones planas, en las que lo que vale es la rígida geometría de esas superficies y de sus elementales valores lumínicos. Esto le aproxima al «cubismo gris», al que un paso nada más separa del cubismo colorista, en donde ingresa ya el valor de las superficies coloreadas. Pero las simples masas de color tienen en su propio ingrediente una individualidad que atraería a su cultivo. Las «calidades» penetran en el seno de esta pintura hermética y Picasso tiene la ocurrencia de sustituir la superficie de color por una sustancia plana cualquiera y hacer jugar sus oposiciones: así, junto al papel de lija yustapone un papel metálico, fieltros, telas brillantes, etcétera. Es la mente de un pintor primitivo en busca de los normales cauces históricos de la pintura. *Chassez le naturel...* Enseguida, una tercera fase del cubismo consistirá en combinar las superficies planas con las alabeadas. Miembros de violines y guitarras serían el objeto de esta pintura tras de la que el modelado acecha vigilante. Un salto de tigre: el Ingres hipertrofiado que ahora le brota a Picasso como una erupción, no es sino el romper tumultuoso de todas esas privaciones anteriores. Cerrado el círculo del impresionismo, cancelado el cubismo cuya evolución le lleva a las normas tradicionales, se piensa que tras de la construcción, tras de los valores, tras de las calidades viene el carácter, la busca del perfil y del sabor de época. ¿Estará la «anécdota» detrás? Si se vuelve de nuevo al «objeto», a que este no sea indiferente, volverán a imperar los criterios de la selección, y de ahí al «asunto» apenas hay un milímetro. La entrada del carácter en la pintura es la entrada del elemento intelectual y este ejerce enseguida sus prerrogativas. No es probable que se vuelva más a una pintura narrativa, ni aún a la simplemente anecdótica, porque hoy día hay otras artes auxiliares que lo evitan, pero me parece seguro que la busca del carácter es una preocupación que está ya en la fase más actual del movimiento pictórico. Se ha dicho recientemente que Goya es el más moderno de todos los pintores. Y es cierto, tanto como que Manet y Degas son los más «actuales» de su época.

ADOLFO SALAZAR

Paris, junio 1921.

EL JARDÍN DE LAS MORENAS
(FRAGMENTOS)

PÓRTICO

El agua
toca su tambor
de plata.

Los árboles
tejen el viento
y las rosas lo tiñen
de perfume.

Una araña
inmensa
hace a la luna
estrella.

ACACIA

¿Quién segó el tallo
de la luna?
(Nos dejó raíces
de agua).
¡Qué fácil nos sería cortar las flores
de la eterna acacia!

"El jardín de las morenas" (Fragmentos) as originally published in *Indice* (1921). Of interest because of differences in punctuation with *all* subsequent published versions.

See Item 87.

ENCUENTRO

Mᴀʀɪᴀ del Reposo,
te vuelvo a encontrar
junto a la fuentefría
del limonar.
¡Viva la rosa en su rosal!

María del Reposo,
te vuelvo a encontrar
los cabellos de niebla
y ojos de cristal.
¡Viva la rosa en su rosal!

María del Reposo,
te vuelvo a encontrar.
Aquél guante de luna que olvidé
¿dónde está?
¡Viva la rosa en su rosal!

LIMONAR

Lɪᴍᴏɴᴀʀ.
Momento
de mi sueño.

Limonar.
Nido
de senos
amarillos.

Limonar.
Senos donde maman
las brisas del mar.

Limonar.
Naranjal desfallecido,
naranjal moribundo,
naranjal sin sangre.

Limonar.
Tú viste mi amor roto
Por el hacha de un gesto.

Limonar,
Mi amor niño, mi amor
Sin báculo y sin rosa.
Limonar.

FEDERICO GARCÍA LORCA

DISCIPLINA Y OÁSIS
(ANTICIPACIONES A MI OBRA)

FUEGO Y SENTIMIENTO (1918-1920) (Libro
inédito)
AURORAS DE MOGUER

1

Eʟ negro toro solo surje, neto y bello,
sobre la fría aurora verde, alto en el peñasco azul.
Muje de sur a norte, rempujando
el hondo cenit cárdeno, estrellado todavía
de las estrellas grandes,
con su ajigantado testuz.

—La soledad inmensa se amedrenta;
el silencio sin fin se calla...—

El toro—roca desgajada—baja contra
el barranco frondoso.
No quedan más que él, que ¿se va? negro,
y ¡viniendo! blanca y rosa, la luz.

2

¡Lᴏs álamos de plata,
saliendo de la bruma!
¡El viento solitario
por la marisma oscura,
moviendo—terremoto
irreal—la difusa
Huelva lejana y rosa!
¡Sobre el mar, por La Rábida,
en la gris perla húmeda
del cielo, aún con la noche
fría tras su alba cruda
—¡horizonte de pinos!—,
fría tras su alba blanca,
la deslumbrada luna!

3
NIÑOS
(Tornada)

Bᴀᴊᴏ la higuera, aún
era de noche.

¡Qué majia el frío oscuro,
entrando acurrucados—ella y yo—,
entre las grandes hojas que rozaban—bastas,
peludas, con escarcha quieta—
nuestras frentes, de noche; que cegaban
nuestros ojos—¡rocío, estrellas!—
de noche!

—Por algún claro, el cielo
rosado y verdeplata, todavía con recuerdos pálidos
de noche—.

Después, dentro, muy quietos—ella y yo—
y muy callados—para nada—como
si fuera aún
de noche.

y 4

Eʟ rocío—¡alba pura!—y las estrellas
tienen desnudo al mundo
de los hombres dormidos;
y el mar, saliéndose, le arrulla
una alborada
inmensamente nueva y blanca.

Todo es flor—nardo, estrella—,
como una dulce nieve de abril, grata,
—como si fuese realidad el mito
de la luna que se ha hecho nieve—,
sin la huella
de un sólo ojo.

—Y yo, escondido
—el mar y yo—,
lo estoy mirando—y viendo.—

El cielo, a ratos, se abandona
bajo, caído
de espaldas.—¡Qué frescura
de espaldas en las flores=nardo, nieve, estrella!—

Y a lo invisible que yo veo encima
—el mar y yo—,
al pecho, al rostro no mirado,
derecho de los astros frescos,
virjen en su infinita desnudez,
el mar, alto, le arrulla

which did not appear in the *Poema del cante jondo*.
Madrid: Ediciones Ulises, CIAP, 1931 or subsequent editions. (See *O.C.* II, pp. 1371-1372.)

Curiously, this poem was republished only in the second
edition of the anthology compiled by Gerardo Diego, *Poesía española. Antología (Contemporáneos)*. Madrid: Editorial Signo, 1934, replacing the ninth of the selection
of L's poems, "Gráfico de la Petenera," which had figured
in the first edition, *Poesía española. Antología 1915-
1931*. Madrid: Editorial Signo, 1932. According to Diego
this substitution was made in agreement with L. See his
republication of both the earlier anthologies, *Poesía
española contemporánea (1901-1934). Nueva edición completa*. (Colección Sillar). Madrid: Taurus Ediciones, 1959,
p. 22. For text changes, see p. 410 and pp. 620-621.

91. "Tu voz es sombra de sueño." [A Catalina Bárcena].
     Published in the pamphlet: *Catalina Bárcena. Debut: el
     12 de agosto. Teatro Arriaga [de Bilbao]. Temporada de
     fiestas 1924*. Madrid: Tipografía Artística, 1924. The
     collection included seven drawings in color by Rafael
     Barradas, and other pieces in honor of Catalina Bárcena,
     of the Compañía Cómica Dramática under the direction of
     Gregorio Martínez Sierra, by Enrique de Mesa, Ramón del
     Valle-Inclán, Ramón Pérez de Ayala, Miguel Primo de Ri-
     vera, and Dionisio Pérez. This text and full details
     are given by Joaquín Forradellas in "Un poema descono-
     cido de García Lorca." *Insula* 290 (Jan. 1971): 3.

92. Canción del naranjo seco, Cancioncilla, [Agosto], Can-
     ción de jinete, Cancioncilla, Al oído de una muchacha.
     Boletín del Centro Artístico (Granada) Sept. 1924.

     "Canción de jinete" was included as the fifth poem in
     the selection from L's work made for both the first
     (1932) and the second (1934) editions of Gerardo Diego's
     anthology *Poesía española contemporánea (1901-1934).
     Nueva edición completa*. (Colección Sillar). Madrid:
     Taurus, 1959, p. 408.

93. Arbolé, arbolé. *El estudiante* (Madrid) 12 (April 4,
     1926).

94. Romance de la luna, luna. *El norte de Castilla* (Valla-
     dolid) (April 9, 1926): 2.

     This is an earlier publication of the poem that appears,
     with a slightly different title, in *Verso y prosa: Bole-*

tín de la joven literatura (Murcia) 7 (July 1927):2. L
gave a poetry recital at the Ateneo de Valladolid on
April 8, 1926. Through the good offices of Jorge Guillén,
who played a major role in inviting L and Fernando Allué
y Morer, the occasion was marked in the most influential
newspaper of Valladolid. The dual publication shows
Guillén's influence. Not only did the Guillén family
have connections with *El norte de Castilla* (Guillén having published extensively in that paper), Guillén was
also the co-editor of *V y P*.

Nevertheless, Fernando Allué y Morer, director of *El nor-
te de Castilla*, takes the actual credit for the publica-
tion of L's poem in that newspaper. Cf. Fernando Allué
y Morer, "Federico García Lorca y los 'Romances gitanos.'"
RO (Madrid) (2nda época) 32-33, 95 (Feb. 1971): 232.
Precisely this April 1926 publication indicates that
Antonio Gallego Morell may have misplaced letter 34,
dated [Granada, 1926] in which L sent Melchor Fernández
Almagro a copy of this poem, with yet another title,
"Romance gitano de la luna, luna de los gitanos." See:
Gallego Morell, Antonio. *García Lorca: Cartas, postales,
poemas y dibujos*. Madrid: Editorial Moneda y Crédito,
1968, pp. 85-86. In that letter L states, first, that
"este romance gitano nuevo" is "el primero que hice y es
el más corto" and then, second, refers to other "romances"
already in existence, certainly as titles. Perhaps,
therefore, this letter should precede letters 28-33?
The poem, as "Romance de la luna, luna," was republished
as the eleventh poem of the selection in the second edition of the anthology compiled by Gerardo Diego, *Poesía
española. Antología (Contemporáneos)*. Madrid: Editorial
Signo, 1934, replacing there "Romance sonámbulo" which
appeared only in the first edition, *Poesía española.
Antología 1915-1931*. Madrid: Editorial Signo, 1932.
According to Diego this substitution was made in agreement with L. See his republication of both the earlier
anthologies. *Poesía española contemporánea (1901-1934).
Nueva edición completa*. (Colección Sillar). Madrid:
Taurus, 1959, p. 22. For text changes see pp. 413-415
and pp. 622-623.

95. Oda a Salvador Dalí. *RO* (Madrid) XII, XXXIV (April
1926): 52-58.

At the end of the text there is a small sketch of a
stick man with bow and arrow (p. 58). See: Sibbald,

Katherine. "Federico García Lorca's Contributions to the
Literary Magazines in the Years 1917-1937." *GLR* II, 1
(Fall 1974): unp.

96.   El regreso, Corriente, Hacia ..., Recodo, Despedida,
      Ráfaga. *La verdad, suplemento literario* (Murcia) 53
      (June 6, 1926): 3.

      See also: 171.

97.   En la muerte de José de Ciria y Escalante. *La verdad,
      suplemento literario* (Murcia) 54 (June 20, 1926): 1.

      José de Ciria y Escalante died on June 4, 1924. L, to-
      gether with J.R. Jiménez and M. Fernández Almagro, vis-
      ited Ciria's grave on June 19, 1924. Very moved by
      Ciria's death, L had completed, only after some diffi-
      culty, this poem by [Aug. 1924]. In a letter of that
      date he sent the sonnet to M. Fernández Almagro. See:
      Gallego Morell, Antonio. *García Lorca: Cartas, postales,
      poemas y dibujos*. Madrid: Editorial Moneda y Crédito,
      1968, p. 66. The sonnet was republished by Gerardo
      Diego in his *Poesía española. Antología 1915-1931*.
      Madrid: Editorial Signo, 1932, and again in the second
      edition, *Poesía española. Antología (contemporáneos)*.
      Madrid: Editorial Signo, 1934. See his republication
      of both the earlier anthologies, *Poesía española contem-
      poránea (1901-1934). Nueva edición completa*. (Colección
      Sillar). Madrid: Taurus Ediciones, 1959, p. 407.

      The variations in the final two lines between these ear-
      ly versions and the text in *O.C.* I, p. 697, were authen-
      ticated by Miguel Benítez Inglott who reproduced the
      page from Diego's *Poesía española* (1934) with L's own
      corrections to the sonnet. See: Federico García Lorca,
      "Crucifixión," *Planas de poesía* (Las Palmas) IX (Sept.
      1950): 20-23, 26.

98.   Reyerta de mozos. *La verdad, suplemento literario*
      (Murcia) 59 (Oct. 10, 1926): 1.

      L included this poem in a letter dated Sept. 9, 1926,
      which he sent to Jorge Guillén who, in Murcia and about
      to become co-editor of the literary supplement of *La
      verdad* (as *Verso y Prosa*), had the poem published a month
      later.

      Rpt.: Guillén, Jorge. *Federico en persona: semblanza y
      epistolario*. Buenos Aires: Ed. Emecé, 1959, pp. 101-103.

For a facsimile of this poem, see: Guillén, Jorge.
Federico in persona (Carteggio). Milan: All'Insegna
del Pesce d'Oro, 1960, between pp. 128-129.

See also: 93.

99. Romances gitanos. *Litoral* (Málaga) 1 (Nov. 1926): 5-11.

Item contains: I "San Miguel"; II "Prendimiento de Antoñito el Camborio"; and III "Preciosa y el aire."
There are a number of misprints in this publication
which have been set out in detail by Fernando Allué y
Morer in "Federico García Lorca y los 'Romances gita-
nos.'" *RO* (2nda época) 32-33, 95 (Feb. 1971): 234-238.
An earlier version, "San Miguel Arcángel," with some
variants in the text, was included in a letter to Jorge
Guillén dated Sept. 9, 1926, published in *Federico en
persona: semblanza y epistolario.* Buenos Aires: Ed.
Emecé, 1959, pp. 99-101. For a facsimile of "San Miguel
Arcángel," see: Guillén, Jorge. *Federico in persona.
(Carteggio).* Milan: All'Insegna del Pesce d'Oro, 1960,
between pp. 128-129.

100. La sirena y el carabinero (Fragmentos). In: "Poemas en
Mapa: ANDALUCIA." *La gaceta literaria* (Madrid) 5 (Mar.
1, 1927): 3.

This was the first poem in a series of poems by Rafael
Alberti, Pedro Garfias, José María Hinojosa, Emilio
Prados, Rogelio Buendía, and Rafael Laffón. There is
an earlier version with some variants which was included
in a letter to Jorge Guillén dated Mar. 3, 1926, republished in *Federico en persona: semblanza y epistolario.*
Buenos Aires: Ed. Emecé, 1959, pp. 85-86.

101. Viñetas flamencas. *V y P* (Murcia) 4 (April 1927): 1.

Item contains: "Adivinanza de la guitarra," "Candil,"
"Malagueña," "Momento," "Crótalo," "Baile," "Cazador,"
"El niño mudo," "Murió al amanecer," "Canción de noviembre y abril," "Remansos (Diferencias)," "Sigue,"
"Remansillo," "Canción obscura," "Media luna." On this
full-page spread there is also a reproduction of Salvador Dalí's "La Playa."

102. Reyerta de gitanos. *L'Amic de les arts* (Sitges) 15
(June 30, 1927): 45.

The poem is dedicated "A mis amigos de *L'Amic de les
arts*" and is dated "Lanjarón (Granada) 1926." It is

accompanied by a sketch of L by Salvador Dalí entitled
"Federico en la playa de Ampurias 1927." This poem was
the first publication in Castilian in the Catalan journal. According to Antonina Rodrigo this poem was an
earlier version of the poem sent to Jorge Guillén as
"Reyerta de mozos" which was published in *La verdad* in
1926. Antonina Rodrigo republishes the text, noting
the variations, in: *García Lorca y Cataluña*. (Colección
Textos). Barcelona: Editorial Planeta, 1975, pp. 206-
208. In addition, she reproduces both the sketch by
Dalí and a photograph, taken in the Plaza Urquinaona in
Barcelona, showing the poet in the same pose as in the
drawing (i.e., standing with hands crossed in front),
which L sent (having inked in a message and additional
sketches) to Dalí, no doubt in humorous reference to
the original drawing. (see p. 213).

103.   Romance de la luna de los gitanos. *V y P* (Murcia) 7
       (July 1927): 2.

       See also: 93, and note to this poem in: Sibbald,
                   Katherine. "Federico Garcia Lorca's Contri-
                   butions to the Literary Magazines in the Years
                   1917-1937." *GLR* II, 1 (Fall 1974): unp.

104.   Estampa del cielo. Tres historietas del viento. *V y P*
       (Murcia) 8 (Aug. 1927): 2.

       See the commentary to this item in: Sibbald, Katherine.
       "Federico García Lorca's Contributions to the Literary
       Magazines in the Years 1917-1937." *GLR* II, 1 (Fall
       1974): unp.

105.   Escuela. *V y P* (Murcia) 9 (Sept. 1927): 1.

       This poem was written a number of years before its
       publication in 1927. It and another poem, "Rosa," ac-
       companied a letter dated [Aug. 1921] from L to Melchor
       Fernández Almagro in which both poems were described as
       "dos regalitos (¡dos buñuelos de viento!)." See Gallego
       Morell, Antonio. *García Lorca: Cartas, postales, poe-
       mas y dibujos*. Madrid: Editorial Moneda y Crédito,
       1968, p. 42.

       See also: note to this poem in: Sibbald, Katherine.
       "Federico García Lorca's Contributions to the Literary
       Magazines in the Years 1917-1937." *GLR* II, 1 (Fall
       1974): unp.

106. Muerto de amor. *Litoral* (Málaga) 5-6-7 (Oct. 1927): 31-33.

This poem was republished in both the first (1932) and the second (1934) editions of Gerardo Diego's anthology, *Poesía española*. See his republication of both the earlier anthologies, *Poesía española contemporánea (1901-1934). Nueva edición completa.* (Colección Sillar). Madrid: Taurus, 1959, pp. 411-412. See: Sibbald, Katherine. "Federico García Lorca's Contributions to the Literary Magazines in the Years 1917-1937." *GLR* II, 1 (Fall 1974): unp.

107. Romance con lagunas. *Mediodía* (Sevilla), 7 (1927): 6-7.

This poem accompanied a letter from L to Joaquín Romero Murube dated [Dec. 1927]. It was republished by Antonio Gallego Morell in *García Lorca: Cartas, postales, poemas y dibujos*. Madrid: Editorial Moneda y Crédito, 1968, pp. 145-147. Unfortunately, this early version of the poem later known as "Burla de Don Pedro a caballo. Romance con lagunas" was printed in *Mediodía* with a typographical error which was copied in the first and subsequent editions of the *Romancero gitano* (1928). It is to be noted that:

    1.26 Una ciudad *lejana* [my italics] should read:
    1.26 Una ciudad *de oro* [my italics].

This correction and reproductions of both part of the original manuscript and the letter from L (with a drawing of two lemons over the signature), sent to the editor of *Mediodía*, Joaquín Romero Murube in [Dec. 1927], were given by J.R.M. in "Una variante en el 'Romancero gitano.'" *Insula* 94 (Oct. 15, 1953): 5.

108. Romances gitanos. *RO* (Madrid) XIX, LV (Jan. 1928): 40-46.

Item contains I "La casada infiel" and II "Martirio de Santa Olalla."

The poem "Martirio de Santa Olalla" was republished in both the first (1932) and the second (1934) editions of Gerardo Diego's anthology *Poesía española*. See his republication of both the earlier anthologies, *Poesía española contemporánea (1901-1934). Nueva edición completa.* (Colección Sillar). Madrid: Taurus Ediciones, 1959, pp. 415-417. See: Sibbald, Katherine. "Federico

García Lorca's Contributions to the Literary Magazines in
the Years 1917-1937." *GLR* II, 1 (Fall 1974): unp.

109. El emplazado. *Carmen* (Santander) 2 (Jan. 1928): unp.

Incorporated into the *Romancero gitano* (1928) with the
title "Romance del emplazado." See: Sibbald, Katherine.
"Federico García Lorca's Contributions to the Literary
Magazines in the Years 1917-1937." *GLR* II, 1 (Fall 1974):
unp.

110. Soledad, Homenaje a Fray Luis de León. *Carmen* (Santander) 3-4 (Mar. 1928): unp.

The poem is dated 1928.

111. Dos normas. *Parábola: Cuadernos mensuales de valoración
castellana* (Burgos) Cuaderno 6 (May 1928): unp.

The two "décimas" were originally dedicated "Al gran
poeta Jorge Guillén." Cf. Sibbald, K.M. "A Note on
Lorca's 'Lost' décimas." *GLR* IV, 2 (Fall 1976): 91-99.

See also: 235.

112. Friso, Canción tonta, "Las estrellas/no tienen novio,"
El macho cabrío. In: "Tontología" compiled by G[erardo]
D[iego] for *Lola: Amiga y suplemento de Carmen* (Santan-
der) 6-7 (June 1928): unp.

113. Oda al Santísimo Sacramento del Altar. Fragmento, Homenaje a Manuel de Falla. Exposición. Mundo. *RO* (Madrid),
XXII, LXVI (Dec. 1928): 294-298.

There is an author's note to the effect that this fragment is "De un libro próximo de poemas que se publicará
con fotografías." Verse 5 1.1 contains the misprint
"Dios andado" for "Dios anclado."

114. Son. *Musicalia* (Havana) II (April-May 1930): 43-44.

Republished with commentary by Juan Marinello in *Contemporáneos. Memoria y noticia.* Havana: Universidad Central de las Villas, 1964, pp. 211-213. See also the
Aguilar edition of 1973, *O.C.* I, pp. 541-542.

Piedra de soledad donde la hierba gime
y donde el agua oscura pierde sus tres acentos,
elevan tu columna de nardo bajo nieve
sobre el mundo de ruedas y falos que circula.

Yo miraba tu forma deliciosa flotando
en la llaga de aceites y paño de agonía,
y entornaba mis ojos para dar en el dulce
tiro al blanco de insomnio sin un pájaro negro.

Es así, Dios andado, como quiero tenerte.
Panderito de harina para el recién nacido.
Brisa y materia juntas en expresión exacta
por amor de la carne que no sabe tu nombre.

Es así, forma breve de rumor inefable,
Dios en mantillas, Cristo diminuto y eterno,
repetido mil veces, muerto, crucificado
por la impura palabra del hombre sudoroso.

Cantaban las mujeres en la arena sin norte,
cuando te vi presente sobre tu Sacramento.
Quinientos serafines de resplandor y tinta
en la cúpula neutra gustaban tu racimo.

¡Oh Forma sacratísima, vértice de las flores,
donde todos los ángulos toman sus luces fijas,

Lorca's "Oda al Santísimo Sacramento del Altar" as originally printed in
Revista de Occidente, December 1928. Selection here is from page 295 and
includes the oft-repeated misprint in line 1 of the third stanza of "Dios
andado" for the correct "Dios anclado."
See Item 113.

Written in Cuba in 1930, this poem is best known as
"Son de negros en Cuba" in *Poeta en Nueva York*. There
are various versions of the poem, all with slight differences in text and punctuation. See principally: the
version printed in *Musicalia*; *O.C.* II, p. 1382; that in
Federico García Lorca 1899-1936. New York, 1941 (q.v.);
that in the Séneca (1940) edition of *Poeta en Nueva
York*; and that published by Emilio Ballagas in *Mapa de
la poesía negra americana*. Buenos Aires: Editorial
Pleamar, 1946, pp. 296-297. It should be noted that
the information given in the Aguilar edition (1973)
about another version, or at least one stanza with
variants, is conflicting. See *O.C.* II, p. 1382. A
report on "'El Poeta en Nueva York.' Conferencia y lec-
tura de versos por Federico García Lorca en la Residencia." was given in *El sol* (Madrid) XVI, 4.555 (Mar. 17,
1932): 3, but the stanza from the "Son" was quoted by
L. Méndez Domínguez in "'Iré a Santiago.' Poema de
Nueva York en el cerebro de García Lorca." *Blanco y
negro* (Madrid) 43, 2.177 (Mar. 3, 1933). M. Laffranque
noted the variants between this stanza and the version
printed in all but the 1973 of the Aguilar editions of
the *O.C.* in "Federico García Lorca: Conférences, déclarations et interviews oubliés." *BH* LX, 4 (Oct.-Dec.
1958): 545.

115. Gráfico de la Petenera: Clamor: Campana; Camino; La
      guitarra; Danza; Muerte de la Petenera; Falsete; Epita-
      fio. - Plano de la Soleá: [Tierra]; Pueblo de la Soleá;
      Calle; Copla; La Soleá; Adivinanza de la guitarra; Can-
      dil; Crótalo; Madrugada. In: del Río, Angel; Gabriel
      G[arcía] Maroto; Federico G[arcía] Lorca; and Federico
      de Onís. *Antonia Mercé. La Argentina*. New York: Insti-
      tuto de las Españas en los Estados Unidos, Columbia Uni-
      versity, 1930, pp. 26-35.

116. Poesías. *RO* (Madrid) XXXI, XCI (Jan. 1931): 21-28.

      Item includes "Muerte"; "Ruina"; "Vaca"; "New York:
      Oficina y denuncia." "Ruina" was included, without the
      dedication to Regino Sainz de la Maza, as the thirteenth
      poem and an "inédito" in both editions (1932 and 1934)
      of Gerardo Diego's anthology. See his republication:
      *Poesía española contemporánea. (1901-1934). Nueva edi-
      ción completa*. (Colección Sillar). Madrid: Taurus
      Ediciones, 1955, pp. 403 and 419.

117. Vals en las ramas. *Héroe* (Madrid) 1 (1932).

118. Adán. Canción. *Héroe* (Madrid) 2 (1932).

     The poem "Canción" is a version of "Casida de las palomas oscuras," the ninth of the series of "casidas" in the *Diván*.

119. Ribera de 1910. Tu infancia en Mentón. *Héroe* (Madrid) 4 (1932).

     "Ribera de 1910" was republished, with "Aire de Amor," in *Sur* (Buenos Aires) VII, 34 (1937): 29-32. With a commentary by G. Baquero both these poems appeared in "Los poemas póstumos de Federico García Lorca," *Verbum* (Havana) I, 3 (1937): 53-56.

120. Poema. *Héroe* (Madrid) 5 (1932).

     The poem is a version of "Casida del aire libre," the fifth of the series of "casidas" in the *Diván*. It appears here without a title.

121. Poema. *Héroe* (Madrid) 6 (1932).

     The poem is a version of "Gacela de la raíz amarga," the sixth of the series of "gacelas" in the *Diván*.

122. Madrigal a cibdá de Santiago. *Yunque* (Lugo), 1932.

     This poem was republished in Galician in the Catalan review *Quaderns de Poesia*. See: "La musa políglota." *Quaderns de Poesia* (Barcelona) 1, 4 (Nov. 1935): 30. M. Laffranque has pointed out possible errata and/or variants compared with the Aguilar edition of *O.C.* (1954) in "Federico García Lorca: Conférences, déclarations et interviews oubliés," *BH* LX, 4 (Oct.-Dec. 1958): 545.

123. Niña ahogada en el pozo (Granada y Newburg): Ciudad sin sueño (Nocturno de Brooklyn Bridge).

     Included as the fourteenth and fifteenth poems "inéditos" in the first edition of Gerardo Diego's *Poesía española. Antología 1915-1931*. Madrid: Editorial Signo, 1932, pp. 320-324. "Niña ahogada en el pozo" survived in the second edition but "Ciudad sin sueño" was replaced by a fragment of "Oda a Walt Whitman." See the republication of the two anthologies *Poesía española*

contemporánea (1901-1934). Nueva edición completa.
(Colección Sillar). Madrid: Taurus Ediciones, 1955,
pp. 419-422, 403.

124. Oda al rey de Harlem. *Los cuatro vientos* (Madrid), I
     (Feb. 1933): 5-10. See: Sibbald, Katherine. "Federico
     García Lorca's Contributions to the Literary Magazines
     in the Years 1917-1937." *GLR* II, 1 (Fall 1974): unp.

125. *Oda a Walt Whitman.* Mexico: Alcancía, Aug. 15, 1933.

     Published separately, this poem was incorporated into
     Poeta en Nueva York (1940). It was included as a
     "Fragmento" only in the second edition of Gerardo Diego's
     anthology *Poesía española. Antología (Contemporáneos).*
     Madrid: Editorial Signo, 1934. Here, the fifteenth poem,
     it replaced "Ciudad sin sueño" of the first edition fol-
     lowing consultation between L and Diego. See the re-
     publication of the two anthologies *Poesía española con-
     temporánea (1901-1934). Nueva edición completa.* (Colec-
     ción Sillar). Madrid: Taurus Ediciones, 1955, pp. 420-
     422, 620. In both this publication and Diego's anthol-
     ogy, the last line of the seventh verse reads "los ma-
     ricas, Walt Whitman, te señalan," which also agrees
     with the manuscript in L's handwriting.

     In the 1940 edition of *Poeta en Nueva York* (Séneca) and
     all Aguilar editions except that of 1973, the line reads
     "te soñaban" for "te señalan." See *O.C.* II, p. 1381.

126. Canción de la muerte pequeña. *La nación* (Buenos Aires)
     22.347, sec. 2 (Oct. 29, 1933): I.

     This poem was published as the sixteenth poem "inédito"
     of the selection from L's work made for the second (1934)
     edition of Gerardo Diego's anthology *Poesía española.
     Antología (Contemporáneos).* Madrid: Editorial Signo,
     1934, pp. 433-434. See also his republication of both
     anthologies, *Poesía española contemporánea (1901-1934).
     Nueva edición completa.* (Colección Sillar). Madrid:
     Taurus Ediciones, 1959, pp. 422-423.

127. Canto nocturno de los marineros andaluces. *La nación*
     (Buenos Aires) 22.403, sec. 2 (Dec. 24, 1933): 1.

128. Las cigüeñas de Avila (Fragment). In: Luna, José R.
     "La vida de García Lorca poeta." *Crítica* (Buenos Aires)
     Mar. 10, 1934.

According to the poet in conversation with Felipe Morales, this poem, with the least Andalusian of all themes,
was his first attempt at poetry. See "Las cigüeñas de
Avila" in "Conversaciones literarias--Al habla con Federico García Lorca," first published in *La voz* (Madrid)
(April 7, 1936): 2, col. 1, 2, 3, 4, and 5; thereafter
republished by M. Laffranque in "Federico García Lorca:
Conférences, déclarations et interviews oubliés," *BH*
LX, 4 (Oct.-Dec. 1958): 536-540; note p. 537 particularly.

129. Vals vienés. *1.616 (English and Spanish Poetry)* (Lon-
      don) 1 (1934).

      There are substantial variations in text between this
      poem and "Pequeño vals vienés" published in *Poeta en
      Nueva York*. These were pointed out in the Appendix of
      the Séneca edition (1940) and in *O.C.* II, pp. 1381-1382.
      Guillermo Díaz-Plaja republished the *1.616* poem in his
      Federico García Lorca. Buenos Aires: Kraft, 1948.
      (See also *Federico García Lorca*. Madrid: Espasa Calpe,
      1954; 4th ed. 1968, pp. 180-182.) There Díaz-Plaja gave
      a subtitle, "Dos valses hacia la civilización," and sug-
      gested that this composition belonged to the "tanda de
      valses" which would constitute the book L intended to
      entitle, ironically, "Porque te quiero a ti solamente"
      (see p. 180).

130. El llanto. In: Diego, Gerardo (ed.). *Poesía española.
      Antología (Contemporáneos)*. Madrid: Editorial Signo,
      1934, pp. 444-445. See also his republication of the
      two anthologies *Poesía española contemporánea (1901-
      1934). Nueva edición completa*. (Colección Sillar).
      Madrid: Taurus Ediciones, 1955, p. 423.

      This poem figured as "inédito" and the seventeenth poem
      of the selection made from L's work. However, according
      to André Belamich, the manuscript in L's handwriting of
      this poem was dated "5 de abril [de 1935], a bordo del
      Conte Biancamano." See *O.C.* II, p. 1384. The poem was
      incorporated as the second of the "casidas" in *Diván*
      with the title "Casida del llanto."

131. Tierra y luna. *El tiempo presente* (Madrid) 1 (Mar.
      1935): 9.

      This poem was republished by Guillermo Díaz-Plaja in his
      Federico García Lorca. Buenos Aires: Kraft, 1948. See
      also his *Federico García Lorca*. Madrid: Espasa Calpe,
      1954; 4th ed. 1968, pp. 179-180.

132. Casida de la rosa. *Noroeste* (Zaragoza) 12 (Fall 1935).

133. Gacela de la terrible presencia. *Quaderns de Poesia*

(Barcelona) 3 (Oct. 1935): 16.

M. Laffranque points out variants in text and punctuation between this version and that published in the
Aguilar edition of *O.C.* (1954) in "Federico García Lorca:
Conférences, déclarations et interviews oubliés," *BH* LX,
4 (Oct.-Dec. 1958): 545. Antonina Rodrigo explains that
the variant of *Quaderns de Poesia*:
    Pero no me enseñes tu limpio desnude
which reads in the Aguilar edition of the *O.C.* (including 1973):
    Pero no ilumines tu limpio desnudo
was due to the fact that L dictated the poem from memory
to the director of the review, Tomás Garcés. See:
Rodrigo, Antonina. *García Lorca en Cataluña*. Barcelona: Editorial Planeta, 1975, p. 334.

134. Nocturno en hueco. *Caballo verde para la poesía* (Madrid)
      1 (Oct. 1935): 16-17.

      Below L's signature there is the phrase "(Del libro
      inédito 'Poeta en Nueva York')." See: Note to this
      poem in Sibbald, Katherine. "Federico García Lorca's
      Contributions to the Literary Magazines in the Years
      1917-1937." *GLR* II, 1 (Fall 1974): unp.

135. Epitafio de Isaac Albéniz. *La noche* (Barcelona) (Dec.
      14, 1935): 2.

      Republished (as a communication from Rafael Santos
      Torroella) together with two sketches, L's signature,
      and a photograph of the poet in: "Un inédito de Lorca:
      Epitafio a Isaac Albéniz." *Correo literario* (Madrid-
      Barcelona-Buenos Aires) 2nda epoca, V (Sept. 1954):
      unp. In: *García Lorca en Cataluña*. Barcelona: Edito-
      rial Planeta, 1975, pp. 392-393, Antonina Rodrigo gives
      an account of the homage to Albéniz at the Montjuïc
      Cemetery, the text, and a photograph of L reading this
      sonnet, p. 389.

136. Paisaje con dos tumbas y un perro asirio. *1.616
      (English and Spanish Poetry)* (London) VII (1935).

137. Omega (Poema para muertos). *1.616 (English and Spanish
      Poetry)* (London) VIII (1935).

138. Casida de la muerte clara. - Gacela del mercado matu-
      tino. - Gacela del amor con cien años. - Casida de la
      mujer tendida boca arriba. In: Torre, Guillermo de;
      Miguel Pérez Ferrero; and E. Salazar y Chapela. *Alma-
      naque Literario*. Madrid: Plutarco, 1935, pp. 22, 90,

182, 254.

The poem "Casida de la muerte clara" was later given the title "Gacela de la huída." Compare item 139 and the poem "Casida de la mujer tendida boca arriba" and that of "Casida de la mujer tendida."

139. Casida de la huída. *Floresta de prosa y verso* (Madrid) [Facultad de Filosofía y Letras] 2 (Feb. 1936): 1. Later the title of this poem became "Gacela de la muerte oscura" in *Diván*.

140. Aire de amor. *Sur* (Buenos Aires) VII, 34 (July 1937): 31-32.

This poem was later added to the *Diván* as "Canción de la raíz amarga."

141. Soneto (A Carmela Cóndon agradeciéndole unas muñecas). In: Cunard, Nancy, and Pablo Neruda. *Deux Poèmes par Federico García Lorca et Langston Hughes*. Paris: n.p., 1937 (?).

Though no date appears on this publication, one may presume that it appeared some time during or after 1937 for it includes a poem by Hughes dated 1937. According to an explanatory note preceding this sonnet, it was written in 1929 at the Pensión Pi y Margall in Madrid.

142. Oda al Santísimo Sacramento del Altar. [Fragment from "Mundo"]. Oda a Sesostris [Fragment from "Demonio"].

According to Jorge Zalamea, the letter containing two verses of the section "Mundo" of this ode belongs to the Autumn of 1928. This fragment was published, in an extended form with certain variations, in the *RO* in Dec. 1928. In another letter, also from the Autumn of 1928 (Carta V), L gives part of a poem referred to as the "Oda a Sesostris," explaining that the fragment quoted comes from the section "Demonio, segundo enemigo del alma." Published posthumously in "Epistolario de García Lorca (Cartas a Jorge Zalamea)." *Revista de las Indias* (Bogota) 1, 5 (1937): 23 and 25 respectively.

Following Daniel Devoto's argument that the "Oda a Sesostris" forms part of the "Oda al Santísimo Sacramento," in "¿'Oda a Sesostris,' o 'Al Santísimo Sacramento'?" *BH* LXII, 4 (Oct.-Dec. 1960): 443-447, the Ode has been published subsequently in four parts: "Exposición"; "Mundo"; "Demonio"; and "Carne." *O.C.* I, pp. 765-773.

See also: 113.

143.   Stanton. *Carteles* (Havana) (Jan. 23, 1938): 30.

       Republished by Daniel Eisenberg in "Dos textos primiti-
       vos de 'Poeta en Nueva York.'" *PSA* LXXIV, CCXXI-II
       (Aug.-Sept. 1974): 172-173.

144.   Cielo vivo. *Carteles* (Havana) (Feb. 20, 1938): 24.

       Republished by Daniel Eisenberg in "Dos textos primiti-
       vos de 'Poeta en Nueva York,'" *PSA* LXXIV, CCXXI-II (Aug.-
       Sept. 1974): 174.

145.   Soneto ["Tengo miedo a perder la maravilla"]. *Cancionero*
       (Valladolid) 1 (May 1941): 2.

       This version was published posthumously by Julio Gómez
       de la Serna. Another version with minor textual variants
       was published in *Alba, verso y prosa* (Vigo) 9 (1952).
       Full details are given in *O.C.* II, p. 1389. Here the
       place of publication of *Cancionero* is given as Valladolid,
       not Madrid as given by J. Comincioli in his *Federico
       García Lorca. Texts inédits et documents critiques.*
       Lausanne: Editions Rencontre, 1970, p. 315.

146.   [A las Poesías completas de Antonio Machado].

       In a copy of Machado's poetry belonging to Antonio
       Gallego y Burín, L wrote, signed, and dated (Aug. 7,
       1918) a poem. The poem originally had no title. The
       title "Este es el prólogo" which appears in *O.C.* (1966)
       was a title given for convenience by Antonio Gallego
       Morell.

       Republished by Antonio Gallego Morell in "Cuando Federico
       leyó a Machado." *Est Lit* (Madrid) 16 (1944): 25.

147.   El novio. In: Blecua, José Manuel (ed.). *Las flores en
       la poesía española.* Madrid: Ed. Hispánica, 1944, p. 245.
       illus. J.M. Cid.

       J. Comincioli considered this poem unedited and probably
       dating from the beginning of the 1920's in his *Federico
       García Lorca. Textes inédits et documents critiques.*
       Lausanne: Editions Rencontre, 1970, pp. 50 and 315. The
       poem is, however, a fragment taken by J.M. Blecua from
       Bodas for his anthology.

148.   Poema ["Se ha quebrado el sol"]. *Sendas* (Granada) 4
       (Summer 1946).

       Republished by Claude Couffon, first in "Un poema olvi-
       dado de García Lorca." *Insula* 182 (Feb. 1962): 3;
       later in his *A Grenade sur les pas de García Lorca.*
       Paris: Seghers, 1962. See also: *Granada y García Lorca.*
       Buenos Aires: Editorial Losada, 1967, p. 143.

There are two misprints in *O.C.* II, p. 1390. These give,
wrongly, 1956, not 1946, as the date of publication of
this poem in *Sendas*, and no. 183, not no. 182, for its
publication in *Insula*.

Couffon has given the following information: "... el
poema, sin título, era el texto más importante de un
número homenaje que los jóvenes poetas granadinos ren-
dían a García Lorca. Como referencias, la redacción de
la revista [director, F. del Darro; redactor-jefe, Julio
Alfredo Egea], indicaba 'la poesía inédita de Federico
que publicamos es debida a cortesía del insigne pintor
y dibujante granadino señor Garrido del Castillo.' Como
es sabido, Garrido del Castillo hizo un retrato de Federico joven, que ha sido reproducido varias veces."

The poem bears no date, but would seem to belong to the
period of *Libro de poemas*.

149. Canción ["Sobre el pianísimo"]. *Cuadernos de Julio
      Herrera y Reissig* (Montevideo), 1948.

150. Crucifixión, Canción. In: García Lorca, Federico.
      Crucifixión. Planas de poesía (Las Palmas) IX (Sept.
      1950): 20-23, 26.

      The first line of "Canción" reads: "Si tú oyeras."

151. [Pequeño poema infinito]. In: Gasch, Sebastián. *Fede-
      rico García Lorca: Cartas a sus amigos*. Barcelona: Ed.
      Cobalto, 1950, pp. 97-98.

152. Soledad insegura. [En honor de Góngora].

      Three fragments, one entitled "Noche," were included in
      a letter to Jorge Guillén dated Feb. 14, 1927. Four
      lines of the second fragment had been included in an
      earlier letter, dated Mar. 2, 1926. Published in *Fede-
      rico en persona: semblanza y epistolario*. Buenos Aires:
      Ed. Emecé, 1959, pp. 123-124 and p. 86. Cf. also the
      earlier publication of "Soledad insegura. Noche" in
      "Carta de Federico García Lorca a Jorge Guillén." *Cua-
      dernos del Congreso por la Libertad de la Cultura* (Paris)
      20 (Sept.-Oct. 1956): 33-34. For a facsimile of this
      poem see: Guillén, Jorge. *Federico in persona (Carteg-
      gio)*. Milan: All'Insegna del Pesce d'Oro, 1960, p. 176.

153. Chopo y torre....

Short poem included in a letter to Jorge Guillén dated
1925. Published by Guillén in "Dos cartas de Federico
García Lorca a Jorge Guillén." *QIA* 19-20 (Dec. 1956):
242.

Rpt.: *Federico en persona: semblanza y epistolario.*
Buenos Aires: Ed. Emecé, 1959, p. 79.

154. Miguel Pizarro. *Caracola* (Málaga) 64 (Feb. 3, 1958).

There are two misprints in *O.C.* II, p. 1393: 1957 and
1967, both wrongly for 1958.

155. Canción. *Cuadernos de Agora* (Madrid) 21-22 (July-Aug.
1958): 24.

The first line reads: "Y yo te daba besos." The poem
is reproduced in facsimile.

156. Estampilla y juguete. *PSA* III, XXXII-XXXIII (Dec. 1958):
124-125.

The poem is reproduced in facsimile on p. 125.

157. Canción. [First line "Lento perfume y corazón sin
gama."].

Found on the reverse of the sheet of paper used for a
postscript to a letter to Jorge Guillén dated Sept. 9,
1926. Published in *Federico en persona: semblanza y
epistolario*. Buenos Aires: Ed. Emecé, 1959, p. 104.

158. [Romance de la Guardia Civil] [fragment].

A fragment, with very minor variants, was included in a
letter to Jorge Guillén dated Nov. 9, 1926; published in
Federico en persona: semblanza y epistolario. Buenos
Aires: Ed. Emecé, 1959, pp. 108-110.

L referred to a poem with the title "El romance de la
Guardia Civil" in a letter dated [1926] to Melchor Fernández Almagro, published by Antonio Gallego Morell in
García Lorca: Cartas, postales, poemas y dibujos. Madrid:
Editorial Moneda y Crédito, 1968, p. 86. The poem was
incorporated into the *Romancero gitano* (1928) with the
title "Romance de la Guardia Civil española."

See also: 93.

159. "Qué tienen tus ojos, Lola...."

Two stanzas of a poem about a gypsy girl, Lola, whom L knew personally. The lines were written sometime during the academic year 1917-1918 at the University of Granada.

Republished with reminiscence by Alvaro Rodríguez Spiteri in "Un recuerdo de Federico." *Insula* 155 (Oct. 15, 1959): 11.

160. Tardecilla del Jueves Santo.

Poem dated 1924. Republished by J.F. Aranda in "Más inéditos de García Lorca." *Insula* 157 (Dec. 15, 1959): 12.

161. (Dedicatorio especial) A Filín.

Poem written at the Residencia de Estudiantes. Republished by J.F. Aranda in "Más inéditos de García Lorca." *Insula* 157 (Dec. 15, 1959): 13.

162. Rosa. In: Gallego Morell, Antonio (ed.). *García Lorca: Cartas, postales, poemas y dibujos*. Madrid: Editorial Moneda y Crédito, 1968, p. 41.

This poem appears with "Escuela" in a letter from L to Melchor Fernández Almagro dated [Aug. 1921].

163. Corriente lenta. In: Gallego Morell, Antonio (ed.). *García Lorca: Cartas, postales, poemas y dibujos*. Madrid: Editorial Moneda y Crédito, 1968, p. 52.

This poem appears in a postscript to a letter from L to Melchor Fernández Almagro dated [Summer 1923]. From the text of the letter the poem apparently formed part of a longer poem, "Ensueños del río," which, in turn, was to have been included in the projected book *Las meditaciones y alegrías del agua*.

164. Canción del muchacho de siete corazones. In: Gallego Morell, Antonio (ed.). *García Lorca: Cartas, postales, poemas y dibujos*. Madrid: Editorial Moneda y Crédito, 1968, p. 54.

The first of four poems sent by L to Melchor Fernández Almagro in a letter dated [July 1923].

165. Arco de lunas. In: Gallego Morell, Antonio (ed.). *García Lorca: Cartas, postales, poemas y dibujos*. Madrid: Editorial Moneda y Crédito, 1968, p. 54.

The second of four poems sent by L to Melchor Fernández
Almagro in a letter dated [July 1923]. Apparently this
was only a part of a longer poem.

166. Pórtico. In: Gallego Morell, Antonio (ed.). *García
     Lorca: Cartas, postales, poemas y dibujos.* Madrid: Edi-
     torial Moneda y Crédito, 1968, p. 54.

     The third of four poems sent by L to Melchor Fernández
     Almagro in a letter dated [July 1923].

167. El sátiro blanco. In: Gallego Morell, Antonio (ed.).
     García Lorca: Cartas, postales, poemas y dibujos.
     Madrid: Editorial Moneda y Crédito, 1968, p. 55.

     The fourth of four poems sent by L to Melchor Fernández
     Almagro in a letter dated [July 1923].

168. Canción.

     Written by [Sept. 1923], this poem was the first of
     four sent in a letter of that date to Melchor Fernández
     Almagro. The poem was included in *Canciones (1921-1924)*
     (Málaga: Litoral, 1927; Madrid: Revista de Occidente,
     1929) and all subsequent republications as "Es verdad."
     The early version offers two variations in punctuation.
     See: Gallego Morell, Antonio (ed.). *García Lorca: Car-
     tas, postales, poemas y dibujos.* Madrid: Editorial Mo-
     neda y Crédito, 1968, p. 57. Republished as "Es verdad"
     in both the first (1932) and the second (1934) editions
     of Gerardo Diego's anthology *Poesía española.* See his
     republication of both the anthologies *Poesía española
     contemporánea (1901-1934). Nueva edición completa.*
     (Colección Sillar). Madrid: Taurus Ediciones, 1959,
     pp. 408-409.

169. Cancioncilla.

     Written by [Sept. 1923] this poem was the second of four
     sent in a letter of that date to Melchor Fernández Al-
     magro. The poem was included in *Canciones (1921-1924)*
     (Málaga: Litoral, 1927; Madrid: Revista de Occidente,
     1929) and figures in all subsequent publications as
     "Canción cantada." The early version offers two varia-
     tions in spelling and text. See: Gallego Morell, Anto-
     nio (ed.). *García Lorca: Cartas, postales, poemas y
     dibujos.* Madrid: Editorial Moneda y Crédito, 1968,
     p. 57.

170. Canción del arbolé.

Written by [Sept. 1923] this poem was the fourth of four poems sent in a letter of that date to Melchor Fernández Almagro. According to Antonio Gallego Morell this poem should not be confused with "Arbolé, arbolé" [q.v.]. See: Gallego Morell, Antonio (ed.). *García Lorca: Cartas, postales, poemas y dibujos*. Madrid: Editorial Moneda y Crédito, 1968, p. 58.

See also: 94.

171. Suite del regreso [sic].

In a letter dated [Oct. 1923] sent to Melchor Fernández Almagro, L included a poem "Yo vuelvo," later published as "El regreso." This poem is an early version of the poem in Act I of *Así que pasen cinco años*, showing differences in text and word and line order. The poem was also the first of a collection of eleven poems, the "Suite del regreso" to which L referred in his letter, which was to be published by Juan Guerrero Ruiz. According to Antonio Gallego Morell, because of alien exigencies of typesetting in the literary supplement of the newspaper *La verdad*, only six poems were published in 1926 [q.v.]: "El regreso," "Corriente," "Hacia ...," "Recodo," "Despedida," and "Ráfaga."

The complete set of eleven poems dedicated to Luis Buñuel and dated Aug. 6, 1921, was republished in the following order: "El regreso," "Corriente," "Hacia ...," "Sirena," "Recodo," "Realidad," "Si tú ...," "Despedida," "Flecha," "Casi elegía," and "Ráfaga," by Antonio Gallego Morell in *García Lorca: Cartas, postales, poemas y dibujos*. Madrid: Editorial Moneda y Crédito, 1968, pp. 59-63. The suite was again republished by Jacques Comincioli, accompanied by a translation into French and with the admonition that "nous signalons que notre disposition des textes est plus conforme à celle du manuscrit que celle de 1968 [de Antonio Gallego Morell]," in *Federico García Lorca: Textes inédits et documents critiques*. Lausanne: Editions Rencontre, 1970, pp. 54-67.

See also: 96.

172. ¡Amanecer y repique! (Fuera del jardín).

This was the first of three poems included with L's letter of [Sept. 1925] to Melchor Fernández Almagro.

According to L this was only the ending of the poem
which, because it was still to be reworked, the poet
did not want to circulate among his friends and/or editors. Published by Antonio Gallego Morell in *García
Lorca: Cartas, postales, poemas y dibujos*. Madrid:
Editorial Moneda y Crédito, 1968, p. 70.

For some reason (unspecified) the order of these three
poems, "¡Amanecer y repique! (Fuera del jardín)," "Cancioncilla del niño que no nació," and "Otra estampita,"
has been changed in *O.C.* I, pp. 736-738. Presumably
this change in order corresponds to an interpretation
of L's one-line commentaries to these poems. The point
of reference of the second commentary is obscure: (1)
the reference to "el poema" may mean that "Otra estampita" forms the middle part of the poem which ends, according to the first commentary, with "¡Amanecer y repique! (Fuera del jardín)"; or (2) the comment on
"este sencillo romance" which comes "en medio del poema," i.e., of which "Otra estampita" may be the first,
may refer to the four lines of poetry divided as "Tierra"
and "Cielo."

173. Cancioncilla del niño que no nació.

This was the second of three poems included with a letter from L to Melchor Fernández Almagro dated [Sept.
1925]. Published by Antonio Gallego Morell in *García
Lorca: Cartas, postales, poemas y dibujos*. Madrid:
Editorial Moneda y Crédito, 1968, p. 70.

174. Otra estampita.

This was the third of three poems included with L's
letter to Melchor Fernández Almagro dated [Sept. 1925].
Published by Antonio Gallego Morell in *García Lorca:
Cartas, postales, poemas y dibujos*. Madrid: Editorial
Moneda y Crédito, 1968, p. 71.

175. Venus.

This was the first of three poems included in a letter
from L to José de Ciria y Escalante dated [July 30,
1923]. Included in *Canciones (1921-1924)* (Málaga: Litoral, 1927; Madrid: Revista de Occidente, 1929), it
offers minor textual variations from the text established
in *O.C.* I, pp. 323-324.

Rpt.: Gallego Morell, Antonio (ed.). *García Lorca:
Cartas, postales, poemas y dibujos*. Madrid: Editorial Moneda y Crédito, 1968, p. 129.

176. "La mar no tiene naranjas...."

This was the second of three poems included in a letter
from L to José de Ciria y Escalante dated [July 30,
1923]. It was included in *Canciones (1921-1924)* (Málaga:
Litoral, 1927; Madrid: Revista de Occidente, 1929), and
in all subsequent publications as "Adelina de paseo."
It offers minor textual variations from the text established in *O.C.* I, p. 309.

> *Rpt.*: Gallego Morell, Antonio (ed.). *García Lorca:*
> *Cartas, postales, poemas y dibujos*. Madrid: Edi-
> torial Moneda y Crédito, 1968, p. 129.

177. Nocturno esquemático.

This was the third of three poems included in a letter
from L to José de Ciria y Escalante dated [July 30,
1923]. Included in *Canciones (1921-1924)* (Málaga: Litoral, 1927; Madrid: Revista de Occidente, 1929), it
offers only a minor variation in punctuation from the
text established in *O.C.* I, p. 274.

> *Rpt.*: Gallego Morell, Antonio (ed.). *García Lorca:*
> *Cartas, postales, poemas y dibujos*. Madrid: Edi-
> torial Moneda y Crédito, 1968, p. 130.

178. Kasida I del Tamarit.

According to Antonio Gallego Morell, L in a letter dated
[Dec. 1927] to Joaquín Romero Murube, editor of *Medio-*
día (Seville), enclosed two manuscripts, one of "Romance
con lagunas" [q.v.] [later "Burla de Don Pedro a caballo"], and the other of "Kasida I del Tamarit" [later
"Gacela del amor imprevisto"]. The manuscript offers
various corrections to the established text. See:
Gallego Morell, Antonio (ed.). *García Lorca: Cartas,*
postales, poemas y dibujos. Madrid: Editorial Moneda
y Crédito, 1968, pp. 147-148. However, according to
André Belamich, L's letter of [Dec. 1927] did not include the second manuscript, which does not now seem to
be such an early composition. See: Devoto, Daniel.
Introducción al "Diván del Tamarit" de Federico García
Lorca. Paris: Ediciones Hispanoamericanas, 1976, p. 2.

179. "¡Ay Joaquín...!" In: Gallego Morell, Antonio (ed.).
García Lorca: Cartas, postales, poemas y dibujos.
Madrid: Editorial Moneda y Crédito, 1968, p. 148.

A personal rhyme dated Jan. 15, 1936, sent by L to
Joaquín Romero Murube. A black crayon drawing of a free-
style portrait of J.R.M. accompanies the rhyme.

180. "Querido Joaquín...." In: Gallego Morell, Antonio (ed.).
     García Lorca: Cartas, postales, poemas y dibujos. Ma-
     drid: Editorial Moneda y Crédito, 1968, p. 148.

     A personal rhyme sent by L to Joaquín Romero Murube in
     [1929].

181. "Lira cordial de plata refulgente...." [A Manuel de
     Falla].

     This sonnet, handwritten by the poet (or his mother?),
     headed a parchment, decorated with drawings of flowers
     and lemons, containing forty-eight signatures (includ-
     ing those of the poet and all members of his immediate
     family) of those who wished to pay honor to Manuel de
     Falla on the occasion of his fiftieth birthday in 1927.
     Published by Manuel Orozco in "Un soneto desconocido de
     Federico." *Litoral* (Torremolinos-Málaga) 8-9 (Sept.
     1969): 78-81. Unfortunately this reproduction of L's
     text contains misprints (which have been retained in
     O.C. I, p. 698; note in II, p. 1387). These were cor-
     rected in "Un soneto olvidado de Federico García Lorca."
     Insula (Madrid) 278 (Jan. 1970): 2.

182. Soneto de homenaje a Manuel de Falla, ofreciéndole unas
     flores. In: Molina Fajardo, Eduardo. "Lorca inédito:
     un soneto a Falla, dos dibujos, una carta." *Est. Lit.*
     456 (Nov. 15, 1970): 4-7. See page 4 for a facsimile
     of the sonnet, and page 5 for printed version.

183. Canción morena.

     The eighth (?) poem of a series entitled "Ferias," dated
     July 27, 1921. A fragment in French was published as
     "Chanson brune" by Mathilde Pomès in *Europe* (Paris)
     345-346 (Jan.-Feb. 1958): 167. The original Spanish
     text was first published by Jacques Comincioli in *Fede-
     rico García Lorca. Textes inédits et documents criti-
     ques*. Lausanne: Editions Rencontre, 1970, p. 52.

184. [Mar latino].

     Published by Albert Manent in "Un poema inédito de Fe-
     derico García Lorca." *Camp de l'Arpa* (Barcelona) 4
     (Nov. 1972).

185. Apunte para una oda.

Dated July 3, 1924. Republished, together with a drawing of a bowl of fruit and a pear, by Rafael Martínez
Nadal in "Un nuevo inédito de Lorca." *Insula* 322 (Sept.
1973): 1, 6.

186. Poema de la feria.

The first poem of a series entitled "Ferias," dated
July 27, 1921, and containing: "Poema de la feria,"
"Casallitos," "Verbena," "Feria astral," "Grito," "Rosa
de papel," "Luna de feria," "Canción morena," "Columpio,"
"Confusión," "Ocasión de feria," "Trino final." The
series was given by L to Mathilde Pomès on the occasion
of her visit on April 11, 1931. See Mathilde Pomès'
account in *Journal des Poètes* (Brussels) 5 (May 1950).
Only the first and the eighth (?) [canción morena, q.v.]
have been published. The collection was bought anony-
mously in Paris at a sale on Dec. 19, 1977. The text
and variants of "Poema de la feria," a reproduction of
a drawing of three sailors and a young woman in front
of a "taberna," and a full account of the inaccuracies
in the catalogue of the sale of L's work are given by
Eutimio Martín in "Un poema y un dibujo inéditos de
Federico García Lorca." *Insula* (Madrid) 380-381 (July-
Aug. 1978): 1, 24.

187. "A mi amiga María Teresa." In: *Trece de nieve* (May
1977): 24.

Brief, three-stanza poem; each stanza has only two lines.
To María Teresa Díez-Canedo, found in her album with
the sketch of a guitar. Signed: Federico García Lorca,
Madrid, 1931.

188. Canción del pastor bobo. In: *Trece de nieve* (May 1977):
19-20.

Heretofore unpublished poem. In parentheses: (De *El
público*). According to the notes concerning this poem,
this poem should be read in light of the version published by Martínez Nadal in *El público: amor, teatro y
caballos en la obra de Federico García Lorca*. Oxford:
Dolphin Book Co., Ltd., 1970. See pages 175-177 for a
facsimile and transcription of this poem.

189. Aire. In: *Trece de nieve* (May 1977): 22.

Brief ten-line poem. In parentheses: (1922).

190.   Madrigal. In: *Trece de nieve* (May 1977): 23.

Four-stanza poem with: (Luna llena), (Luna media) after
the first and second stanzas respectively, and (Luna
ciega) as the last line after the final stanza.   In
brackets: [1922].   According to the notes concerning
this poem and the listing immediately preceding this
one, (#189), these two poems appeared, with a facsimile,
in *El pez y la serpiente* (Managua) 2 (Aug. 1961).

191.   Luz. In: *Trece de nieve* (May 1977): 21.

Heretofore unpublished poem consisting of four four-line
stanzas.   In parentheses: (Hacia 1918).   Original manuscript in the possession of Luis Rosales.

Apocryphal Works

192.   Romance apócrifo a don Luis a caballo. *La gaceta literaria* (Madrid) II (June 1, 1927): 1.

Although this poem appears with L's signature, it is,
in fact, not his but the work of several hands and was
composed during the more frivolous celebrations of the
Góngora Tricentenary of 1927.   The "romance" was not in-
tended for publication, having been, as Gerardo Diego
explained some months later, "la broma un tanto pesada
que le gastamos [probably Diego, Alberti, and Dámaso
Alonso] a Lorca ... contrahaciéndole un *Romance apócrifo* en castigo de no presentarse a los actos de Madrid,
ni enviar siquiera adhesión...." Diego felt that its
publication by E. Giménez-Caballero was a breach of
friendship. See: D[iego], G. "Crónica del Centenario
de Góngora (1627-1927) II." *Lola* 2 (Jan. 1928): unp.

This romance is cited, wrongly, as L's work by M.
Iglesias Ramírez in *Federico García Lorca. El poeta universal.* Barcelona: Ediciones Tirso, 1963, pp. 146-147.

193.   "Siento ..." and "Con la frente en el suelo...." In:
Andrade, Eugenio de. "Nota breve sobre dois poemas inéditos de Federico García Lorca." *Arvore* (Lisbon) 2,
4, fasc. 1 (1953).

Both these poems and another, known variously as "Baladilla de Noche Buena" or "En la amplia cocina la lumbre
...," also published by Eugenio de Andrade in *Encontro.
Antología de autores modernos* (Matosinhos, 1955), are,
in fact, not by L at all. They were written by Antonio
Pérez Funes, friend and fellow student at the University of Granada, in an edition of *Libro de poemas* [1920]
belonging to another friend, Antonio Morón. Full details are given by Rafael Guillén in "Tres poemas apó-
crifos de García Lorca." *Insula* 239 (Oct. 1966): 10.

PROSE

Books and Collections of Prose Works

194. *Impresiones y paisajes*. Granada: Tip. Lit. Paulino
Ventura Traveset. Mesones 52, 1918. 264 pp.

The editorial P.V. Traveset (often referred to wrongly
as P.C. Traveset or incompletely as P. Ventura) in 1928
printed L's magazine, *gallo: revista de granada* and its
supplement *pavo*. The green cover of this edition was
designed, and signed, by the painter Ismael (de la
Cerna), a co-member with L of the artists' circle at
the Café Alameda in Granada. (See the photograph given
by Claude Couffon in *Granada y García Lorca*. Buenos
Aires: Editorial Losada, 1967 [opposite p. 25].) Of
special interest in this edition is the list given by
L of titles, in print: *Elogios y canciones* (Poesía);
and in preparation: *Mística* (De la carne y el espíritu),
Fantasías decorativas, *Eróticas*, *Fray Antonio (Poema
raro)*, *Tonadas de la vega* (Cancionero popular).

Details are given by Ian Gibson concerning the dedication of the book to L's music master, don Antonio Segura
Mesa, in "Federico García Lorca, su maestro de música y
un artículo olvidado," *Insula* 232 (Mar. 1966): 14.
Such a dedication slighted don Martín Domínguez Berrueta
who, according to L himself in 1917, was to write the
prologue for the book in preparation *Caminatas románticas por la España vieja* [sic.]. Berrueta, L's teacher
and companion on his travels, received only a mention
in the "Envío," at the end of this book. *Cf*. Gibson,
Ian. "Martín Domínguez Berrueta, Burgos y Federico
García Lorca." *Insula* 278 (Jan. 1970): 3, 13.

IMPRESIONES

Y PAISAJES

POR

Federico García Lorca

Tip.-Lit. P. V. Traveset, Granada

Title page of first edition: *Impresiones y paisajes*.
See Item 193.

195. *Conferencias y charlas*. Havana: Consejo Nacional de Cultura (Ministerio de Educación), 1961. unp.

     Introductory essay: "García Lorca: Alegría de siempre contra la cosa maldita," by José Lezama Lima. Divided into three sections: Conferencias (La imagen poética de don Luis de Góngora, Las nanas infantiles, Teoría y juego del duende); Charlas (Una interesante iniciativa --FGL habla de los clubs teatrales, FGL y la tragedia, Vacaciones de la Barraca, Declaraciones de FGL sobre teatro, Diálogos de un caricaturista salvaje, Charla sobre teatro); Música folklórica (Los cuatro muleros, Las tres hojas, El café de chinitas, La tarara, Canciones de *Bodas de sangre*). Also includes a photograph, two sketches, and the facsimile of an undated letter to María Múñoz and Antonio Quevedo.

196. *Prosa*. (El Libro de Bolsillo. 219, Sección: Literatura). Madrid: Alianza Editorial, 1969. 201 pp.; 2nd ed. 1972. 203 pp.

     Contains: El cante jondo (p. 7), Arquitectura del cante jondo (p. 35), Romancero gitano (p. 47), Imaginación, inspiración, evasión (p. 129), La imagen poética de Góngora (p. 94), Las nanas infantiles (p. 141), Teoría y juego del duende (p. 169), Elegía a María Blanchard (p. 191).

197. *Granada, paraíso cerrado y otras páginas granadinas*. Granada: Miguel Sánchez, Editor, 1971.

     Introduction and notes by the editor, Enrique Martínez López.

     Review: Laffranque, M. *BH* 74, 3-4 (July-Dec. 1972): 496-501.

Individual Prose Works

198. Fantasía simbólica. (I, 959) In: "Homenaje a Zorrilla, 1817-1917." *Boletín del Centro Artístico y Literario de Granada* (special number) (Feb. 1917): 50.

     Republished by M. Laffranque as I in "Federico García Lorca: Textes en prose tirés de l'oubli." *BH* LV, 3-4 (July-Dec. 1953): 298-300.

199. Notas de estudio. La ornamentación sepulcral. *Diario de Burgos* (Burgos) July 31, 1917.

This article, with substantial modification, was republished in the first part of the chapter entitled "Sepulcros de Burgos. La ornamentación" in: *Impresiones y paisajes*. Granada: P.V. Traveset, 1918, pp. 111-123.

Rpt.: Gibson, Ian. "Federico García Lorca en Burgos: más artículos olvidados." *BH* LXIX, 1-2 (Jan.-June 1967): 182-184. (Annotated).

200. San Pedro de Cardeña. Paisaje.... *Diario de Burgos* (Burgos) Aug. 3, 1917.

This article was included, with some variations, under the title "San Pedro de Cardeña" in: *Impresiones y paisajes*. Granada: P.V. Traveset, 1918, pp. 55-61.

A note below L's signature in the original version gave the following information: "Para el libro en preparación *'Caminatas románticas por la España vieja'*, prologado por el señor Berrueta." By the time of the publication of the fifth article in this series, "Mesón de Castilla," this proposed title had been modified to read "Caminatas por la España vieja"; the book was finally published as *Impresiones y paisajes* (1918). For information concerning L's relations with Martín Domínguez Berrueta, the teacher who originally was to write the prologue of L's first book, and Antonio Segura Mesa, L's music teacher to whose memory this book was finally dedicated, see: Gibson, Ian. "Federico García Lorca, su maestro de música y un artículo olvidado." *Insula* 232 (Mar. 1966): 14; and "Martín Domínguez Berrueta, Burgos y Federico García Lorca." *Insula* 278 (Jan. 1970): 3, 13.

Rpt.: Gibson, Ian. "Federico García Lorca en Burgos: más artículos olvidados." *BH* LXIX, 1-2 (Jan.-June 1967): 184-187. (Annotated).

201. Las monjas de las Huelgas. (I, 962) *Diario de Burgos* (Burgos) Aug. 7, 1917.

The first part of this article was not republished until 1967. The second part differs substantially from the version published under the title "Una visita romántica. Santa María de las Huelgas" in: *Impresiones y paisajes*. Granada: P.V. Traveset, 1918, pp. 227-230.

Rpt.: Gibson, Ian. "Federico García Lorca en Burgos: más artículos olvidados." *BH* LXIX, 1-2 (Jan.-June 1967): 188-191. (Annotated).

202. Divagación. Las reglas en la música. (I, 1145) *Diario de Burgos* (Burgos) Aug. 18, 1917.

    The article is signed "Federico García Lorca de la Universidad de Granada." Republished, with commentary, by Ian Gibson in "Federico García Lorca, su maestro de música y un artículo olvidado." *Insula* 232 (Mar. 1966): 14.

203. Mesón de Castilla. (I, 849) *Diario de Burgos* (Burgos) Aug. 22, 1917.

    This article was included, with some variation but under the same title, in: *Impresiones y paisajes*. Granada: P.V. Traveset, 1918, pp. 29-36.

    Rpt.: Gibson, Ian. "Federico García Lorca en Burgos: más artículos olvidados." *BH* LXIX, 1-2 (Jan.-June 1967): 191-194. (Annotated).

204. Impresiones del viaje. Santiago. (I, 964) *Letras. Revista decenal* (Granada) Dec. 10, 1917.

    Rpt.: Gibson, Ian. "Los primeros escritos impresos de Federico García Lorca: dos artículos más." *BH* LXX, 1-2 (Jan.-June 1968): 117-118.

205. Impresiones del viaje II. Baeza: La ciudad. *Letras. Revista decenal* (Granada) Dec. 30, 1917.

    This article was later amplified and included in *Impresiones y paisajes*, under the title "Ciudad perdida" and dedicated to María del Reposo Urquía. This chapter on Baeza from *Impresiones y paisajes* was later, together with photographs taken by María del Reposo Urquía and two sketches by Matilde Martínez-Segura y Checa and María Martínez Marín, reproduced in a special issue of *Ayer y hoy. Semanario independiente* (Baeza) 74 (Feb. 1926). This information, together with the early text, is given by Ian Gibson in: "Los primeros escritos de Federico García Lorca: dos artículos más." *BH* LXX, 1-2 (Jan.-June 1968): 118-120.

    Rpt.: Gibson, Ian. "Federico, en Baeza." *ABC* (Madrid) Nov. 6, 1966.

206. Notas de arte: Sainz de la Maza. *Gaceta del sur* (Granada) (May 27, 1920).

Rpt.: Laffranque, M.   "Federico García Lorca: Textes en
prose tirés de l'oubli."   *BH* LV, 3-4 (July-Dec.
1953): 300-302.

207.   En torno a Góngora.   *La verdad. Suplemento literario*
(Murcia) 52 (May 23, 1926).

See also: 208.

208.   En torno a Góngora (Fragmento).   *V y P* 6 (June 1927): 3.

209.   Santa Lucía y San Lázaro.   *RO* XVIII, LIII (Nov. 1927):
145-155.

210.   Historia de este gallo.   *gallo: revista de granada*
(Granada) I (Feb. 1928): 1-4.

There is an outline sketch of a rooster with the word
"gallo" above the title (p. 1).   There is a small sketch
of the head of a man wearing a hat at the end of the
article (p. 4).

Rpt.: Gómez Arboleya, Enrique.   *Clavileño* (Madrid) 2
(1950): 63-67.

211.   Los pintores de Granada.   *gallo: revista de granada*
(Granada) 1 (Feb. 1928): [21].

This article is signed "Redacción."   It is logical to
attribute it to L himself.

Rpt.: Eisenberg, Daniel.   *Textos y documentos lorquianos.*
Tallahassee, Florida, 1975, pp. 3-4.

Eisenberg, Daniel.   "Cinco textos lorquianos de
la revista 'Gallo,'"   *PSA* XXI, CCXLVII (Oct.
1976): 62-63.

212.   La construcción urbana.   *gallo: revista de granada*
(Granada) 1 (Feb. 1928): [21].

This article is signed "R[edacción]."   It may be attri-
buted to L.

Rpt.: Eisenberg, Daniel.   *Textos y documentos lorquianos.*
Tallahassee, Florida, 1975, p. 5.

Eisenberg, Daniel.   "Cinco textos lorquianos de
la revista 'Gallo.'"   *PSA* XXI, CCXLVII (Oct.
1976): 64-65.

Núm. 1   **Precio: 1,25**

First page from first issue: *gallo: revista de granada*.
See Item 210.

gallo

revista de
granada

Cover from first issue: *gallo: revista de granada*.
See Item 210.

EDICIONES GALLO

Esta revista, cumpliendo uno de sus principales fines, editará en breve las siguientes obras:

COLECCIÓN DE CLÁSICOS GRANADINOS

□

PARAISO CERRADO PARA MUCHOS, JARDINES ABIERTOS PARA POCOS

de

DON PEDRO SOTO DE ROJAS

con un prólogo de Federico García Lorca y fotografías de Fernando Vílc.ez.

□

FABULA DE ACTEON Y DIANA

de

DON ANTONIO MIRADEMESCUA

edición de Dámaso Alonso, con fotografías de Hermenegildo Lanz.

□

ANTOLOGIA DE LOS POETAS ARABES DE LA ALHAMBRA.

traducidos por el profesor de la Facultad de Letras José Navarro Pardo.

□

SELECCION DE POEMAS LIRICOS

de

PEDRO DE ESPINOSA

□

CANCIONERO POPULAR DE GRANADA.

Dirigido por

MANUEL DE FALLA

gallo editará además traducciones de obras modernas recientes, en justa compensación a la atención que presta a los clásicos.

Suscríbase a la revista y proteja esta modesta labor editorial de tanta importancia para Granada.

Evite usted como buen granadino que por dificultades económicas no se lleve a cabo esta colección.

Flyer from an early edition of *gallo: revista de granada* announcing projected publications. Interestingly, none of these publications ever materialized.

See Item 210.

213. Alternativa de Manuel López Banús y Enrique Gómez
      Arboleya. *gallo: revista de granada* (Granada) 1 (Feb.
      1928): [22].

      This article is signed with the initials "F.G.L."

      Rpt.: Laffranque, M. "Textes en prose tirés de l'oubli.
            BH LV, 3-4 (July-Dec. 1953): 338-341.

214. Reseña. *gallo: revista de granada* (Granada) 2 (April
      1928): 10.

      This review is unsigned, although it is almost certain
      that L was the author. It is a glowing review (in
      pseudo-taurine terms) of the "Novillada poética," of
      the preceding pages (pp. 8-10) which features the poems
      of Manuel López Banús, Enrique Gómez Arboleya, and José
      Cirre: the first two poets had been warmly recommended
      by L in the first issue of *gallo: revista de granada*.

      Rpt.: Eisenberg, Daniel. *Textos y documentos lorquianos*
            Tallahassee, Florida, 1975, p. 6.

            Eisenberg, Daniel. "Cinco textos lorquianos de
            la revista 'Gallo.'" *PSA* XXI, CCXLVII (Oct.
            1976): 66-67.

215. Notas: Falla en París. *gallo: revista de granada*
      (Granada) 2 (April 1928): [21-22].

      The article is signed "Redacción," but was probably
      written by L.

      Rpt.: Eisenberg, Daniel. *Textos y documentos lorquianos*
            Tallahassee, Florida, 1975, pp. 7-9.

            Eisenberg, Daniel. "Cinco textos lorquianos de
            la revista 'Gallo.'" *PSA* XXI, CCXLVII (Oct.
            1976): 68-73.

216. Recepción de "gallo." *gallo: revista de granada*
      (Granada) 2 (April 1928): [22-24].

      This article is signed "La Redacción," but is most
      likely by L.

      Rpt.: Eisenberg, Daniel. "Un texto en prosa atribuído
            a Lorca (Recepción de "Gallo"). *Insula* 339
            (Feb. 1975): 1.

            Eisenberg, Daniel. *Textos y documentos lorquianos*
            Tallahassee, Florida, 1975, pp. 10-13.

217. Advertencias sin importancia. *qallo: revista de granada* (Granada) 2 (April 1928): [24].

    The article is not signed, but again was probably written by L.

    Rpt.: Eisenberg, Daniel. *Textos y documentos lorquianos.* Tallahassee, Florida, 1975, p. 13.

    Eisenberg, Daniel. "Cinco textos lorquianos de la revista 'Gallo.'" *PSA* XXI, CCXLVII (Oct. 1976): 74-75.

218. Nadadora sumergida. Suicidio en Alejandría. *L'Amic de les arts: Gaceta de Sitges* (Sitges) 28 (Sept. 30, 1928): 218.

    This publication appeared under the general title in Catalan of "Lletres andaluses." Two drawings by L accompany the text. The first has been republished as no. 30 "Degollación" and the second as no. 29 "Figura" in *O.C.* I, pp. 1266 and 1265, respectively.

219. Degollación de los inocentes. *La gaceta literaria* (Madrid) 50 (Jan. 15, 1929): 1.

    The text is accompanied by a drawing by Salvador Dalí of a headless/armless torso.

220. Degollación del Bautista: Danza de la muerte: Soneto "Yo sé que mi perfil será tranquilo." *Revista de avance* (Havana) 45 (April 15, 1930): 104-110.

    The first item is dated "agosto, 1928" and the second, "diciembre-1929."

    There are four versions of "Degollación del Bautista": the manuscript which belonged to Juan Guerrero; a galley proof, also in the Guerrero archives, with L's own corrections in ink; the text from *Revista de avance*, and, finally, a typewritten copy on Guerrero's personal note paper with L's corrections and an additional paragraph which the poet later crossed out. The Losada edition has followed the text from the *Revista de avance* and the Aguilar edition that of the typewritten copy in the Guerrero archives. See: *O.C.* II, pp. 1397-1398; also Juan Marinello. *Contemporáneos. Memoria y noticia.* Havana: Universidad Central de las Villas, 1964, p. 218. Jacques Comincioli gives the *Revista de avance* version and the text of the Guerrero manuscript, together with

translations into French, in *Federico García Lorca.*
Textes inédits et documents critiques. Lausanne: Editions Rencontre, 1970, pp. 98-115.

The manuscript of "Yo sé que mi perfil será tranquilo"
was sent by L, together with "Poema doble del Lago
Eden," to Juan Marinello for *Revista de avance.* This
version contained, albeit crossed out, a second ending
to the poem. See: Marinello, Juan. *Contemporáneos.*
Memoria y noticia. Havana: Universidad Central de las
Villas, 1964, pp. 216-217. From this manuscript it is
possible to correct line 13 "seré en el cuerpo de la
yerta rama" to read "seré en el cuello de la yerta rama,"
a correction made in L's own handwriting on the text sent
to Marinello. See: *O.C.* II, p. 1388.

221. La gallina. *Cinco* (Victoria), 3 (May 1934): 8-9.

222. Semana Santa en Granada. *Política* (Madrid) (April 5,
      1936): 3.

      A text first read by L on Unión Radio in Madrid in
      April 1936, and then published.

223. "Pablo Neruda." In: Lindo, Hugo. *Cuatro grandes poetas*
      de América. Buenos Aires: Librería Perlado, 1939,
      pp. 17-18.

      A brief introduction to selected poems of Neruda. Sees
      Neruda as "un auténtico poeta."

224. Amantes asesinados por una perdiz. In: "Homenaje a Guy
      de Maupassant." *Planas de poesía* (Las Palmas) XI (1950).

      This article was published in facsimile by Agustín
      Miralles Cubas et al. from a typewritten copy, with
      corrections in L's handwriting, in the possession of
      Rafael Roca Suárez. There are also in the Juan Guerrero
      archives: (1) a manuscript copy of the piece which dif-
      fers substantially from the text published in *Planas*;
      and (2) a galley proof of the text with a few variants.
      So far the place of this publication is unknown. Jacques
      Comincioli published this second version of the text,
      with notes as to the author's corrections, in his
      Federico García Lorca. Textes inédits et documents cri-
      tiques. Lausanne: Editions Rencontre, 1970, pp. 116-123.

225. Sol y sombra.

Published posthumously by Rafael Martínez Nadal from a manuscript in his possession in *Liber Amicorum, Salvador de Madariaga Recueil d'études et de témoignages édité à l'occasion de son quatrevingtième anniversaire par H. Grugman et R. Martínez Nadal*. Bruges: Collège d'Europe, 1966, pp. 367-381.

OBRAS COMPLETAS

226. Torre, Guillermo de (ed.). *Obras completas*. Buenos Aires: Losada, 1938-46. 8 vols.

CONTENTS: vol. 1 - Federico García Lorca: síntesis de su vida y de su obra, por G. de Torre: *Bodas de sangre*; *Amor de Don Perlimplín con Belisa en su jardín*; *Retablillo de Don Cristóbal*. 1938. 218 pp.; 2nd ed. 1940. 214 pp.; 5th ed. 1946; 8th ed. 1956. 238 pp.; 9th ed. 1961. 203 pp.

vol. 2 - *Libro de poemas*; *Primeras canciones*; *Canciones*; *Seis poemas galegos*. 1938. 231 pp.; 2nd ed. 1940. 225 pp.; 4th ed. 1944. 231 pp.; 5th ed. 1947; 6th ed. 1954.

vol. 3 - *Yerma*; *La zapatera prodigiosa*. 1938. 190 pp.; 2nd ed. 1940; 5th ed. 1946; 8th ed. 1956. 225 pp.

vol. 4 - *Romancero gitano*; *Poema del cante jondo*; *Llanto por Ignacio Sánchez Mejías*. 1938. 167 pp.; 2nd ed. 1940. 170 pp.; 3rd ed. 1942. 168 pp.; 5th ed. 1945; 6th ed. 1947; 7th ed. 1950; 8th ed. 1952; 10th ed. 1961.

vol. 5 - *Doña Rosita la soltera o, El lenguaje de las flores*; *Mariana Pineda*. 1938. 252 pp.; 4th ed. 1944; 6th ed. 1952. 254 pp.; 7th ed. 1956. 255 pp.

vol. 6 - *Así que pasen cinco años*; *Diván del Tamarit*; Odas; Poemas póstumos. 1938. 217 pp.; 2nd ed. 1940. 204 pp.; 3rd ed. 1943. 214 pp.; 4th ed. 1944. 214 pp.; 5th ed. 1949. 234 pp.; 7th ed. 1957. 217 pp.

vol. 7 - *Poeta en Nueva York*; *Conferencias*; *Prosas*. 1942. 234 pp.; 3rd ed. 1946. 202 pp.; 4th ed. 1949. 222 pp.; 5th ed. 1952. 180 pp.

vol. 8 - *La casa de Bernarda Alba*; *Prosas pósthumas*. 1946. 164 pp.; 2nd ed. 1949. 160 pp.; 4th ed. 1957. 187 pp.

227.   del Hoyo, Arturo (ed.). *Obras completas*. (Colección
       Obras Eternas). Madrid: Aguilar, 1954. 1653 pp.; 2nd
       ed. 1955. lxxv + 1824 pp.; 3rd ed. 1957. 1827 pp.; 4th
       ed. 1960. lxxix + 1971 pp.; 5th ed. 1963; 6th ed. 1963.
       lxxix + 2018 pp.; 7th ed. 1964. 2018 pp.; 8th ed. 1965.
       lxxix + 2018 pp.; 9th ed. 1965. lxxix + 2018 pp.; 10th
       ed. 1965. lxxix + 2018 pp.; 11th ed. 1966. lxxix +
       2018 pp.; 12th ed. 1966. lxxix + 2018 pp.; 13th ed. 1967.
       lxxix + 2018 pp.; 14th ed. 1968. lxxix + 2018 pp.; 15th
       ed. 1969. lxxix + 2018 pp.; 16th ed.; 17th ed. 1972.
       lxxix + 2018 pp.

       Prologue by Jorge Guillén. Epilogue by Vicente
       Aleixandre.

228.   ———. *Obras completas*. (Colección Obras Eternas).
       Madrid: Aguilar, 1973-74, 1977. Two vols. I, cxv +
       1315 pp.; II, xx + 1438 pp.

       CONTENTS: vol. I Verso, Prosa, Música, Dibujos;
       vol. II Teatro, Entrevistas y declaraciones, Cartas,
       Cronología, Bibliografía (pp. 1291-1366), Notas al
       texto.

       Prologue: vol. I by Jorge Guillén; vol. II by Vicente
       Aleixandre.

SELECTED ANTHOLOGIES OF LORCA'S WORKS

229.   Marinello, Juan (ed.). *Breve antología*. Mexico, D.F.:
       Antigua librería Robredo de Porrúa e hijos, 1936. 44 pp.

       On cover, Ediciones de la LEAR [i.e., Liga de escrito-
       res y artistas revolucionarios]. Also includes a study
       on L by Marinello.

230.   Zambrano, María (ed.). *Antología*. 2nd ed. Santiago
       de Chile: Editorial Panorama, 1937. 81 pp. Prologue
       by María Zambrano.

       Item also contains poems by Antonio Machado, Rafael
       Alberti, and Pablo Neruda.

       Review: Babín, M.T. *RHM* VII (1941): 78.

231.   Pinilla, Norberto (ed.). *Antología poética*. Santiago
       de Chile: Editorial Zig-Zag, [1937]. 218 pp. Notes
       and prologue by editor.

This anthology includes not only poems by L, but also selections from his plays.

232. *Antología selecta de Federico García Lorca. Homenaje en el primer aniversario de su muerte.* Buenos Aires: Editorial Teatro del Pueblo, 1937. 99 + 1 pp.

Contains an essay by Pablo Neruda and poems dedicated to L by Alfonso Reyes, Pablo Suero, E. Navas, Rafael Alberti, Antonio Machado, J. Gómez Bas, H.R. Klappenbach, Carlos Luis Sáenz, and Pablo Neruda.

233. *Poemas escogidos.* Havana: Colección El Ciervo Herido, La Verónica. Imprenta de M. Altolaguirre, 1939. 59 pp.

Includes an introductory note signed M.A. [i.e., Manuel Altolaguirre].

234. "Páginas literarias." In: Onís, Federico de. "García Lorca, folklorista." *RHM* VI, 3-4 (July-Oct. 1940): 372-381.

A selection of L's poems including: "Camino," "Tierra seca," "Cortaron tres árboles," "Canción tonta," "Canción de jinete," "Romance de la corrida de Ronda," "Romance sonámbulo," "Exposición," "Son," "Canto nocturno de los marineros andaluces." Also five photographs of scenes from *M.P.*; the reproduction of a drawing; the facsimile of "Casida de la muchacha dorada"; and the musical score of "Las morillas de Jaén."

235. "Poesías inéditas." *RHM* VI, 3-4 (July-Oct. 1940): 312.

The second section published under the general title "Federico García Lorca: obras inéditas."

Item includes ["Normas"]; "Canción de luna"; "Para Mercedes muerta. - A Mercedes en su vuelo"; "El poeta pide a su amor que le escriba." The poem "Normas" appears without title.

See also: 33, 77, and 111.

236. Alberti, Rafael, and Guillermo de Torre (eds.). *Antología poética (1918-1936).* (Colección Mirto). Buenos Aires: Editorial Pleamar, [1943]. 269 pp.; 2nd ed. 1947.

Item also contains a portrait and drawings of the poet.

237. Bartra, Agustí[n] (ed.). *Presencia de García Lorca.* Mexico: Ediciones Darro, 1943. 108 pp. port. Prologue by the editor, pp. x-xiii.

Reprints Neruda's "Oda a Federico García Lorca," pp.
xiv-xviii. Includes selections from: *Libro de poemas*;
Canciones; *Cante jondo*; *Romancero*; *Llanto*; and *Poeta*.

238. *Antología poética*. (Colección "El Ciervo y la rama").
Mexico: Costa-Amic, 1944. 209 pp.

Item also contains "El crimen fué en Granada" by Antonio
Machado and "Oda a Federico García Lorca" by Pablo
Neruda.

239. *Poesías*. Madrid: Editorial Alhambra, 1944. 211 pp.

Prologue by Luciano de Taxonera.

240. Bertini, Giovanni Maria (ed.). *Antologia lirica della
poesia (di) Federico García Lorca*. Milan: Aretusa, 1948.
162 pp.

Selections in Spanish from: *Libro de poemas*; *Primeras
canciones*; *Romancero*; *Cante jondo*; *Diván*; *Poemas póstumos*; *Poeta*; *Canciones*.

241. Rosales, Luis (ed.). *Siete poemas y dos dibujos inéditos*. Madrid: Ediciones Cultura Hispánica, 1949.   9-21 pp
illus.

This item includes: "Poema símbolo," p. 10; "Noche
(Rasgos, Preludio)," p. 10; "Cometa," p. 11; "Rayos,"
p. 11; "Tierra," p. 12; and the facsimile of "La ora-
ción de las rosas," pp. 13-14; The latter is dated
May 7, 1918.

See also: *CHA* 10 (July-Aug. 1949): 15-18.

242. Leiva, Raúl (ed.). *Poemas*. (Biblioteca de cultura
popular, 24). Guatemala: Ministerio de Educación Públi-
ca, 1952. 115 pp.

Prologue by the editor.

243. *Los mejores versos de Federico García Lorca*. Buenos
Aires: Cuadernillos de Poesía, no. 11, 1956. 40 pp.

244. Monterde, Alberto (ed.). *Antología poética, seguida de
la "Casa de Bernarda Alba."* Mexico: La Escuela de Ve-
rano, [1956]. 56 + 49 pp.

Prologue by the editor.

245. Rogers, Paul (ed.). *Surtidores: algunas poesías inéditas*. Mexico: Editorial Patria, 1957. 58 pp.

N.B.: "Impresos 500 ejemplares en cartulina offset
C.D.A. de 78 kilos, numerados del 1 al 500 y 20 ejemplares fuera de mercado, anotados de A a T."

The poems were published with facsimiles according to
manuscripts in Luis Buñuel's keeping.

Contents: "País," "Aparte," "Jardín," "Abandono,"
"Interior," "Estío," "Canción de la desesperanza" and
"Nocturno de la ventana."

246. A[lba], V[ictor] (ed.). *Antología*. Mexico: Colección
"Panoramas" v. 3, [1957]. 111 pp.

"Esta edición es un sobretiro de la obra que figuraba
en el número 3 de la revista *Panoramas*."

247. *Antología poética (1918-1936)*. (Biblioteca Contemporánea, 269). Buenos Aires: Editorial Losada, 1957.
245 pp.; 2nd ed. 1960. 254 pp.; 3rd ed. 1965; 4th ed.
1969; 5th ed. 1969; 6th ed. 1971.

248. Galvadá, Antonio C. (ed.) *Pensamientos de García Lorca*.
Barcelona: Editorial Sintes, 1958. 65 pp.

A collection of excerpts from L's writings, etc.,
grouped under different headings: Amor y amistad; La
belleza y el arte; La vida, la crítica, el arte y los
sentidos; Hombre y mujer; La juventud; La educación;
La personalidad; Temas diversos. All preceded by a
general biographic sketch by the author.

249. Florit, Eugenio (ed.). *Obras escogidas*. (The Laurel
Language Library, Spanish Series). New York: Dell
Publishing Co., 1965. 208 pp. Introd. and notes by
Eugenio Florit. Bibliog., pp. 206-208.

Contains selections from: *Libro de poemas*; *Cante jondo*;
Canciones; *Romancero*; *Poeta*; *Llanto*; *Diván*; *Impresiones
y paisajes*; and *Doña Rosita*.

250. Labajo, Aurelio; Carlos Urdiales; and Trini González
(eds.). *Antología lírica*. (Colección Primera Biblioteca, Literatura Española). Madrid: Conculsa, [1967].
48 pp.

Anthology with brief introductions to the various sec-
tions.

251. *Poemas*. (El Arco y La Lira, no. 15). Medellín; Editorial Horizonte, n.d. 40 pp.

At the head of title appears: Poesía de siempre.

252. García Morejón, Julio (ed.). *Antología poética*. Sao
      Paulo: Universidade de Sao Paulo, Instituto de Cultura
      Hispánica, 1969. xli + 91 pp.

      Introd. by editor.

253. Couselo, Andrés B. (ed.). *Lorca por Lorca*. (Ediciones
      Huracán). Havana: Instituto del Libro, 1971. 532 +
      10 pp.

      An anthology selected from L's works. Front cover was
      designed by Enrique Romero. The "Obertura polifónica"
      which opens the selection contains essays and/or inter-
      views on or with L by Jorge Guillén, Ernesto Giménez
      Caballero, Proel, and Felipe Morales. The "Epílogo"
      is by Vicente Aleixandre. Also includes a republica-
      tion of Guillén's "Federico en persona" and Aleixandre's
      "Federico."

254. del Hoyo, Arturo (ed.). *Antología poética*. (Colección
      Grisol, 67). Madrid: Aguilar, [1971]. 287 pp. 2nd
      ed. 1973.

255. *Canciones y poemas para niños*. Barcelona: Editorial
      Labor, S.A., 1975. 94 pp. illus. by Daniel Zarza.

      A selection of poems from L's poetry and drama as well
      as folk songs arranged by him. Intended for children
      ages six to twelve.

256. *Federico García Lorca. Autógrafos I: Poemas y prosas*.
      Oxford: The Dolphin Book Co. Ltd., 1975. xxxvi + 263 pp.
      Introd. by Martínez Nadal, pp. xi-xxxvi. A limited
      edition of 1000 numbered copies.

      In the introduction to this volume Martínez Nadal tells
      how the manuscripts of these poems came into his posses-
      sion. Included in the volume are facsimiles of 87 poems
      by L. Of particular interest are the fourteen "inéditos"
      belonging to *Cante jondo*, and the one "inédito" belong-
      ing to *Poeta* series respectively. The transcription
      and notes are by the editor.

      This volume is one of a three-part series. Volume two
      dealing with *El público* appeared in 1976. A third on
      Así que pasen cinco años is planned.

      Review: Cano, J.L. *Insula* XXX, 354 (May 1976): 8-9.

DRAWINGS INCLUDED IN THE 1977 AGUILAR EDITION OF THE O.C.

NOTE: Drawings appear in this section according to
the order in which they occur in the "Dibujos" in
the 1977 edition of the *O.C.* The first listing is,
to the best of our knowledge, the first publication
of the item. The page number in parentheses after
the title of the piece is the page on which it is
found in the *O.C.* Madrid: Aguilar, 1977, vol. I.
Sketches for *M.P.* interspersed throughout the text
of that play bear both the volume and page number.
"Rpt." indicates selected subsequent republications
of an item. Asterisks after the names of drawings
denote those titles L is known to have used.

257. Title page of *Romancero gitano.* (1277) In edition of
Romancero.

Date: 1927-1928.

Rpt.: Magariño, Arturo. *García Lorca.* Madrid: Hernando, 1977, p. 89.

258. La careta que cae. (1278) In: Gebser, Jean. *Lorca.*
Poète-dessinateur. Paris: GLM, 1949.

Date: 1927.

Rpt.: Prieto, Gregorio. *Dibujos de García Lorca.*
Madrid: Afrodisio Aguado, 1955, no. 34. Signature and date here, missing in *O.C.*

259. Pájaro y perro. (1279) In: Gebser, Jean. *Lorca.*
Poète-dessinateur. Paris: GLM, 1949.

Date: Before 1934-1936.

Rpt.: Prieto, Gregorio. *Dibujos de García Lorca.*
Madrid: Afrodisio Aguado, 1955, no. 46.

260. Parque. (1280) In: Gebser, Jean. *Lorca. Poète-*
dessinateur. Paris: GLM, 1949.

Rpt.: *Le Temps de la Poésie* (Dec. 1948): 39.

261. El ángel. (1281) In: Gebser, Jean. *Lorca. Poète-dessinateur*. Paris: GLM, 1949.

   Rpt.: Prieto, Gregorio. *Lorca y su mundo angélico*. Madrid: Organización Editorial, 1972, p. 55. Here in blue and white.

262. Viñeta. (1282) In: Gebser, Jean. *Gedichte eines Jahres*. Berlin: Die Rabenpresse, 1935.

   Rpt.: *Le Temps de la Poésie* (Dec. 1948): 14.

263. El ojo. (1283) In: Gebser, Jean. *Lorca. Poète-dessinateur*. Paris: GLM, 1949.

264. Ojo y vilanos. (1284) In: Gebser, Jean. *Lorca. Poète-dessinateur*. Paris: GLM, 1949.

   Rpt.: Prieto, Gregorio. *Dibujos de García Lorca*. Madrid: Afrodisio Aguado, 1955, no. 45. This is set horizontally here rather than vertically as in the *O.C.*

265. Perspectiva urbana con autorretrato. (1285) In: García Lorca, Federico. "Grenade, paradis à beaucoup interdit." *Verve* 1, 4 (1938).

   Date: Probably 1929.

   Rpt.: Rosales, Luis. "Federico García Lorca. Siete poemas y dos dibujos inéditos." *CHA* 10 (July-Aug. 1949): 12.
   Prieto, Gregorio. *Lorca en color*. Madrid: Editora Nacional, 1969, p. 195.
   Prieto, Gregorio. *Dibujos de García Lorca*. Madrid: Afrodisio Aguado, 1949, no. 33; 1955, no. 28.
   García Lorca, Federico. *Poeta en Nueva York*. Mexico: Editorial Séneca, 1949, facing p. 110.

266. Columna y casa. (1286) In: Gebser, Jean. *Lorca. Poète-dessinateur*. Paris: GLM, 1949.

   Rpt.: Prieto, Gregorio. *Dibujos de García Lorca*. Madrid: Afrodisio Aguado, 1955, no. 35.

267. Viñeta. (1287) In: Gebser, Jean. *Gedichte eines Jahres*. Berlin: Die Rabenpresse, 1935.

268. Solo el misterio nos hace vivir/Solo el misterio.
(1288) In: García Lorca, Federico. *Antología poética
1918-1936*. Edited by Rafael Alberti and Guillermo de
Torre. Buenos Aires: Pleamar, 1943, p. 47.

On the drawing is typed the heading "Material nupcial."
On p. 6 of this anthology the following is found: "Los
tres primeros dibujos que figuran en esta antología.
[The others, nos. 281 and 290 of this list] son ilustraciones de Federico García Lorca a unos poemas de Pablo
Neruda. A la amabilidad de la señora Sara Tornú debemos la reproducción de estos inéditos." Drawing bears
date 1934.

> *Rpt.*: Fiorentino, M. Francisca Cruz-Roson. "Pittura-
> poesia e poesia-pittura nell'opera di García
> Lorca." *Le ragioni critiche* 8 (Oct.-Dec. 1978):
> 300.
> Prieto, Gregorio. *Lorca en color*. Madrid: Edi-
> tora Nacional, 1969, p. 143.
> Prieto, Gregorio. *Dibujos de García Lorca*.
> Madrid: Afrodisio Aguado, 1949, no. 24; 1955,
> no. 21.
> Prieto, Gregorio. *Lorca y su mundo angélico*.
> Madrid: Organización Editorial, 1972, p. 115.

269. El ocho. (1289) In: Gebser, Jean. *Lorca. Poète-dessinateur*. Paris: GLM, 1949.

Aguilar's date of 1936 seems unlikely.

> *Rpt.*: *Le Temps de la Poésie* (Dec. 1948): 4.
> Prieto, Gregorio. *Dibujos de García Lorca*.
> Madrid: Afrodisio Aguado, 1955, no. 43.

270. Bandolero. (1290) *Litoral* 3 (Mar. 1927): 4.

Date: 1927 or earlier.

The whole issue has been reproduced in facsimile by the
new *Litoral* 25-26 (Feb.-Mar. 1972). This is one of the
most widely reproduced drawings.

> *Rpt.*: Prieto, Gregorio. *García Lorca as a Painter*.
> London: De la More Press, n.d. On the cover.
> Prieto, Gregorio. *Dibujos de García Lorca*.
> Madrid: Afrodisio Aguado, 1949, no. 24; 1955,
> no. 24.

271. Manos cortadas. (1291) [Presumably those of Santa
Olalla] In: Gebser, Jean. *Lorca. Poète-dessinateur*.
Paris: GLM, 1949.

Rpt.: *Le Temps de la Poésie* (Dec. 1948): 28.

272. Rostro con flechas. (1292) In: Gebser, Jean. *Lorca.
    Poète-dessinateur*. Paris: GLM, 1949.

    Aguilar's date of 1936 seems unlikely.

273. Rostro en forma de corazón. (1293) In: Gebser, Jean.
    Lorca. Poète-dessinateur. Paris: GLM, 1949.

    Aguilar's date of 1936 seems unlikely.

274. Parque. (1294) In: García Lorca, Federico. "Grenade,
    paradis à beaucoup interdit." *Verve* 1, 4 (1938).

    Exhibited in the Ateneo de Huelva, June 26–July 23,
    1932.

    Rpt.: García Lorca, Federico. *Poeta en Nueva York*.
        Mexico: Editorial Séneca, 1940, between pp. 63–65.
        Le Temps de la Poésie (Dec. 1948): 39.

275. Lira.* (1295) In: Prieto, Gregorio. *Lorca en color*.
    Madrid: Editora Nacional, 1969, p. 153.

    Exhibited at the New York World's Fair, 1965.

    Rpt.: Iglesias Ramírez, M. *Federico García Lorca. El
        poeta universal*. Barcelona: Dux, n.d., between
        pp. 224–225.

276. Nostalgia.* (1296) In: Prieto, Gregorio. *García
    Lorca as a Painter*. London: De la More Press, n.d.

    Date: Bears date of 1927.

    Exhibited at the New York World's Fair, 1965.

    The drawings found in this early work on L and his art
    are accompanied by a brief verse. The verses are not
    identified as L's and, therefore, might be presumed
    those of the compiler.

    Rpt.: "Teatro desconocido de Federico García Lorca."
        *Anales. Organo de la Universidad Central del
        Ecuador* LXXXII, 337 (1954).

    See also: 14.

277. Marinero. (1297) In: García Lorca, Federico. *Los
    títeres de Cachiporra*. Buenos Aires: n.p., 1953.

    Rpt.: Prieto, Gregorio. *Dibujos de García Lorca*.
        Madrid: Afrodisio Aguado, 1949, no. 31; 1955,
        no. 26.
        Prieto, Gregorio. *Lorca y su mundo angélico*.
        Madrid: Organización Editorial, 1972, p. 124.
        Note that this is a partial reproduction. The

building to the right of the figure as well as
the box and vase below it, found in the *O.C.* and
in the 1949 ed., do not appear here.

278. Amor Novo. (1298) In: Novo, Salvador. *Seamen Rhymes*
(not Shymes). Buenos Aires: n.p., 1934, p. 7.

Date: 1934.

"Novo" is an allusion to Salvador Novo. Note that in
Prieto's *Dibujos de García Lorca*, no. 39, the word has
been removed.

Rpt.: Prieto, Gregorio. *Dibujos de García Lorca*.
Madrid: Afrodisio Aguado, 1955.
Prieto, Gregorio. *Lorca y su mundo angélico*.
Madrid: Organización Editorial, 1972, p. 108.
(Larger than the earlier noted republication. In
blue and white here.)
Solana, Rafael. "Mapa de afluentes en la obra
poética de Federico García Lorca." *Letras de
Méjico* 29 (July 1938): 7.

279. Amor. (1299) In: García Lorca, Federico. *Los títeres
de Cachiporra*. Buenos Aires: n.p., 1953.

Rpt.: Florentino, M. Francisca Cruz-Roson. "Pittura-
poesia e poesia-pittura nell'opera di García
Lorca." *Le ragioni critiche* 8 (Oct.-Dec. 1978):
294.

280. Figura. (1300) In: Prieto, Gregorio. *Dibujos de
García Lorca*. Madrid: Afrodisio Aguado, 1949, no. 39;
1955.

Date: Bears date 1927.

Rpt.: Marrast, Robert. "Cinco cartas inéditas de Federico García Lorca." *Insula* 228-229 (Nov.-Dec.
1966): 13.

281. Muerte. (1301) In: Alberti, Rafael, and Guillermo de
Torre (eds.). *Federico García Lorca. Antología poética*.
Buenos Aires: Pleamar, 1943, p. 97.

Typed on the drawing are the words, "Solo la muerte."

Date: Bears date 1934.

Rpt.: Prieto, Gregorio. *Lorca en color*. Madrid: Editora Nacional, 1969, p. 140.
Magariño, Arturo. *García Lorca*. Madrid: Hernando,
1977, p. 80.

282. San Sebastián. (1302) In: Prieto, Gregorio. *Lorca en*
      color. Madrid: Editora Nacional, 1969, p. 146.

      Since it is mentioned in a letter to Sebastián Gasch
      (*O.C.* II, p. 1223), it can be no later than 1928.

      Rpt.: Prieto, Gregorio. *Lorca y su mundo angélico*.
              Madrid: Organización Editorial, 1972, p. 145.
              Partial reproduction.

283. Aire para tu boca. (1303) In: Molinari, Ricardo E.
      Una rosa para Stefan George. Buenos Aires, 1934.

      Date: 1934 or earlier.

      Rpt.: Prieto, Gregorio. *Lorca y su mundo angélico*.
              Madrid: Organización Editorial, 1972, p. 176.

284. Arlequín veneciano.* (1304) *L'Amic de les arts* (Sept.
      1927).

      Date: 1927.

      Rpt.: Gasch, Sebastián. *Federico García Lorca: Cartas*
              a sus amigos. Barcelona: Cobalto, 1950, p. 22.

285. Figura. (1305) *L'Amic de les arts* (Sept. 1928): 218.

      Aguilar erroneously gives the date of publication as
      1927.

      Date: 1927-1928.

      Accompanies text of "Nadadora sumergida" and "Suicidio
      en Alejandría."

      Rpt.: Gasch, Sebastián. *Federico García Lorca: Cartas*
              a sus amigos. Barcelona: Cobalto, 1950, p. 23.

286. Degollación. (1306) *L'Amic de les arts* (Sept. 1928):
      218.

      Date: 1927-1928.

      Accompanies text of "Nadadora sumergida" and "Suicidio
      en Alejandría."

      Rpt.: Gasch, Sebastián. *Federico García Lorca: Cartas*
              a sus amigos. Barcelona: Cobalto, 1950, p. 24.

287. Rua da morte.* (1307) In: Prieto, Gregorio. *Lorca*
      en color. Madrid: Editora Nacional, 1969, p. 140.

      Date: Bears date 1934.

      Rpt.: Prieto, Gregorio. *Lorca y su mundo angélico*.
              Madrid: Organización Editorial, 1972, p. 185.

288. La mujer del abanico. (1308) In: Prieto, Gregorio.
      Lorca en color. Madrid: Editora Nacional, 1969, p. 140.

289. Marinero. (1309) In: Prieto, Gregorio. *Dibujos de García Lorca*. Madrid: Afrodisio Aguado, 1949, no. 13; 1955, no. 11.

    Rpt.: Prieto, Gregorio. *Lorca en color*. Madrid: Editora Nacional, 1969, p. 143.
Prieto, Gregorio. *Lorca y su mundo angélico*. Madrid: Organización Editorial, 1972, p. 114. Here in brown and white. Moon found in upper-left-hand corner of the reproduction in the *O.C.* is missing here.

290. Alcoba.* (1310) In: Alberti, Rafael and Guillermo de Torre (eds.). *Federico García Lorca: Antología poética*. Buenos Aires: Pleamar, 1943, p. 151.

    Typed on the drawing is the word "Severidad."

    Date: Bears date 1934.

    Rpt.: Prieto, Gregorio. *Lorca en color*. Madrid: Editora Nacional, 1969, p. 143.

291. A Manuel Font.* (1311) In: Gasch, Sebastián. *Federico García Lorca: Cartas a sus amigos*. Barcelona: Cobalto, 1950, p. 33.

    Date: Bears the date of 1927.

    Rpt.: Prieto, Gregorio. *Dibujos de García Lorca*. Madrid: Afrodisio Aguado, 1955, no. 19. Missing here: the signature, date, and dedication found in the *O.C.*

292. Canción.* (1312) In: Prieto, Gregorio. *Lorca en color*. Madrid: Editora Nacional, 1969, p. 158.

    According to Prieto this drawing depicts a piano, guitar, and harp, "los instrumentos de su predilección."

    Rpt.: Prieto, Gregorio. *Lorca y su mundo angélico*. Madrid: Organización Editorial, 1972, p. 34. Here in blue and white. Note that in *O.C.* and *Lorca en color* sketch is given vertically, but here it is horizontal.

293. *Epitalamio.** (1313) In: Gasch, Sebastián. *Federico García Lorca: Cartas a sus amigos*. Barcelona: Cobalto, 1950, p. 95.

    Date: 1927-1928.

294. Honor a Juan Guerrero.* (1314) In: Prieto, Gregorio.
      Dibujos de García Lorca. Madrid: Afrodisio Aguado,
      1949, no. 17; 1955, no. 14.

      Date: Bears date Nov. 1928.

      Rpt.: *ABC* (May 15, 1955): 4.

295. Payaso llorando. (1315) In: Cossío, José María de.
      Los toros. Madrid: n.p., 1967.

      In the second edition (Madrid, 1967), it is found on
      p. 976.

      Date: 1934-1935.

296. Muchacho. (1316) In: Gasch, Sebastián. *Federico García
      Lorca: Cartas a sus amigos.* Barcelona: Cobalto, 1950,
      p. 59.

      Date: 1927.

297. Muchacha. (1317) In: Prieto, Gregorio. *Dibujos de
      García Lorca.* Madrid: Afrodisio Aguado, 1949, no. 5;
      1955, no. 5.

      Rpt.: Prieto, Gregorio. *Lorca en color.* Madrid: Edi-
             tora Nacional, 1969, p. 141.
             Prieto, Gregorio. *Lorca y su mundo angélico.*
             Madrid: Organización Editorial, 1972, p. 39.

298. Florero. (1318) In: Rosales, Luis. "Federico García
      Lorca. Siete poemas y dos dibujos inéditos." *CHA* 10
      (July-Aug. 1949): between pp. 12 and 13.

      Note that title given in the Rosales piece is "Flores."

      Rpt.: Prieto, Gregorio. *Dibujos de García Lorca.*
             Madrid: Afrodisio Aguado, 1949, no. 6; 1955,
             no. 8.

299. Paje. (1319) In: Gallego Morell, Antonio (ed.).
      García Lorca: Cartas, postales, poemas y dibujos.
      Madrid: Editorial Moneda y Crédito, 1968, between pp.
      100 and 101.

      In a letter to Melchor Fernández Almagro, 1928.

300. "... Este chico ya no podrá estar alegre, porque no dio
      a tiempo las bofetadas... Ilustración del 900." (1320)
      In: Marinello, Juan. *Contemporáneos.* Havana: Univer-
      sidad Central de las Villas, 1964, p. 208.

Date: Probably 1930.

Rpt.: Marinello, Juan. *García Lorca en Cuba*. Havana: Colección Ediciones Especiales, 1965, p. 37 (top).

301. Leyenda de Jerez.* (1321) In: Prieto, Gregorio. *García Lorca as a Painter*. London: De la More Press, n.d.

Exhibited at the Dalmáu Exhibition of 1927.

Rpt.: Rodrigo, Antonina. *García Lorca en Cataluña*. Barcelona: Editorial Planeta, 1975, p. 117. "Teatro desconocido de Federico García Lorca." *Anales. Organo de la Universidad Central del Ecuador* LXXXII, 337 (1954).

See also: 14.

302. Rua das gaveas.* (1322) In: Molinari, Ricardo. *El tabernáculo*. Buenos Aires, 1933.

Date: Probably 1933.

303. San Jorge y el dragón. (1323) In: Prieto, Gregorio. *Dibujos de García Lorca*. Madrid: Afrodisio Aguado, 1949, no. 7. In color.

Rpt.: Prieto, Gregorio. *Lorca y su mundo angélico*. Madrid: Organización Editorial, 1972, p. 21. Prieto indicates that in London (no date given), he organized an exhibition of children's drawings inspired by L's poems. He added some of L's drawings, including this one. See p. 20 for a critique of this work, given here in sepia. Magariño, Arturo. *García Lorca*. Madrid: Hernando, 1977, p. 92.

304. La mantilla de madroños.* (1324) In: Dalí, Ana María. *Salvador Dalí visto por su hermana*. Barcelona: Juventud, 1949, facing p. 88.

Date: Bears date 1925.

Exhibited at the Dalmáu Exhibition of 1927.

Rpt.: Gasch, Sebastián. *Federico García Lorca: Cartas a sus amigos*. Barcelona: Cobalto, 1950, p. 78.

305. Salvador Dalí.* (1325) In: Dalí, Ana María. *Salvador Dalí visto por su hermana*. Barcelona: Juventud, 1949, p. 96.

Date: 1927.

This was no. 24 of the Dalmáu Exhibition of 1927.

Rpt.: Gasch, Sebastián. *Federico García Lorca: Cartas a sus amigos*. Barcelona: Cobalto, 1950, p. 84.

306. Santo de ermita. (1326) In: Gallego Morell, Antonio (ed.). *García Lorca: Cartas, postales, poemas y dibujos*. Madrid: Editorial Moneda y Crédito, 1968, p. 5.

Date: 1928 or later.

This drawing, found in a copy of the *Romancero*, would seem to be of Antoñito el Camborio. In color.

307. Circo.* (1327) In: Gasch, Sebastián. *Federico García Lorca: Cartas a sus amigos*. Barcelona: Cobalto, 1950, p. 17.

Date: 1927 or earlier.

This was no. 11 of the Dalmáu Exhibition of 1927. Note change in title of Prieto edition where he gives "La lunática del circo."

Rpt.: Prieto, Gregorio. *Dibujos de García Lorca*. Madrid: Afrodisio Aguado, 1955, no. 18.

308. La musa de Berlín.* (1328) In: Prieto, Gregorio. *Dibujos de García Lorca*. Madrid: Afrodisio Aguado, 1949, no. 21; 1955.

Date: 1927.

This was No. 17 of the Dalmáu Exhibition of 1927.

309. En el jardín. (1329) In: Prieto, Gregorio. *Dibujos de García Lorca*. Madrid: Afrodisio Aguado, 1949, no. 37; 1955, no. 40. In full color in both editions.

Rpt.: Neville, Edgar. "La obra de Federico, bien nacional." *ABC* Nov. 8, 1966.
Rodrigo, Antonina. *García Lorca en Cataluña*. Barcelona: Planeta, 1975, p. 69.

310. Campamento. (1330) In: García Lorca, Federico. *Poeta en Nueva York*. Mexico: Editorial Séneca, 1940, between pp. 138-139. In color.

Rpt.: Prieto, Gregorio. *García Lorca as a Painter*. London: De la More Press, n.d.

311. Virgen de los siete dolores.* (1331) In: Spender, Stephen, and J.L. Gili (trs.). *Poems*. London: Dolphin; New York: Oxford University Press, 1939, facing p. xxii. In color.

> *Rpt.*: Prieto, Gregorio. *Dibujos de García Lorca*. Madrid: Afrodisio Aguado, 1949, no. 16; 1955, no. 13. In color.
> Magariño, Arturo. *García Lorca*. Madrid: Hernando, 1977, p. 80.

312. Hombre. (1332) In: García Lorca, Federico. *Poeta en Nueva York*. Mexico: Editorial Séneca, 1940, between pp. 28 and 29. In color.

> *Rpt.*: Prieto, Gregorio. *García Lorca as a Painter*. London: De la More Press, n.d.

313. Autorretrato con figura. (1333) In: *Trece de nieve* (May 1977): inside cover. [This issue of *Trece de nieve* is a reprint of the Dec. 1976 issue, which was dedicated to L.]

314. Cabezas cortadas de Federico García Lorca y Pablo Neruda. (1334) In: *Trece de nieve* (May 1977): 148.

According to a note in L's hand, this sketch was made in 1934 in Buenos Aires. Actually it was found in a typed manuscript of a book by Neruda and L, with drawings based on Neruda's text.

315. Naturaleza muerta. (facing p. 1)

In color in Aguilar edition. The last digit of the date was cut off in the reproduction. No. 12 or 13 of the Dalmáu Exhibition of 1927.

Date: 1927 (?).

> *Rpt.*: Magariño, Arturo. *García Lorca*. Madrid: Hernando, 1977, p. 103.
> Rodrigo, Antonina. *García Lorca en Cataluña*. Barcelona: Editorial Planeta, 1975, p. 119.

316. Merienda. (Between pages 834 and 835)

In color in the 1977 Aguilar edition of the *O.C.*

Date: Bears date 1927.

317. Leonarda.* (II, facing p. 1)

In color in Aguilar edition. Apparently a character in a play, perhaps of La Barraca.

Rpt.: Belamich, André. "Cartas inéditas de García
    Lorca." *Insula* XV, 162 (May 1960): 1.
    Magariño, Arturo. *García Lorca.* Madrid: Hernan-
    do, 1977, p. 81.

318. Sopista. (II, facing p. 883)

In color in Aguilar edition. Also evidently a costume
design for a play.

319. Coro de niñas [Illustration for *M.P.*]. (II, 122). In:
    La farsa II, 52 (Sept. 1928): 8.

Note that this is a first edition of *M.P.*

Rpt.: Iglesias Ramírez, M. *Federico García Lorca: El poet*
    universal. Barcelona: Dux, n.d., facing p. 144.

320. Proyecto de decorado para Mariana Pineda. (II, 159)
    In: Dalí, Ana María. *Salvador Dalí visto por su her-*
    mana. Barcelona: Juventud, 1949, facing p. 104.

Date: Mid 1920's.

321. En el convento. (II, 199) In: *La farsa* II, 52 (Sept.
    1928). (Directly inside front cover of the magazine.
    No page number indicated.)

Note that this is a first edition of *M.P.*

Rpt.: Rodrigo, Antonina. *García Lorca en Cataluña.*
    Barcelona: Editorial Planeta, 1975, p. 99.

322. En el huerto del convento. (II, 210) In: *La farsa* II,
    52 (Sept. 1928). (Immediately after last page of the
    play. No page number indicated.)

Note that this is a first edition of *M.P.*

323. En el cadalso. (II, 228). In: *La farsa* II, 52 (Sept.
    1928): facing p. 53.

Note that this is a first edition of *M.P.*

Rpt.: Magariño, Arturo. *García Lorca.* Madrid: Hernan-
    do, 1977, p. 102.

PUBLISHED DRAWINGS NOT FOUND

IN THE 1977 AGUILAR EDITION OF THE *O.C.*

NOTE: Asterisks after the names of drawings
denote those titles L is known to have used.

324. Sailor with a flower. *Litoral* 3 (Mar. 1927): 1.

Date: Bears date 1925.

Rpt.: *Litoral* 25-26 (Feb.-Mar. 1972).

325. Tipo de putrefacto.* *gallo* 1 (Feb. 1928): 12.

Date: 1927-1928.

326. Guitar player. *gallo* 1 (Feb. 1928): 8.

Date: 1927-1928.

327. View of the Alhambra. *Revista de las Indias* 1, 5 (Mar.
1937): between pp. 24 and 25.

In a letter to Jorge Zalamea.

Date: Letter is almost certainly of 1928.

328. Vase. In: Iglesias Ramírez, M. *Federico García Lorca:
El poeta universal*. Barcelona: Dux, n.d., facing
p. 256.

Drawing is similar to "Viñeta" on p. 1287 in the *O.C.*
Instead of flowers it has fish at the end of the stems.

329. Abstract drawing. In: Iglesias Ramírez, M. *Federico
García Lorca: El poeta universal*. Barcelona: Dux, n.d.,
facing p. 224.

Very similar to "Lira" on p. 1295 of the *O.C.*

330. Abstract drawing. In: Iglesias Ramírez, M. *Federico
García Lorca: El poeta universal*. Barcelona: Dux, n.d.,
facing p. 96.

A variation on "Pájaro y perro" found on p. 1279 of the
O.C. above L's signature. From a single typewritten
manuscript of a book by Neruda and L based on texts by
Neruda.

Date: 1934.

Rpt.: *Trece de nieve* (May 1977): 166.

331. Vase with flowers. In: Iglesias Ramírez, M. *Federico
      García Lorca: El poeta universal*. Barcelona: Dux,
      n.d., facing p. 193.

      Similar to "Viñeta," p. 1287 of the *O.C.*

332. Abstract drawing. In: Iglesias Ramírez, M. *Federico
      García Lorca: El poeta universal*. Barcelona: Dux, n.d.,
      facing p. 172.

333. Abstract drawing. In: Iglesias Ramírez, M. *Federico
      García Lorca: El poeta universal*. Barcelona, Dux, n.d.,
      facing p. 48.

334. Abstract drawing. In: Iglesias Ramírez, M. *Federico
      García Lorca: El poeta universal*. Barcelona, Dux, n.d.,
      facing p. 10.

      Similar to "Nostalgia," p. 1296 of the *O.C.*

335. Head of Walt Whitman. In: García Lorca, Federico. *Oda
      a Walt Whitman*. Mexico: Alcancía, 1933, title page.

      Date: 1930-1933.

      Rpt.: Prieto, Gregorio. *Dibujos de García Lorca*.
              Madrid: Afrodisio Aguado, 1949, 1955, no. 2 (in
              both editions).
              Rosales, Luis. "Federico García Lorca. Siete
              poemas y dos dibujos inéditos." *CHA* 10 (July-
              Aug. 1949): 18.
              Trece de nieve (May 1977): 50.

336. Heads (with words "Amor" and "Love"). In: Novo, Sal-
      vador. *Seaman Rhymes*. Buenos Aires: n.p., 1934, title
      page.

      In the style of "Amor," p. 1299 of the *O.C.*

      Rpt.: Solana, Rafael. "Mapa de afluentes en la obra
              poética de F.G.L." *Letras de México* 29 (1938):6.
              García Lorca, Federico. *Libro de poemas*. (Sepan
              Cuantos, no. 251). Mexico: Ed. Porrúa, 1973, p.
              xx.

337. Sailor's head with solid eyes. In: Novo, Salvador.
      Seamen Rhymes. Buenos Aires: n.p., 1934, between pp.
      14 and 15. In black and white.

      Rpt.: Prieto, Gregorio. *Lorca y su mundo angélico*.
              Madrid: Organización Editorial, 1972, p. 124.

SALVADOR NOVO

SEAMEN RHYMES

Dibujos de Federico García Lorca

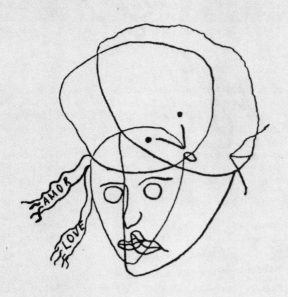

BUENOS AIRES

1934

Title page of *Seamen Rhymes*.
See Item 336.

338. Putrefacto artístico (Vatis Capiliferus).* In: Dalí,
      Ana María. *Salvador Dalí visto por su hermana*. Barce-
      lona: Juventud, 1949, facing p. 120.

      In a letter to Ana María Dalí.

      Date: 1927–1928.

      Rpt.: Rodrigo, Antonina. *García Lorca en Cataluña*.
             Barcelona: Editorial Planeta, 1975, p. 198.
             Trece de nieve (May 1977): 221.
             Gasch, Sebastián. *Federico García Lorca: Cartas
             a sus amigos*. Barcelona: Cobalto, 1950, p. 76.

339. La melancolía de Enriqueta.* In: Dalí, Ana María.
      Salvador Dalí visto por su hermana. Barcelona: Juven-
      tud, 1949, facing p. 128.

      In a letter to Ana María Dalí.

      Date: 1927–1928.

      Rpt.: Rodrigo, Antonina. *García Lorca en Cataluña*.
             Barcelona: Editorial Planeta, 1975, p. 198.
             Gasch, Sebastián. *Federico García Lorca: Cartas
             a sus amigos*. Barcelona: Cobalto, 1950, p. 77.

340. Homage to Gregorio Prieto. In: Prieto, Gregorio. *Di-
      bujos de García Lorca*. Madrid: Afrodisio Aguado, 1949,
      no. 20; 1955, no. 15. (In color in both editions)

      Exhibited at New York World's Fair, 1965.

341. Mandolina veneciana.* In: Prieto, Gregorio. *Dibujos
      de García Lorca*. Madrid: Afrodisio Aguado, 1955, no.
      45.

      Date: 1927.

      Rpt.: Prieto, Gregorio. *Lorca en color*. Madrid: Edi-
             tora Nacional, 1969, p. 153.

342. "Esta es mi musa"; a young man saying "Contéstame pronto
      Gregorio." In: Prieto, Gregorio. *Dibujos de García
      Lorca*. Madrid: Afrodisio Aguado, 1949, no. 29; 1955,
      no. 26.

343. Man. In: Prieto, Gregorio. *Dibujos de García Lorca*.
      Madrid: Afrodisio Aguado, 1955, no. 23.

      Number 23 of the second edition. Title given by Prieto:
      "El Santo Varón Patriarca San José." Similar in style
      to number 26 in the *O.C.*, "San Sebastián."

344. Jardín de Orfeo. In: Rosales, Luis. "Federico García
      Lorca. Siete poemas y dos dibujos inéditos." *CHA* 10
      (July–Aug. 1949): 19.

Note change in title between that given here by Rosales
and the republication below by Prieto. Exhibited at
New York World's Fair, 1965.

Rpt.: Prieto, Gregorio. *Dibujos de García Lorca*.
Madrid: Afrodisio Aguado, 1949, no. 30; 1955,
no. 27. In color in 1949 edition. In the 1949
edition, Prieto gives the title of this picture
as, "El bosque de Orfeo," while in the 1955 edition he calls it, "Bosque de Orfeo de maravillosos
colores."

345. Clarinet, sheet music, and other musical instruments.
In: Prieto, Gregorio. *Dibujos de García Lorca*. Madrid:
Afrodisio Aguado, 1955.

Rpt.: Gasch, Sebastián. *Federico García Lorca: Cartas
a sus amigos*. Barcelona: Cobalto, 1959, p. 73.
Trece de nieve (May 1977): 75.
Prieto, Gregorio. *Lorca en color*. Madrid: Editora Nacional, 1969, p. 153.

346. Room. ("Seguramente boceto de decorado para Mariana
Pineda.") In: Gasch, Sebastián. *Federico García Lorca:
Cartas a sus amigos*. Barcelona: Cobalto, 1950, p. 30.

Date: Mid 1920's.

347. Carnival scene, with "Rueda de la fortuna." In: Gasch,
Sebastián. *Federico García Lorca: Cartas a sus amigos*.
Barcelona: Cobalto, 1950, p. 35.

Date: 1926-1928.

348. Sirena.* In: Gasch, Sebastián. *Federico García Lorca:
Cartas a sus amigos*. Barcelona: Cobalto, 1950, p. 94.

349. Maternidad. In: Gasch, Sebastián. *Federico García
Lorca: Cartas a sus amigos*. Barcelona: Cobalto, 1950,
p. 36.

Date: 1926-1928.

350. Double faces. In: Gasch, Sebastián. *Federico García
Lorca: Cartas a sus amigos*. Barcelona: Cobalto, 1950,
p. 52.

In the second letter to Guillermo de Torre, 1927.

Rpt.: *Trece de nieve* (May 1977): 36.

351. Rooster. In: Gasch, Sebastián. *Federico García Lorca:
      Cartas a sus amigos*. Barcelona: Cobalto, 1950, p. 43.

      Date: 1927.

      This figure was used on the stationery for *gallo* and
      also on the magazine itself.

352. A crab. In: Gasch, Sebastián. *Federico García Lorca:
      Cartas a sus amigos*. Barcelona: Cobalto, 1950, p. 53.

      In the above letter to Guillermo de Torre.

      Date: 1927.

      See also: 350.

353. Clarinet with sheet music. In: Gasch, Sebastián. *Fede-
      rico García Lorca: Cartas a sus amigos*. Barcelona: Co-
      balto, 1950, p. 56.

      In a letter to Guillermo de Torre.

      Date: 1927.

354. Drawing with the words "Estoy leyendo a Homero" and
      other authors' names. In: Gasch, Sebastián. *Federico
      García Lorca: Cartas a sus amigos*. Barcelona: Cobalto,
      1950, p. 71.

      In a letter to Ana María Dalí.

      Date: 1926-1928.

355. Bowl of fruit, with words "Felicidad a Norah Borges."
      In: Gasch, Sebastián. *Federico García Lorca: Cartas a
      sus amigos*. Barcelona: Cobalto, 1950, p. 55.

      In a letter to Guillermo de Torre.

      Date: Bears date of 1927.

356. A room; table and chair center. In: Gasch, Sebastián.
      Federico García Lorca: Cartas a sus amigos. Barcelona:
      Cobalto, 1950, p. 93.

357. Agua sexual (Luna). In: Neruda, Pablo. *Poesías comple-
      tas*. Buenos Aires: Editorial Losada, 1951, between pp.
      263 and 264 (Residencia en la tierra).

      Nude female figure with words "Amor" "Amor" coming from
      its mouth, "Agua sexual" written on one breast, "Luna"
      on the other.

      Rpt.: *Trece de nieve* (May 1977): 166.

358. Doña Rosita la soltera. In: Aranda, J.F. "Más inéditos
      de García Lorca." *Insula* 157 (Dec. 1959): 12.

This drawing and the two that follow, nos. 359 and 360, were found in a block of notes dated 1924, belonging to José Bello.

Rpt.: Prieto, Gregorio. *Lorca y su mundo angélico*. Madrid: Organización Editorial, 1972, p. 95.

359. Frailes entrando en San Juan de la Peña. In: Aranda, J.F. "Más inéditos de García Lorca." *Insula* 157 (Dec. 1959): 13.

Pencil sketch.

Rpt.: Prieto, Gregorio. *Lorca y su mundo angélico*. Madrid: Organización Editorial, 1972, p. 142.

360. "Naturaleza muerta." [A room, including a clock (unusual for Lorca)]. In Aranda, J.F. "Más inéditos de García Lorca." *Insula* 157 (Dec. 1959): 13.

Pencil sketch.

361. A double-faced clown, holding a goblet, eyes closed and weeping on the one face. In: Pittaluga, Gustavo. *Canciones del teatro de Federico García Lorca*. Madrid: Unión Musical Española, 1960, in color on the cover.

Found in the personal collection of Isabel García Lorca.

Rpt.: *Trece de nieve* (May 1977): 11.

362. Clarinet with sheet music. In: Guillén, Jorge. *Federico in persona (Carteggio)*. Milan: All'Insegna del Pesce d'Oro, 1960, between pp. 156 and 157.

On a page of the music are the words "Amor en 1927," at the lower-right-hand corner the name "Jorge." At the head of a letter to Jorge Guillén. Written in Jan. 1927.

Rpt.: *Trece de nieve* (May 1977): 4.

363. Mushroom with word "Mambrúm" written on it. In: *El pez y la serpiente* (Managua) 2 (Aug. 1961).

Found originally at the head of the section "Palimpsestos" of the manuscript of *Primeras canciones*.

Rpt.: *Trece de nieve* (May 1977): 20.

364. Bowl of fruit. In: Marinello, Juan. *Contemporáneos*. Havana: Universidad Central de las Villas, 1964, p. 206.

Date: 1930.

A color drawing which includes a "dedicatoria" from L
to Marinello in a copy of *Canciones*.

Rpt.: Marinello, Juan. *Lorca en Cuba*. Havana: Colección Ediciones Especiales, 1965, p. 34.

Note that the date 1930 found in the *Contemporáneos* reproduction is missing here.

365. Young woman, background of trees, word "Amor" to right.
In: Marinello, Jean. *Contemporáneos*. Havana: Universidad Central de las Villas, 1964. Color drawing.

Date: 1930.

Rpt.: Marinello, Juan. *García Lorca en Cuba*. Havana:
Colección Ediciones Especiales, 1965, p. 35.

366. Andalusian Girl. In: Marinello, Juan. *Contemporáneos*.
Havana: Universidad Central de las Villas, 1964, p. 212.

Date: 1930. Similar to "La mantilla de madroños," p.
1324 of *O.C.*

Rpt.: Marinello, Juan. *García Lorca en Cuba*. Havana:
Colección Ediciones Especiales, 1965, p. 35.

367. Muerte de un pez. In: Marinello, Juan. *Contemporáneos*.
Havana: Universidad Central de las Villas, 1964, p. 212.

Date: 1930.

Rpt.: Marinello, Juan. *García Lorca en Cuba*. Havana:
Colección Ediciones Especiales, 1965, p. 36. The
republication here is more complete, showing this
drawing as appearing on the bottom of the title
page of *Trasmundo*.

Dedication: "A Manuel Angeles Ortiz."

368. Pear and die. In: Marinello, Juan. *Contemporáneos*.
Havana: Universidad Central de las Villas, 1964, p. 216.

Date: 1930.

Rpt.: Marinello, Juan. *García Lorca en Cuba*. Havana:
Colección Ediciones Especiales, 1965, p. 36 (top).

369. Figure of a young man with a guitar sketched in the
upper-right-hand corner. Faint signature in the lower-
right-hand corner. In: Marinello, Juan. *García Lorca*

en Cuba. Havana: Colección Ediciones Especiales, 1965, p. 37 (bottom).

Similar in style to no. 44, p. 1320 of the *O.C.*

370. "Voisine bleue." (?) In: Laffranque, M. *Federico García Lorca*. Paris: Seghers, 1966, between pp. 32 and 33.

Sketch for a character in *Zapatera*.

371. Alcalde. In: Laffranque, M. *Federico García Lorca*. Paris: Seghers, 1966, between pp. 32 and 33.

Sketch for a character in *Zapatera*.

372. La luna. In: Neville, Edgar. "La obra de Federico, bien nacional." *ABC* (Nov. 8, 1966).

A "mirror" sketch of the moon incorporated in a signature. Dedicated to Margarita Xirgu.

Date: Barcelona, 1935.

Rpt.: Magariño, Arturo. *García Lorca*. Madrid: Hernando, 1977, p. 24.
Prieto, Gregorio. *Lorca en color*. Madrid: Editora Nacional, 1966, p. 141.
Fiorentino, M. Francisca Cruz-Roson. "Pittura-poesia e poesia-pittura nell'opera di García Lorca." *Le ragioni critiche* 8 (Oct.-Dec. 1978): 308.

373. Surrealist expression of loneliness felt at death of Ignacio Sánchez Mejías. In: Neville, Edgar. "La obra de Federico, bien nacional." *ABC* (Nov. 8, 1966).

Date: 1935.

374. Harlequin. In: Neville, Edgar. "La obra de Federico, bien nacional." *ABC* (Nov. 8, 1966).

Head of a clown sketched on the menu of "Casa Pascual," a restaurant in Madrid. Dedicated to Joaquín Romero Murube.

Date: Written on sketch Jan. 5, 192(6?).

375. Signature embellished with entwined vines and flowers. In: Neville, Edgar. "La obra de Federico, bien nacional." *ABC* (Nov. 8, 1966).

Rpt.: Prieto, Gregorio. *Lorca en color*. Madrid: Editora Nacional, 1969, p. 141.

Magariño, Arturo. *García Lorca*. Madrid: Hernando, 1977, p. 76.

376. Sketches for eight of the characters in *La Zapatera Prodigiosa*. In: Laffranque, M. *Les Idées esthétiques de Federico García Lorca*. Paris: Centre de Recherches Hispaniques, 1967, between pp. 236 and 237.

Sketches for the presentation by Margarita Xirgu's company of *Zapatera*. Includes costumes for: Zapatera (Act I, Act 2); Mozo de la faja; Vecina verde; Vecina roja; Vecina roja y blanca; Vecina amarilla; Vecina violeta.

377. Still life, with a glass, a bowl of fruit, and a pear. In: Gallego Morell, Antonio. *García Lorca: Cartas, postales, poemas y dibujos*. Madrid: Editorial Moneda y Crédito, 1968, p. 91.

In a letter to Melchor Fernández Almagro.

Date: 1927.

378. Paseo de una avispa por mi cualto.* In: Gallego Morell, Antonio. *García Lorca: Cartas, postales, poemas y dibujos*. Madrid: Editorial Moneda y Crédito, 1968.

On the inside page of a facsimile letter, p. 109. In a letter to Manuel de Falla. Note that the above title is on the picture in L's hand. However, in the table of contents the last word is given as "cuarto."

Date: Aug. 1922.

379. A scene from Mariana Pineda. In: Gallego Morell, Antonio. *García Lorca: Cartas, postales, poemas y dibujos*. Madrid: Editorial Moneda y Crédito, 1968, p. 57.

In color, in a letter to M. Fernández Almagro.

Date: Sept. 1923.

380. A young man (self-portrait?) with manuscript of *Mariana Pineda*. In: Gallego Morell, Antonio. *García Lorca: Cartas, postales, poemas y dibujos*. Madrid: Editorial Moneda y Crédito, 1968, facing p. 78.

In a letter to M. Fernández Almagro.

Date: 1926. Note that the date on the letter is 1926. The date given on the drawing by the editor is 1927.

Rpt.: *Trece de nieve* (May 1977): 43.

381. Three lemons. In: Gallego, Morell, Antonio. *García Lorca: Cartas, postales, poemas y dibujos*. Madrid: Editorial Moneda y Crédito, 1968, between pp. 108 and 109.

In a letter to Manuel de Falla.

Date: The letter is dated Aug. 1922.

382. Double face. *Litoral* 8-9 (Sept. 1969): 113.

Accompanied by the following note: "Dibujo inédito de Federico García Lorca para la portada de uno de sus libros."

383. Two lemons. In: Gutiérrez-Vega, Zenaida. *José María Chacón y Calvo, hispanista cubano*. Madrid: Ediciones Cultura Hispánica, 1969, p. 48.

At the close of a letter to Chacón y Calvo.

384. Sad sailor. In: Gutiérrez-Vega, Zenaida. *José María Chacón y Calvo, hispanista cubano*. Madrid: Ediciones Cultura Hispánica, 1969, p. 51.

In a letter to Chacón y Calvo. Sailor holds a pipe.

385. "Caballero de la mano en el pecho." In: Prieto, Gregorio. *Lorca en color*. Madrid: Editora Nacional, 1969, p. 142.

Figure with exaggerated long curly hair, hand on chest, gazing from a window. According to Prieto this drawing "recuerda y alude al del Greco."

386. Cabeza de harlequín. In: Molina Fajardo, Eduardo. "Lorca inédito: un soneto a Falla, dos dibujos, una carta." *Est Lit* 456 (Nov. 15, 1970): 4.

In a letter to Ramón Pérez de Roda.

Date: Feb. 12, 1927.

387. A boat. In: Molina Fajardo, Eduardo. "Lorca inédito: un soneto a Falla, dos dibujos, una carta." *Est Lit* 456 (Nov. 15, 1970): 5.

In a letter to Ramón Pérez de Roda.

Date: Feb. 12, 1927.

388. Mariana Pineda. In: Raine, Katherine, and Rafael Martínez Nadal. *Sun and Shadow*. London: Enitharmon Press, 1972.

389. Bowl of fruit. ("Lienzo pintado por García Lorca en 1928."). In: Prieto, Gregorio. *Lorca y su mundo angélico*. Madrid: Organización Editorial, 1972, p. 182.

Given, together with the listing that follows, "... a
sus primas Elena e Isabel García Palacios para que las
bordaran." Date (1928) and L's name in lower-right-
hand corner. See: Malone, Halsey. "Very Little to See:
Travels in Search of García Lorca." *The Reporter* (Nov.
8, 1962): 45, for a description of this piece and the
one in the listing that follows.

Rpt.: Vila San Juan, José Luis. *García Lorca asesina-
do: toda la verdad*. Barcelona: Editorial Planeta,
1975, p. 61.

390. Sad clown, moon, and table. In: Prieto, Gregorio.
Lorca y su mundo angélico. Madrid: Organización Editorial, 1972, p. 182.

L's name and date (1928) in upper-right-hand corner.

See also: 389.

391. Still life. In: Raine, Katherine, and Rafael Martínez
Nadal. *Sun and Shadow*. London: Enitharmon Press, 1972.

392. Sailor. In: Prieto, Gregorio. *Lorca y su mundo angélico*. Madrid: Organización Editorial, 1972, p. 109.

Similar to "Solo el misterio nos hace vivir. Solo el
misterio" in *O.C.*, p. 1288.

393. Exterior of a house or convent in Granada. In: Prieto,
Gregorio. *Lorca y su mundo angélico*. Madrid: Organización Editorial, 1972, p. 142.

394. Guitarra.* In: Prieto, Gregorio. *Lorca y su mundo angélico*. Madrid: Organización Editorial, 1972, p. 186.

Date: Bears date 1927.

Exhibited at New York World's Fair, 1965.

In color; a blue border around entire picture; guitar
in yellow and red. The name Torres on the guitar. A
flute, mainly in red and blue with a touch of green,
in front of the guitar.

395. Double face. In: Prieto, Gregorio. *Lorca y su mundo
angélico*. Madrid: Organización Editorial, 1972, p. 113.

Similar to "Amor" in *O.C.*, p. 1299. Here given in blue
and white.

396. Bowl of fruit, pear, and a third object. In: Martínez
      Nadal, Rafael. "Un nuevo inédito de Lorca." *Insula*
      322 (Sept. 1973): 1.

      Date: Bears date of 1927.

397. Autorretrato. In: Martín, Eutimio. "Contribution à
      l'étude du cycle poétique New-Yorkais de Federico García
      Lorca: *Poeta en Nueva York*, 'Tierra y luna' et autres
      poèmes." (Essai d'édition critique) Unpubl. diss.,
      Poitiers, 1974. Appendix, p. 20.

      Similar to "Perspectiva urbana con autorretrato" found
      in *O.C.*, p. 1285. Reproduced from a no longer available
      issue of *Ddooss*.

398. Abstract drawing on a manuscript of "Adán." In: Martín,
      Eutimio. "Contribution à l'étude du cycle poétique New-
      Yorkais de Federico García Lorca: *Poeta en Nueva York*,
      'Tierra y luna' et autres poèmes." (Essai d'édition
      critique) Unpubl. diss., Poitiers, 1974. Appendix,
      p. 160.

      Date: 1929.

399. Dama en el balcón.* In: Rodrigo, Antonina. *García
      Lorca en Cataluña*. Barcelona: Editorial Planeta, 1975,
      p. 116.

      Drawing of a woman standing at a balcony, wearing a
      mantilla and holding a fan. Similar in style to "La
      mantilla de Madroños" found on p. 1324 of the *O.C.*

      Dedication in upper-right-hand corner "A Rosa Montan-
      g(y?)a" and signed by L. Title and L's signature, lower-
      right-hand corner with date, 1927.

400. Signature. In: Rodrigo, Antonina. *García Lorca en
      Cataluña*. Barcelona: Editorial Planeta, 1975, p. 395.

      Very ornamental, with entwined vines and flowers. To
      the Barba-Gili family.

      Date: 1935.

401. Sketch of trees in a forest. In: Rodrigo, Antonina.
      García Lorca en Cataluña. Barcelona: Planeta, 1975,
      p. 123.

      A heretofore unpublished drawing similar to the "Jardín
      de Orfeo," first published in *CHA* 10 (July-Aug. 1949):
      19. In the possession of E. Halffter. Interestingly
      the poem by L "Cortaron tres árboles" from *Primeras
      canciones* is dedicated to Halffter.

402. Head. *Trece de nieve* (May 1977): 18.

Part of a dedication of a copy of *Primer romancero gitano (1924-1927)* to "Mi queridísima amiga Sofía." The
figure says "Yo soy el león español que dice a Sofía.
- Sofía. Te comía como si fueras una judía, Sofía."
Sofía is not identified.

403. Teorema de la luna y la mano, mi solución.* *Trece de
nieve* (May 1977): 22.

Illustration from a letter to Sebastián Gasch.

404. Figure of a man, weeping. *Trece de nieve* (May 1977):
25.

A dedication of *Canciones (1921-1924)* to Sofía. The
man says "Yo soy Tinguiliquica y dejo mi fábrica a
Sofía."

Date: 1931.

See also: 402.

405. El marinero borracho. *Trece de nieve* (May 1977): 28.

With words "Amor" and "Roma." Similar in style to
"Solo el misterio nos hace vivir. Solo el misterio,"
in *O.C.*, p. 1288, and "Marinero," p. 1297.

Date: 1934.

406. Illustrated dedication and signature. *Trece de nieve*
(May 1977): 70.

To Laura de los Ríos on title page of an edition of
Llanto. Entwined flowers and leaves on the "F" of
"Federico," a shooting arrow through the "o" of Fede-
rico.

Date: 1935.

407. Abstract figure. In: *Trece de nieve* (May 1977): 148.

According to the notes to this issue of *Trece de nieve*
this drawing with "Agua sexual" is from a book, which
exists in typed form only, planned by Neruda and Lorca.
The note adds that both drawings may be found in the
Losada edition of Neruda's *Obras completas*. Our copy
of the latter has no such reproductions, though "Agua
sexual" is found in Neruda's *Poesías completas*.

See also: 357.

408. Fan. In: Magariño, Arturo. *García Lorca*. Madrid:
Hernando, 1977, p. 161.

A part of a signature.

Date: Seville, 1915.

UNPUBLISHED DRAWINGS

409. A rooster; in a letter to Jorge Guillén. (II, 1158)

Now in the library of Harvard University.

Date: 1927.

410. Three drawings in a letter to Jorge Guillén. (II, 1154–1156)

Now in the library of Harvard University.

Date: 1927.

411. "Maison, et bateau au bord d'une grève"; in a letter to Sebastián Gasch. (No. 1 of II, 1204)

See: M. Laffranque. "Quelques billets de Federico García Lorca." *BH* 65 (1963): 134.

Date: The letter is of 1927.

412. "Frutero con naranjas"; in a letter to José Bergamín. (II, 1201)

Date: The letter is of 1927.

413. "On leaving for Cuba [he] made us a gift of a huge piece of cardboard on which he had sketched a contorted Alhambra of dubious orange hue capping a wobbly cliff, adorned with helter-skelter pomegranate blossoms, and the whole outlay surmounted by a crowing rooster!" (Crow, John. *Federico García Lorca.* Los Angeles, 1945, p. 7.)

Date: 1929–1930. According to Crow this drawing was not preserved.

414. Five drawings in the possession of Amelia Agostini de del Río in Puerto Rico and one with her daughter Carmen del Río Piniés.

Date: 1929–1930.

415. "La Soledad Montoya del 'Romance de la pena negra' está allí, con sus largos cabellos negros esparcidos sobre su traje rojo, ante la cruz desnuda con tres clavos salientes. Sobre la cruz, Federico escribió: 'Hombre.' A la derecha, el esbozo de una taberna: 'Vino.' La pena y la cruz. La cruz y el vino."

This item and the two that follow, in a copy of the
Romancero given to Rafaela Tornés.   Taken from Auclair,
Marcelle. *Vida y muerte de García Lorca*, tr. Aitana
Alberti (Mexico, 1972), p. 399.

Date: 1930.

416. "La 'monja gitana' está también allí cubierta de muse-
      lina, coronada de hojas muertas.   Con su bastidor sobre
      las rodillas borda rosas mustías.   Y de nuevo la cruz.
      Cruces por todas partes."

417. "En fin, para el 'Romance sonámbulo,' 'Verde que te
      quiero verde,' cubos superpuestos terriblemente concre-
      tos--se siente el peso--sugieron los muros, perforados
      de rendijas abiertas a la noche, al día, a un cielo
      infinito y hacia la sombra erguida de un ciprés.   Y
      más cruces.   Y cuatro estrellas, tragaluces de prisión.
      Pero la palabra: 'Amor.'"

Letters and Other Correspondence

BOOKS AND OTHER COLLECTIONS OF CORRESPONDENCE

418. Gasch, Sebastián. *Federico García Lorca: Cartas a sus amigos*. Barcelona: Cobalto, 1950.

In addition to letters to many contemporaries, also includes thirty reproductions of photographs, autographs, and sketches by the poet. Also contains "Un poema inédito" from *Poeta*, both versions of the poem, dedicated to Luis Cardoza y Aragón. On p. 97 it appears as "Pequeño poema infinito (Primera redacción)." On p. 98 it appears as "Pequeño poema infinito (Segunda redacción)."

Review: Radicati di Marmorito, R. *QIA* II, 10 (1951): 64.

419. Guillén, Jorge. *Federico en persona: semblanza y epistolario*. Buenos Aires: Emecé, 1959. 143pp.

Correspondence found in the second part of the book, pp. 79-140. Letters from L to Guillén and from Guillén to L. The former are exactly those found in the *O.C.*, in the same order.

Note that no. 19 of these letters appeared in "Carta a Jorge Guillén." *Cuadernos del Congreso por la libertad de la cultura* 20 (Sept.-Oct. 1956): 33-34. According to a comment accompanying the publication, the letter was given by Guillén to the journal. The fifteenth letter was republished in: Rozas, Juan Manuel. *La generación del 27 desde dentro*. Madrid: Ediciones Alcalá, 1974, pp. 43-45.

420. Laffranque, M. "Quelques billets de Federico García Lorca." *BH* 65, 1-2 (Jan.-June 1963): 133-136.

Seven short letters committed to M. Laffranque by their addressees in order to have them published. All heretofore unpublished. Includes two to S. Gasch--first from Barcelona on letterhead of Hotel Condal de Mateo

Borrell, presumed date 1927; second also undated, presumed to be either Fall 1927 or Spring 1928. The next
three to don Antonio Rodríguez Espinosa--L's first
teacher--first of these undated, presumed to be 1927-
28, mentions "La imagen poética de don Luis de Góngora";
second presumed to be about time of his stay at the Residencia, asks for return of copies of *Libro de poemas*
since he has none left; third, presumed date after summer of 1932 since mentions return from excursion with
La Barraca. The sixth letter is to don Olegario Arbide,
written from Seville, presumed date end of Mar. 1932;
seventh letter to Angel Ferrant (sent to Laffranque by
addressee) calling to his attention the young painter
Juan Antonio Morales.

421.   Gallego Morell, Antonio (ed.). *Unas cartas de García
       Lorca a Antonio Gallego Burín*. Granada: n.p., 1965.

       Three letters and a postcard written between 1920 and
       1927 that appeared earlier in *Cuadernos de arte y lite-
       ratura*. (See p. 18 of introd.)

       Rpt.: Gallego Morell, Antonio (ed.). *García Lorca:
              Cartas, postales, poemas y dibujos*. Madrid:
              Editorial Moneda y Crédito, 1968, pp. 121-124.
              O.C. Madrid: Aguilar, 1977, vol. 2, p. 1104.

422.   ————. *García Lorca: Cartas, postales, poemas y dibu-
       jos*. Madrid: Editorial Moneda y Crédito, 1968. 175 pp.
       illus.

       Introd. by editor.

       Much new material not found in earlier editions of the
       O.C. Many letters include fragments and rough drafts
       of works in progress at that time. There are certain
       errors in the transcribing of the variations in text
       and punctuation of the early versions of L's work. See
       the notes on pp. 46 (ll. 5/9/10/22/25); 58 (ll. 4 ("Can-
       ción"); 4/6 ("Cancioncilla"); 66 (ll. 11/12/13/14); and
       88 (ll. 1/16/31) where Antonio Gallego Morell has mere-
       ly reproduced the text itself and not the variations
       (with regard to the text of the 1966 *O.C.*).

423.   Guillén, Jorge. *The Papers of Jorge Guillén*. Cambridge,
       Mass.: The Houghton Library.

       A collection of letters, manuscripts of poems, post-
       cards, etc., from L to Guillén in the Houghton Library
       of Harvard University, deposited by Guillén in December

1969. Since these are restricted by the donee and not available, we note them here for the future use of others once the restriction has been lifted.

CORRESPONDENCE ADDRESSED TO INDIVIDUALS

Correspondence is listed according to the addressee. The order follows that found in the second volume of the 1977 Aguilar edition of the *O.C.* The number in parentheses after the name of the addressee indicates the page on which the correspondence begins in the above-mentioned work. Correspondence not in that volume is interfiled according to the addressee. Other verifiable re-publications of these items follow the initial entry.

424. A María del Reposo Urquía. (1093) In: Gibson, Ian. "Federico en Baeza." *ABC* Nov. 6, 1966.

Letter to the recognized pianist and interpreter of Chopin, dated Feb. 1, 1918. L expresses desire to dedicate a chapter of a planned book to her. Youthfully romantic and passionate in tone.

425. A Adriano del Valle. (1095-1101) In: Marrast, Robert. "Cinco cartas inéditas de Federico García Lorca." *Insula* XX, 228-229 (Nov.-Dec. 1966): 13.

Five letters from L to del Valle, found in a copy of the first edition of the *Llanto* which belonged to del Valle. Volume now in the Manuscript Section of the Biblioteca Nacional de Madrid. First letter refers to publication of his first book, hence presumed to be after 1921; second, to a spiritual crisis of the author and to a work in progress--"San Francisco de Asís" (postmark Huel[va] 30-7-2 [5 or 6?]; third reaffirms his friendship for del Valle; fourth brief note on a postcard sending greetings to del Valle and indicating his intentions of going to Sevilla and Huelva; fifth brief note mentioning visit of some artists who had shown works with L at the Exposición Arte Nuevo in Huelva from June 26 to July 3, 1932. Date presumed June or July 1932.

426. A Angel Barrios. (1102) In: Gallego Morell, Antonio (ed.). *García Lorca: Cartas, postales, poemas y dibujos.* Madrid: Editorial Moneda y Crédito, 1968, p. 141.

Two brief undated letters, the first from Granada,
probably Nov. 1919, on the letterhead of the Centro
Artístico de Granada, and the second from Madrid, probably the fall of 1924, on the letterhead of the Hotel
Málaga.

427. A Emilia Llanos Medina. (1109) In: Gallego Morell,
      Antonio (ed.). *García Lorca: Cartas, postales, poemas
      y dibujos.* Madrid: Editorial Moneda y Crédito, 1968,
      pp. 133-134.

      Two letters dated Madrid, Nov. 25, 1920, and Madrid,
      Nov. 28, 1920, respectively. Second letter, romantic
      and more intimate in tone in which author states that
      "... siento en el alma la amargura de estar solo de
      amor," and requests a signed photograph of the addres-
      see "... para verla a menudo."

428. A Melchor Fernández Almagro. (1111) In: Gallego Morell,
      Antonio (ed.). *García Lorca: Cartas, postales, poemas
      y dibujos.* Madrid: Editorial Moneda y Crédito, 1968,
      pp. 39-104.

      A series of sixty-two letters, notes, and postcards
      dating from 1921 through 1934. All accompanied by notes
      identifying people and/or places mentioned in the com-
      munications. Includes a facsimile of letter no. 13 with
      a sketch in color of Mariana Pineda in her home, as well
      as a letter written while L was a student at Columbia
      University. Many of these letters also include rough
      drafts, fragments, etc., of works in progress at the
      time L wrote them: no. 3, "Rosa" and "Escuela," the
      latter of which appeared in *VyP* 9 (Sept. 1927) and was
      reprinted in the *O.C.* (1966); no. 8, "Baladilla de los
      tres ríos"; no. 11, "Corriente lenta," an unpublished
      poem; no. 12, "Canción del muchacho de siete corazones,"
      "Arco de lunas," "Pórtico," "El sátiro blanco," up to
      the publication of this volume, unpublished; no. 14,
      "Canción," "Cancioncilla," "Canción del arbolé," early
      versions of which appeared in the *O.C.* as "Es verdad,"
      "Canción cantada," "Al oído de una muchacha," and "Ar-
      bolé, arbolé"; no. 15, "Suite del regreso," which ap-
      peared in different form later; no. 18, "En la muerte
      de José de Ciria y Escalante"; no. 22, "Amanecer y re-
      pique," "Cancioncilla del niño que no nació," "Otra es-
      tampita"; no. 34, Escena segunda (Cuadro tercero) of
      Perlimplín and "Romance gitano de la luna luna de los
      gitanos."

Rpt.: Rodrigo, Antonina. *García Lorca en Cataluña*.
Barcelona: Editorial Planeta, 1975. Reproduction
of nos. 11, 33, 34, 37, 40, and 47.

See also: 90, 105, 162-174.

429. A Adolfo Salazar. (1180) *Trece de nieve* (May 1977):
33-35.

Letter dated [Aug. 2, 1921] from Asquerosa, a small
town not far from Fuentevaqueros. Expresses his pleasure with Salazar's review of *Libro de poemas*, his family's displeasure with his grades, and his insistence
on a literary career. Commentary by M. Hernández, pp.
36-39.

430. A Adolfo Salazar. *Trece de nieve* (May 1977): 41-43.

Titled "Año nuevo," dated Jan. 1, 1922. Mentions the
"concurso del cante jondo" organized by him. Discusses
his *Poema del cante jondo*. Indicates his pleasure at
Jean Aubry's translation of some of his poems. Commentary by M. Hernández, pp. 44-49.

431. A Adolfo Salazar. *Trece de nieve* (May 1977): 51.

Address on the envelope "Señorito musiquito/ Adolfito
Salazar de su amigo/ Federico." Presumed date 1936.
Requests Salazar to have Bagaría remove from an inter-
view ("Diálogos de un caricaturista salvaje." *El sol*
June 10, 1936) a question put to him by Bagaría on
fascism and communism which seemed "indiscreta" to him.
Commentary by M. Hernández, pp. 51-54.

432. A Regino Sáinz de la Maza. (1188) In: Rodrigo, Antonina. *García Lorca en Cataluña*. Barcelona: Editorial
Planeta, 1975, pp. 154-161.

Six letters to Sáinz de la Maza. First, undated, on
letterhead of Centro Artístico de Granada, philosophical
in tone, in which L declares "Yo no he nacido todavía."
Second, no date, same letterhead as first. Here L
apologizes to Sáinz for not sending him a copy of *Libro
de poemas* because he has none left. Third, no date,
same letterhead as first two, encourages Sáinz to continue his work in guitar. Fourth, also undated and
same letterhead, mentions special program planned with
Falla, urging Sáinz to write Falla to be included on
program. Fifth, no letterhead, no date, accompanied
by copy of program held in his home, reaffirms his

friendship. Sixth, undated, on letterhead of the Residencia, asks his friend to write soon.

433.   A Regino Sáinz de la Maza. *Trece de nieve* (May 1977):
       67.

       Letter has a sketch of Pierrot with a saying coming
       from his mouth: "Salud a Josefina y Regino." L indi-
       cates that he has finished *Así que pasen cinco años*
       and a book of poems, *Poemas para los muertos*. Presumed
       date, 1931. Commentary by M. Hernández, pp. 68-69.

434.   A Manuel de Falla. (1194) In: Gallego Morell, Antonio
       (ed.). *García Lorca: Cartas, postales, poemas y dibu-
       jos*. Madrid: Editorial Moneda y Crédito, 1968, pp.
       107-113.

       A group of twelve letters, notes, and postcards written
       to Falla between 1922 and 1927. Includes a facsimile
       of the second letter.

       Rpt.: Orozco, Manuel. *Falla*. Barcelona: Destino, 1968,
               p. 111. Letter commenting on settings for *M.P.*
               by Dalí. Mentions an exposition of his drawings,
               four of which he sold.
               Rodrigo, Antonina. *García Lorca en Cataluña*.
               Barcelona: Editorial Planeta, 1975, pp. 188-190.

435.   A José de Ciria y Escalante. (1204) In: Gallego
       Morell, Antonio (ed.). *García Lorca: Cartas, postales,
       poemas y dibujos*. Madrid: Editorial Moneda y Crédito,
       1968, pp. 127-130.

       Two letters, both dated Asquerosa, July 1923. Second
       of these letters with the lines "¡Qué bien están los
       limones sobre los senos de una mujer opulenta!" accom-
       panied by a sketch in color of the lemons, before the
       greeting to addressee. Second letter also includes the
       text of "Venus" from *Canciones*, an untitled poem which
       appeared later as "Adelina de paseo" in *Canciones*, and
       "Nocturno esquemático" also from *Canciones*.

436.   A Constantino Ruiz Carnero. (1208) In: Gallego Morell,
       Antonio (ed.). *García Lorca: Cartas, postales, poemas
       y dibujos*. Madrid: Editorial Moneda y Crédito, 1968,
       p. 159.

       Brief letter dated Madrid, Dec. 21, 1924, appearing in
       the Dec. 24, 1924, issue of *El defensor de Granada*,
       lamenting the manner in which Granada received Ortega y
       Gasset and Baroja.

437. A Juan Ramón Jiménez. (1209) In: Gallego Morell,
Antonio (ed.). *García Lorca: Cartas, postales, poemas
y dibujos*. Madrid: Editorial Moneda y Crédito, 1968,
p. 117.

Three postcards written to Jiménez in 1924 and 1927.

438. A Jorge Guillén. (1211)

A collection of twenty-nine items of correspondence from
L to Guillén which express among other things: his re-
spect for Guillén, announcement of *gallo*, request for
Guillén's opinion of his work. Written between 1925
and 1932.

Rpt.: Guillén, Jorge. *Federico in persona (Carteggio)*.
Milan: All' Insegna del Pesce d'Oro, 1960, pp.
82-203. This republication is especially inter-
esting since it includes several of Guillén's
replies to L.

439. "Carta a Jorge Guillén." *Cuadernos del Congreso por la
libertad de la cultura* 20 (Sept.-Oct. 1956): 33-34.

Unpublished letter to Guillén dated Feb. 14, 1927. L
expresses doubts about *Canciones* in press. Praises
Guillén's poetry. Includes fragments of his poems including "Soledad insegura." Promises to send Guillén
more of his poems.

Rpt.: Guillén, Jorge. *Federico in persona (Carteggio)*.
Milan: All'Insegna del Pesce d'Oro, 1960, pp.
172, 174, 176. Includes a facsimile of the letter
dealing with "Soledad insegura" between pp. 176
and 177.

440. "Cartas a Jorge Guillén." *Inventario, rivista trimestrale* (Milan) (Istituto Editoriale Italiano) III (Spring
1950).

441. "Dos cartas de Federico García Lorca a Jorge Guillén."
QIA 19-20 (Dec. 1956): 242-243.

A republication of a postcard and letter on the occasion of the twentieth anniversary of L's death.

442. A José Bello. (1248) In: Aranda, J.F. "Más inéditos
de García Lorca." *Insula* XIII, 157 (Dec. 1959): 12-13.

Three letters to Bello. First two dated 1925, third
has no date. Includes a facsimile of a "dedicatoria"

to Bello's brother Filín, written on a blank page of
the first edition of *Libro de poemas*, and a facsimile
of "Tardecilla del jueves santo (1924)."

443. A Rafael Alberti. (1251) In: Alberti, Rafael. *La
     arboleda perdida*. Buenos Aires: Compañía General Fabril
     Editora, 1959, p. 237.

444. A Fernando Vílches. (1252) In: Orozco Díaz, Manuel.
     "Un inédito de Lorca." *Insula* XXXI, 355 (June 1976):
     4.

     A postcard with a brief note commenting on the beauty
     of Ampurdán. Includes a "Mis saludos" signed Salvador
     Dalí.

445. A Eduardo Marquina. (1253) In: Montero Alonso, José.
     Vida de Eduardo Marquina. Madrid: Editora Nacional,
     1965, p. 205.

     Letter to Marquina concerning fact that Xirgu had not
     sent, as promised, her opinions of *M.P.* Asks Marquina's
     advice. Indicates annoyance of his parents at his pur-
     suit of a literary career, seeing "nada práctico" in it.

     Rpt.: Rodrigo, Antonina. *García Lorca en Cataluña*.
     Barcelona: Editorial Planeta, 1975, p. 79.

446. A Guillermo de Torre. (1254) In: Gasch, Sebastián.
     Federico García Lorca: Cartas a sus amigos. Barcelona:
     Cobalto, 1950, pp. 49-66.

     Includes four "autógrafos." Note that the order of the
     first two letters in the Gasch work is inverted in the
     O.C.

447. A José María de Cossío. (1260) In: Martín, Eutimo.
     "La actitud de Lorca ante el tema de los toros a través
     de cuatro cartas a José María de Cossío." *Insula* 28,
     322 (Sept. 1973): 3.

     Four heretofore unpublished letters concerning L's at-
     titude about bullfights. Also a photograph.

448. A Ramón Pérez de Roda. (1264) In: Molina Fajardo,
     Eduardo. "Lorca inédito: un soneto a Falla, dos dibu-
     jos, una carta." *Est Lit* 456 (Nov. 15, 1970): 4-7.

     Letter found in an old mathematics text in possession
     of Joaquín Jiménez Canales. Dated Feb. 12, 1927. In-
     dicates he is receiving proofs of *Canciones* and is busy

working on a "Soledad" for Góngora's centenary celebration. Expresses his preference for the shore as opposed to the mountains.

449. A Juan Guerrero Ruiz. (1266) In: Gasch, Sebastián. *Federico García Lorca: Cartas a sus amigos*. Barcelona: Cobalto, 1950, pp. 89-92.

Undated letter enclosing poems and sketches for publication. Gasch volume includes one "autógrafo," and another letter not found in early editions of the *O.C.*

450. A Manuel Pérez Serrabona. (1269) In: Gallego Morell, Antonio (ed.). *García Lorca: Cartas, postales, poemas y dibujos*. Madrid: Editorial Moneda y Crédito, 1968, p. 137.

A postcard and a brief letter dated Madrid, April 1927, and Figueras, May 16, 1927, respectively.

451. A Ana María Dalí. (1271) In: Dalí, Ana María. *Salvador Dalí visto por su hermana*. Barcelona: Juventud, 1949, pp. 106-107, 113-116.

Also includes a letter with a sketch and a fragment of a letter with a sketch.

> *Rpt.*: Gasch, Sebastián. *Federico García Lorca: Cartas a sus amigos*. Barcelona: Cobalto, 1950, pp. 67-82.
> Rodrigo, Antonina. *García Lorca en Cataluña*. Barcelona: Editorial Planeta, 1975. Includes from the *O.C.* nos. 2 (pp. 192-195); 3 (pp. 52-53); 4 (pp. 195-197): 6 (pp. 192-200).

452. A José Bergamín. (1280) In: Gallego Morell, Antonio (ed.). *García Lorca: Cartas, postales, poemas y dibujos*. Madrid: Editorial Moneda y Crédito, 1968, pp. 151-152.

Two letters, the first, undated and presumed to have been written from Granada at the beginning of 1927, with a sketch in color of a fruit bowl with oranges, similar to that found in another letter. The second, also undated, is presumed to have been sent from Granada in 1932. The first letter was reprinted in the *O.C.* For an earlier publication of fragments of these letters see *Poeta en Nueva York*. Mexico: Editorial Séneca, 1940, p. 26.

453.   A Sebastián Gasch. (1283) In: Gasch, Sebastián.
       Federico García Lorca: Cartas a sus amigos. Barcelona:
       Cobalto, 1950, pp. 19-48.

       Note that the order here does not follow that found in
       the *O.C.*, nor does it include "Fragments" in the *O.C.*
       Of the latter, "A" "D," and "E" appeared in Díaz Plaja's
       Federico García Lorca. Buenos Aires: Kraft, 1948, pp.
       159-160 and 49.

       Rpt.: Rodrigo, Antonina. *García Lorca en Cataluña*.
              Barcelona: Editorial Planeta, 1975. A republica-
              tion of nos. 10 (pp. 209-210); 9 (p. 231); 1
              (pp. 236-238); 13 (pp. 242-243); 14 (p. 243); 16
              (pp. 245-246).

454.   A Joaquín Romero Murube. (1305) In: Gallego Morell,
       Antonio (ed.). *García Lorca: Cartas, postales, poemas
       y dibujos*. Madrid: Editorial Moneda y Crédito, 1968,
       pp. 145-148.

       Undated letter, presumed to have been written in Dec.
       1927 from Granada, and two notes, the first, presumed
       from Granada, 1929, and the second, written on the let-
       terhead of "Restaurant, Casa Pascual," dated Madrid,
       Jan. 15, 1936--both in verse. The letter, whose text
       is repeated in the *O.C.*, includes the text of a poem,
       "Romance con lagunas," which appeared later in the *Ro-
       mancero* as "Burla de Don Pedro a caballo," and "Kasida
       I del Tamarit," which appeared later in the *Diván* as
       "Gacela del amor imprevisto."

       For a facsimile of this letter see Romero Murube's ar-
       ticle "Una variante en el *Romancero gitano*." *Insula* 94
       (Oct. 15, 1953): 5.

       See also: 107.

455.   A Antonio Rodríguez Espinosa. (1308) In: Laffranque,
       M. "Quelques billets de Federico García Lorca." *BH*
       LXV, 1-2 (Jan.-June 1963): 133-136.

       To L's first teacher. First, undated, presumed to be
       1927-1928; second, about the time of his stay at the
       Residencia; third, assumed to be after summer of 1932.

       See also: 420.

456.   A Jorge Zalamea. (1310) In: "Epistolario de García
       Lorca (Cartas del poeta a Jorge Zalamea)." *Revista de
       las Indias* (Bogota) I, 5 (1937): 23-25.

Five letters and part of a sixth written to Zalamea in
1928. In the last letter and the fragment L speaks of
his "Oda a Sesostris" and his "Oda al Santísimo Sacramento." Also includes a facsimile of the first letter.

457. A Federico de Onís. (1317) In: del Río, Angel.
Federico García Lorca (1899-1936). New York: Hispanic
Institute, 1941, p. 110.

Letter to de Onís with suggested date of 1933 introduc-
ing Ernesto Martínez Nadal to de Onís.

458. A Carlos Morla Lynch. (1318) In: Morla Lynch, Carlos.
En España con Federico García Lorca. Madrid: Aguilar,
1957, 1958.

The publication includes the following from the *O.C.*:
nos. 2 (pp. 43-44); 5 (pp. 73-74); 6 (p. 74); 4 (p. 75);
8 (p. 75).

Rpt.: Belamich, André. "Cartas inéditas de García
Lorca." *Insula* XV, 162 (May 1960): 1.
A republication of letters 1, 3, 4, 10, and 11
found in the *O.C.*

459. A Bebé y Carlos Morla Lynch. (1318) *Trece de nieve*
(May 1977): 55.

Facsimile of a brief, heretofore unpublished note in
which L expresses the close friendship he feels for the
Morla Lynches. According to the commentary (p. 237)
the date is probably April 1931. The note, presumably,
was written as an "apology" for L's nonappearance at a
gathering at the home of his friends, who had also in-
vited Arthur Rubinstein to the same party.

460. A Angel del Río. (1329) In: *RHM* 6, 3-4 (July-Oct.
1940): 314.

Letter from Eden Mills commenting on its beauty and
inquiring about manner in which he will meet del Río
to continue his trip.

Rpt.: del Río, Angel. *Federico García Lorca (1899-
1936)*. New York: Hispanic Institute, 1941, pp.
108-110.

461. A Encarnación López Julvez, La Argentinita. (1331)
Trece de nieve (May 1977): 65.

Presumed date, 1931. Sketch of a "dama española" on
letter. Brief letter excusing himself from taking leave

of her because of illness. Mentions how his sisters
play her records. References to Ignacio Sánchez Mejías.
Commentary by M. Hernández, pp. 65-66.

462. A José Caballero. (1332) In: Gallego Morell, Antonio
(ed.). *García Lorca: Cartas, postales, poemas y dibujos.* Madrid: Editorial Moneda y Crédito, 1968, p. 155.

Brief, undated letter, presumed to have been written
from Granada in 1932. Closes with a sketch in black,
intertwined with the signature, of a face weeping tears
on the signature with the final syllable of Federico,
"co," repeated six times.

463. A Olegario Arbide. (1333) In: Laffranque, M. "Quelques billets de Federico García Lorca." *BH* LXV, 1-2
(Jan.-June 1963): 133-136.

Written from Seville. Presumed date, 1932.

See also: 420.

464. A Miguel Hernández. (1334) In: "Una carta inédita (en
España) a Miguel Hernández." *Insula* 148 (1949): 2.

Rpt.: Laffranque, M. "Federico García Lorca. Lettre à
Miguel Hernández." *BH* LX, 3 (July-Sept. 1958):
382-383. A copy of the undated letter and a note
by Laffranque. Presumed to be 1930. L sympa-
thizes with the sufferings of Hernández.

465. A Ezio Levi. (1336)

466. A María Muñoz y Antonio Quevedo. (1338) *Trece de
nieve* (May 1977): 71.

Because of reference to premiere of *Yerma*, letter presumed to have been written in Madrid, Dec. 28, 1934.
Introduces Sáinz de la Maza to Muñoz and Quevedo, urging
them not to allow him to leave Cuba without giving a
concert. Commentary by M. Hernández, pp. 72-73.

467. A Angel Ferrant. (1339) In: Gasch, Sebastián. *Federico García Lorca: Cartas a sus amigos.* Barcelona:
Cobalto, 1950, pp. 85-88.

Rpt.: Laffranque, M. "Quelques billets de Federico
García Lorca." *BH* LXV, 1-2 (Jan.-June 1963): 133-
136.

See also: 420.

468. A Miguel Benítez Inglott y Aurina. (1341) In: "Federico
     García Lorca: *Crucifixión*." *Planas de poesía* (Las
     Palmas) IX (1950): 18-19.

469. A José María Chacón y Calvo. (1343) In: Gutiérrez-
     Vega, Zenaida. *José María Chacón y Calvo, Hispanista
     cubano*. Madrid: Ediciones Cultura Hispánica, 1969.
     See pp. 47-48 for a facsimile of this letter.

470. Avila, Pablo Luis. "Note a una lettera inedita di
     Federico García Lorca." *Strumenti critici* (Turin) VI,
     17 (Feb. 1972): 82-86.

     Annotations to an unpublished letter written when L was
     completing *M.P.* The letter is undated and the addressee
     in unknown. Possession of Dr. Emilio de Santiago of
     Granada.

471. A Gregorio Prieto. (1346)

472. A su familia. (1348) In: *Trece de nieve* (May 1977):
     59-61.

     Written from New York, presumably early in Jan. 1930.
     Describes Christmas Eve in New York with the de Onís
     family and Midnight Mass with the Brickell family.
     Comments on the devotion of American Catholics. Men-
     tions planned trip to Cuba and his work on *Poeta*.
     Commentary by Miguel García-Posada, pp. 62-64.

Interviews, Statements,
Addresses and Declarations

ADDRESSES

The classification of many of the items found in this section of the bibliography has varied not only in studies on García Lorca, but also among the various editions of the *O.C.* The listing here follows that found in the 1977 Aguilar edition of the *O.C.* The volume and page number in this edition on which an item may be found is placed in parentheses after the title.

473. En el banquete de "Gallo." (I, 1179) *El defensor de Granada* L, 25.509 (Mar. 8, 1928): 1-5.

   Rpt.: Laffranque, M. *Les Idées esthétiques de Federico García Lorca.* Paris: Centre de Recherches Hispaniques, 1967, pp. 328-331.

474. "Mariana Pineda" en Granada. (I, 1183) *El defensor de Granada* May 7, 1929.

   Rpt.: Laffranque, M. "Federico García Lorca: Textes en prose tirés de l'oubli." *BH* LV, 3-4 (July-Dec. 1953): 345-348.

475. "En Fuentevaqueros." (I, 1186) *El defensor de Granada* L, 26.304 (May 21, 1929): 1.

   Rpt.: Laffranque, M. "Federico García Lorca: Textes en prose tirés de l'oubli." *BH* LV, 3-4 (July-Dec. 1953): 302-303.
   Trece de nieve May 1977.

476. "Presentación de Pilar López y Rafael Ortega en la Residencia de Estudiantes." (I, 1188) *Trece de nieve* (May, 1977): 29-30.

   Presumed to be "la única prosa conocida que tiene una relación directa con la Residencia de Estudiantes." For additional material on the item, see p. 235 of the cited issue of *Trece de nieve*.

477. "Al pueblo de Almazán. Alocución previa a una representación de 'La Barraca.'" (I, 1190) In: Sáenz de la Calzada, Luis. *"La Barraca." Teatro universitario.* Madrid: Revista de Occidente, 1976, p. 123.

Facing p. 124 is a facsimile of this statement.

478. "Alocución a una representación de 'La Barraca.'" (I, 1191) In: Sáenz de la Calzada, Luis. *"La Barraca." Teatro universitario.* Madrid: Revista de Occidente, 1976, pp. 124-125.

A facsimile of the above may be found between pp. 124 and 125.

479. "Alocución previa a una representación del auto *La vida es sueño* de Calderón." (I, 1192; fragment) In: Sáenz de la Calzada, Luis. *"La Barraca." Teatro universitario.* Madrid: Revista de Occidente, 1976, p. 126.

A facsimile of the above may be found between pp. 124 and 125.

480. "En la universidad: 'La Barraca.'" (I, 1195) *La libertad* (Madrid) Nov. 1, 1932.

L discusses the repertory of "La Barraca," contrasting the spirit of Calderón and that of Cervantes in the annals of the theater.

Rpt.: Laffranque, M. "Federico García Lorca: Conférences, déclarations et interviews oubliés." *BH* LX, 4 (Oct.-Dec. 1958): 508-545.

481. "De arte. El teatro universitario 'La Barraca.'" (I, 1196) *El luchador* (Alicante) Jan. 3, 1933.

Rpt.: Laffranque, M. "Federico García Lorca: Conférences, déclarations et interviews oubliés." *BH* LX, 4 (Oct.-Dec. 1958): 508-545.

482. Al público de Buenos Aires." (I, 1197) *La nación* (Buenos Aires) Oct. 26, 1933.

Note the complete title: "[Al público de Buenos Aires. Con motivo de la presentación de *Bodas de sangre* en el teatro Avenida.] F.G.L. habló y fué muy aplaudido."

483. "Salutación a los marinos del Juan Sebastián Elcano." (I, 1199) *Noticias gráficas* (Buenos Aires) Dec. 27, 1933.

484. "Respuesta al homenaje del público del teatro Avenida de Buenos Aires. Con motivo de la representación de *Mariana Pineda*." (I, 1200) *Noticias gráficas* (Buenos Aires) Jan. 13, 1934.

485. "Discurso al despedirse de Buenos Aires." (I, 1201) *Crítica* Mar. 2, 1934.

486. "Sobre la representación de 'La niña boba' de Lope de Vega en Buenos Aires." (I, 1204) *Crítica* (Buenos Aires) Mar. 4, 1934.

    Note that though the reference is to Lope's *La dama boba*, the 1977 Aguilar edition of the *O.C.* gives the title as it appears here.

    Rpt.: Comincioli, Jacques. "Federico García Lorca. Un texto olvidado y cuatro documentos." *CHA* 130 (Oct. 1960): 25-36.

487. "En el homenaje a Lola Membrives." (I, 1206) *Crítica* Mar. 16, 1934.

    Given by L at the Teatro Comedia, Buenos Aires, on Mar. 15, 1934. Also note that this item has sometimes appeared under its subtitle, "No creo en la decadencia del teatro...."

    Rpt.: Comincioli, Jacques. "Federico García Lorca. Un texto olvidado y cuatro documentos." *CHA* 130 (Oct. 1960): 25-36.

488. "Diálogo del poeta y don Cristóbal." (I, 1211) *Crítica* Mar. 26, 1934.

    Note that reference has been made to this item by its subtitle, "Lorca y don Cristóbal nos dieron una grata despedida."

    Rpt.: Comincioli, Jacques. "Federico García Lorca. Un texto olvidado y cuatro documentos." *CHA* 130 (Oct. 1960): 25-36.

489. "En la Universidad Internacional de Santander." (I, 1213) *El cantábrico* (Santander) Aug. 14, 1934.

    Rpt.: Laffranque, M. "Federico García Lorca: Conférences, déclarations, et interviews oubliés." *BH* LX, 4 (Oct.-Dec. 1958): 508-545.

490. "Charla sobre teatro." (I, 1214) *Heraldo de Madrid* Feb. 2, 1935.

Rpt.: Rozas, Juan Manuel. *La generación del 27 desde
dentro*. Madrid: Ediciones Alcalá, 1974, pp. 154-
156.

491. "A las floristas de la Rambla." (I, 1218) *La Publicitat* Dec. 25, 1935.

492. "Presentación de Pablo Neruda en la Facultad de Filosofía y Letras de Madrid." (I, 1220) In: Neruda, Pablo.
Poesías completas. Buenos Aires: Losada, 1951, pp.
439-440.

   Rpt.: Laffranque, M. "Federico García Lorca: Déclarations et interviews retrouvés." *BH* LVIII, 3
(July-Sept. 1956): 301-343.

AUTOCRITICA

493. "Nota autobiográfica." (I, 1167) In: Crow, John.
Federico García Lorca. Los Angeles: University of
California, 1945.

   Rpt.: Laffranque, M. "Federico García Lorca: Déclarations et interviews retrouvés." *BH* LVIII, 3
(July-Sept. 1956): 301-343.

494. "Mariana Pineda: Autocrítica." (I, 1169) *ABC* (Oct.
12, 1927): 35.

   Rpt.: Comincioli, Jacques. "Federico García Lorca. Un
texto olvidado y cuatro documentos." *CHA* 130
(Oct. 1960): 25-36.

495. "Poética: de viva voz a Gerardo Diego." (I, 1171) In:
Diego, Gerardo. *Poesía española. Antología, 1915-1932*.
Madrid: Signo, 1932, p. 298.

   An item republished in many places, including: Rozas,
Juan Manuel. *La generación del 27 desde dentro*.
Madrid: Ediciones Alcalá, 1974, p. 162.

496. "La zapatera prodigiosa." (I, 1172) *La nación* (Buenos
Aires) LXIV, 23,397 (Nov. 30, 1933): 11 (column 1).

497. "Abans de l'estrena: L'autor ens diu." (I, 1175) *La
Humanitat* Dec. 12, 1935.

Rpt.: Laffranque, M. "Federico García Lorca: Conférences, déclarations, et interviews oubliés."
BH LX, 4 (Oct.-Dec. 1958): 508-545.

INTERVIEWS

Though the majority of the interviews appearing
here are found also in the 1977 Aguilar edition
of the *O.C.*, not all those in the *O.C.* are included in the present volume. Only those interviews which could be verified personally are presented here.

498. O[lmedilla], J.G. "Los autores después del estreno,
García Lorca, el público, la crítica, y *Mariana Pineda*."
Heraldo de Madrid (Oct. 15, 1927): 6.

   Rpt.: Maurer, Christopher. "Five Uncollected Interviews." *GLR* VII, 2 (Fall 1979): 97-107.

499. Giménez Caballero, E. (II, 934) "Itinerarios jóvenes
de España: Federico García Lorca." *La gaceta literaria*
48 (Dec. 15, 1928): 6.

   Rpt.: Laffranque, M. "Federico García Lorca: Déclarations et interviews retrouvés." *BH* LVIII, 3
(July-Sept. 1956): 301-343.

500. J.L. "Antes del estreno. Hablando con Federico García
Lorca." *La libertad* (Dec. 24, 1930): 9.

   Rpt.: Maurer, Christopher. "Five Uncollected Interviews." *GLR* VII, 2 (Fall 1979): 97-107. (Excerpt).

501. Gil Benumeya, Rodolfo. (II, 938) "Estampa de García
Lorca." *La gaceta literaria* V, 98 (Jan. 15, 1931): 7.

   Rpt.: *O.C.* Buenos Aires: Losada, 1938, Vol. 7.
Laffranque, M. "Federico García Lorca. Nouveaux
Textes en prose." *BH* LVI, 3 (July-Sept. 1954):
260-300.

502. Adams, Mildred (tr.). (II, 942) "The Theatre in the
Spanish Republic." *Theater Arts Monthly* XVI, 3 (Mar.
1932): 237-239.

See pp. 238-239 for the translation into English of statements from L's interview on "La Barraca."

Rpt.: Laffranque, M. "Federico García Lorca: Conférences, déclarations, et interviews oubliés." *BH* LX, 4 (Oct.-Dec. 1958): 508-545.

503. Salaverría, José María. (II, 945) "El carro de la farándula." *La vanguardia* (Barcelona) 21.456 (Dec. 1, 1932): 5.

An early interview with L who states his ambition to take the group abroad and affirms his rapport with the spirit of Spain's youth.

Rpt.: Laffranque, M. "Federico García Lorca: Déclarations et interviews retrouvés." *BH* LVIII, 3 (July-Sept. 1956): 301-343.

504. Méndez Domínguez, L. (II, 949). "Iré a Santiago. Poema de Nueva York en el cerebro de García Lorca." *Blanco y negro* 43, 2.177 (Mar. 5, 1933).

Includes three photographs by Zegri.

Rpt.: *O.C.* Buenos Aires: Losada, 1938, Vol. 7. Laffranque, M. "Federico García Lorca. Nouveaux Textes en prose." *BH* LVI, 3 (1954): 260-300.

505. Anon. "Un estreno de García Lorca en el Español en gran función de gala." *Heraldo de Madrid* (April 4, 1933): 5.

Rpt.: Maurer, Christopher. "Five Uncollected Interviews." *GLR* VII, 2 (Fall 1979): 97-107. (Excerpt).

506. Anon. (II, 954) "Una interesante iniciativa. El poeta Federico García Lorca habla de los clubs teatrales." *El sol* 4.882 (April 5, 1933): 10.

Rpt.: *O.C.* Buenos Aires: Losada, 1938, Vol. 7. Laffranque, M. "Federico García Lorca. Nouveaux Textes en prose." *BH* LVI, 3 (July-Sept. 1954): 260-300.

507. Massa, Pedro. (II, 958) "Muy antiguo y muy moderno. El poeta García Lorca y su tragedia *Bodas de sangre*." *Crítica* (April 9, 1933): 12-13.

Rpt.: Laffranque, M. "Federico García Lorca: Déclarations et interviews retrouvés." *BH* LVIII, 3
(July-Sept. 1956): 301-343.

508. Serna, José S. (II, 960) "Charla amable con Federico
García Lorca." *Heraldo de Madrid* July 11, 1933.

   Rpt.: Comincioli, Jacques. "Federico García Lorca. Un
texto olvidado y cuatro documentos." *CHA* 130
(Oct. 1960): 25-36.

509. Pérez Herrero, Francisco. (II, 964) "Nuevo carro de
Tespis." *La mañana* (León) Aug. 1933.

   Rpt.: Sáenz de la Calzada, Luis. *"La Barraca."* *Teatro
universitario*. Madrid: Revista de Occidente,
1976, pp. 138-139. (Excerpt).

510. Moreno Báez, Enrique. (II, 968) "'La Barraca.' Entre-
vista con su director, Federico García Lorca." *Revista
de la Universidad Internacional de Santander* I, 1
(1933).

At the time of this interview, presumed to be 1932 or
1933, Moreno Báez was a professor at the University of
Santander.

   Rpt.: Laffranque, M. "Federico García Lorca. Encore
une interview sur la Barraca." *BH* LXXI, 3-4
(July-Dec. 1969): 604-606. This republication is
accompanied by a caricature of L giving a phonetics
lesson. According to the notes accompanying this
republication, Jorge Guillén gave Laffranque a
photographic copy of the original article which
included the caricature reproduced here.

511. Anon. (II, 971) "Un reportaje. El poeta que ha esti-
lizado los romances de plazuela." *El debate* (Madrid)
Oct. 1, 1933.

   Rpt.: Laffranque, M. "Federico García Lorca: Déclarations et interviews retrouvés." *BH* LVIII, 3
(July-Sept. 1956): 301-343.

512. Suero, Pablo. (II, 974) "Crónica de un día de barco
con Federico García Lorca" (1933). In: *Figuras contem-
poráneas*. Buenos Aires: Sociedad Impresora Americana,
1943, pp. 275-287.

Includes a photograph of L with Suero.

513. ————. "Hablando de 'La Barraca' con el poeta García
      Lorca." In: *Figuras contemporáneas*. Buenos Aires:
      Sociedad Impresora Americana, 1943, pp. 290-304.

      Note that this interview is listed in the notes in vol.
      2 of the 1977 Aguilar edition of the *O.C.* as part of
      the one immediately preceding it. In the book cited
      here it appears as a separate interview.

514. Anon. (II, 989) "Llegó anoche Federico García Lorca."
      La nación (Buenos Aires) Oct. 14, 1933.

      Rpt.: Laffranque, M. "Federico García Lorca: Déclara-
            tions et interviews retrouvés." *BH* LVIII, 3
            (July-Sept. 1956): 301-343.

515. Lenge. (II, 997) "Un rato de charla con Federico Gar-
      cía Lorca." *Correo de Galicia* (Buenos Aires) XXVI,
      1.448 (Oct. 22, 1933): 17+.

      Also includes a photograph of L.

516. Anon. (II, 1003) "García Lorca presenta hoy tres can-
      ciones populares escenificadas." *Crítica* Dec. 15, 1933.

517. Anon. (II, 1008) "La nueva obra de García Lorca. El
      10 de enero subirá a escena *Mariana Pineda*. El autor
      nos adelanta amplias referencias de su obra." *La na-
      ción* (Buenos Aires) LXIV, 22.408 (Dec. 29, 1933): 15.

      Rpt.: Laffranque, M. "Federico García Lorca: Déclara-
            tions et interviews retrouvés." *BH* LVIII, 3
            (July-Sept. 1956): 301-343.

518. Ramírez, Octavio. (II, 1013) "Teatro para el pueblo."
      La nación (Buenos Aires) LXV, 22.437 (Jan. 28, 1934): 3.

      Rpt.: Laffranque, M. "Federico García Lorca. Encore
            trois textes oubliés." *BH* LIX, 1 (Jan.-Mar.
            1957): 62-71.

519. ————. (II, 1016) "Lope de Vega en un teatro nacio-
      nal." *La nación* (Buenos Aires) LXV, 22.465 (Feb. 25,
      1934): 2-3.

      Rpt.: Laffranque, M. "Federico García Lorca: Déclara-
            tions et interviews retrouvés." *BH* LVIII, 3
            (July-Sept. 1956): 301-343.

520. Luna, José R. (II, 1019) "La vida de García Lorca,
      poeta." *Crítica* Mar. 10, 1934.

521. Chabás, Juan. (II, 1026) "Federico García Lorca y la tragedia." *Luz* (July 3, 1934): 8.

  Rpt.: *O.C.* Buenos Aires: Editorial Losada, 1938, Vol. 7.
     Laffranque, M. "Federico García Lorca. Nouveaux Textes en prose." *BH* LVI, 3 (1954): 260-300.

522. ———. (II, 1029) "Vacaciones de 'La Barraca.'" *Luz* (Sept. 3, 1934): 3.

  Rpt.: *O.C.* Buenos Aires: Editorial Losada, 1938, Vol. 2.
     Laffranque, M. "Federico García Lorca. Nouveaux Textes en prose." *BH* LVI, 3 (July-Sept. 1954): 260-300.

523. Prats, Alardo. (II, 1032) "Los artistas en el ambiente de nuestro tiempo. El poeta Federico García Lorca espera para el teatro la llegada de la luz, de arriba, del paraíso." *El sol* (Madrid) XVIII, 5.401 (Dec. 15, 1934): 8.

  Rpt.: *O.C.* Buenos Aires: Editorial Losada, 1938, Vol. 7.
     Laffranque, M. "Federico García Lorca. Nouveaux Textes en prose." *BH* LVI, 3 (July-Sept. 1954): 260-300.

524. Múñiz, Alfredo. "En los umbrales del estreno. El poeta del *Romancero gitano* habla de *Yerma*, la obra que interpretará Margarita Xirgu y su compañía el día 29 en el Teatro Español." *Heraldo de Madrid* (Dec. 26, 1934): 4.

  Rpt.: Maurer, Christopher. "Five Uncollected Interviews." *GLR* VII, 2 (Fall 1979): 97-107. (Excerpt).

525. Anon. (II, 1038) "Después del estreno de Yerma." *El sol* (Madrid) (Jan. 1, 1935): 2.

  Rpt.: Laffranque, M. "Federico García Lorca. Encore trois textes oubliés." *BH* LIX, 1 (Jan.-Mar. 1957): 62-71.

526. Anon. "*Peribáñez y el Comendador de Ocaña* de Lope de Vega. Hablando con García Lorca." *Diario de Madrid* Jan. 26, 1935: 4.

  Rpt.: Maurer, Christopher. "Five Uncollected Interviews." *GLR* VII, 2 (Fall 1979): 97-107. (Excerpt).

527. Proel [Lázaro, Angel]. (II, 1039) "Galería: Federico
     García Lorca, el poeta que no se quiere encadenar."
     La voz (Madrid) XVI, 4.402 (Feb. 18, 1935): 3.

     Includes a photograph of L.

     Rpt.: Laffranque, M. "Federico García Lorca. Encore
            trois textes oubliés." *BH* LIX, 1 (Jan.-Mar.
            1957): 62-71.

528. González Deleito, Nicolás. (II, 1044) "Federico García
     Lorca y el teatro de hoy. La poesía dramática como obra
     perdurable." *Escena* (Madrid) May 1935.

     Rpt.: Laffranque, M. "Federico García Lorca. Interview
            sur le théâtre contemporain." *BH* LXI, 4 (Oct.-
            Dec. 1959): 437-440.

529. Pérez Ferrero, Miguel. (II, 1054) "La conmemoración
     del tricentenario de Lope de Vega." *Heraldo de Madrid*
     Aug. 22, 1935.

530. Tomás, Joan. (II, 1059) "L'estrena d'avui al Barce-
     lona. García Lorca parla de *Yerma*." *La Publicitat*
     (Barcelona) Sept. 17, 1935.

     Rpt.: Laffranque, M. "Federico García Lorca: Confé-
            rences, déclarations et interviews oubliés."
            BH LX, 4 (Oct.-Dec. 1958): 508-545.

531. Anon. (II, 1061) "García Lorca en la plaza de Cata-
     luña." *El día gráfico* (Barcelona) Sept. 17, 1935.

     Rpt.: Laffranque, M. "Federico García Lorca: Déclara-
            tions et interviews retrouvés." *BH* LVIII, 3
            (July-Sept. 1956): 301-343.

532. Tomás, Joan. (II, 1063) "A proposit de *La dama boba*.
     García Lorca i el teatre clàssic espanyol." *Mirador*
     (Barcelona) VII, 344 (Sept. 19, 1935): 3.

     Accompanied by a photograph of L.

     Rpt.: Laffranque, M. "Federico García Lorca: Déclara-
            tions et interviews retrouvés." *BH* LVIII, 3
            (July-Sept. 1956): 301-343.

533. Palau-Fabra, J. (II, 1067) "D'una conversa amb García
     Lorca." *La Humanitat* Oct. 4, 1935.

Rpt.: Laffranque, M. "Federico García Lorca. Conférences, déclarations et interviews oubliés." *BH* LX, 4 (Oct.-Dec. 1958): 508-545.

534. Anon. (II, 1070) "García Lorca y la gairebé estrena de *Bodas de sangre*." *L'Instant* (Barcelona) Nov. 21, 1935.

Rpt.: Laffranque, M. "Federico García Lorca: Conférences, déclarations et interviews oubliés." *BH* LX, 4 (Oct.-Dec. 1958): 508-545.

535. Massa, Pedro. (II, 1072) "Una gran solemnidad teatral en Barcelona. Estreno de *Doña Rosita la soltera*." *Crónica* (Madrid) VII, 318 (Dec. 15, 1935).

Includes four photographs of the production of *Doña Rosita* with Margarita Xirgu in the leading role.

Rpt.: Laffranque, M. "Federico García Lorca: Déclarations et interviews retrouvés." *BH* LVIII, 3 (July-Sept. 1956): 301-343.

536. Góngora, Luis. (II, 1074) "Apostillas a una cena de artistas." *La noche* (Barcelona) Dec. 24, 1935.

Rpt.: Laffranque, M. "Federico García Lorca: Conférences, déclarations et interviews oubliés." *BH* LX, 4 (Oct.-Dec. 1958): 508-545.

537. Morales, Felipe. (II, 1076) "Conversaciones literarias. Al habla con Federico García Lorca." *La voz* (Madrid) XX, 5.823 (April 7, 1936): 2 (Columns 1-5).

Rpt.: *O.C.* Buenos Aires: Editorial Losada, 1938, Vol. 7.
Laffranque, M. "Federico García Lorca: Conférences, déclarations et interviews oubliés." *BH* LX, 4 (Oct.-Dec. 1958): 508-545.

538. Bagaría, Luis. (II, 1082) "Diálogos de un caricaturista salvaje. Federico García Lorca habla sobre la riqueza poética y vital mayor de España." *El sol* XX, 5.865 (June 10, 1936): 5.

Rpt.: *O.C.* Buenos Aires: Editorial Losada, 1938, Vol. 7.
Laffranque, M. "Federico García Lorca. Nouveaux Textes en prose." *BH* LVI, 3 (July-Sept. 1954): 260-300.

539. Otero Seco, Antonio (II, 1088) "Una conversación iné-
      dita con Federico García Lorca." *Mundo gráfico* (Madrid)
      1321 (Feb. 24, 1937).

      Rpt.: Marrast, Robert. "La Dernière Interview de Fede-
            rico García Lorca." *Les Langues Néo-latines* 57,
            167, fasc. 4 (1963): 117. (Republished in *Les
            Lettres Françaises* 1003 [Nov. 14-24, 1963]: 1-5.)

LECTURES

The citations given in this section list, to the
best of our knowledge, the first presentation and/or
the first publication of these lectures.

540. El cante jondo. Primitivo canto andaluz. (I, 1003)
      Noticiero granadino Feb. 1922.

      Given Feb. 19, 1922, at the Centro Artístico y Litera-
      rio de Granada.

      Rpt.: Laffranque, M. "Federico García Lorca. Textes en
            prose tirés de l'oubli." *BH* LV, 3-4 (1953): 296-
            348.

541. La imagen poética en don Luis de Góngora. (I, 1031)
      El defensor de Granada Feb. 13, 1926.

      Given at the Ateneo de Granada on Feb. 13, 1926.

542. Homenaje a Soto de Rojas. (I, 1056) *El defensor de
      Granada* Oct. 19, 1926.

      Given on Oct. 17, 1926, at the Ateneo de Granada.

      Rpt.: Laffranque, M. "Federico García Lorca. Textes en
            prose tirés de l'oubli." *BH* LV, 3-4 (1953): 326-
            332.

543. Imaginación, inspiración, evasión en la poesía (I, 1064)
      El defensor de Granada Oct. 12, 1928.

      Given at the Ateneo de Granada on Oct. 11, 1928.

      Rpt.: Laffranque, M. "Federico García Lorca. Textes en
            prose tirés de l'oubli." *BH* LV, 3-4 (1953): 332-
            338.

544. Sketch de la nueva pintura. (I, 1071) *El defensor de Granada* Oct. 28, 1928.

   Given on Oct. 27, 1928, at the Ateneo de Granada.

   Rpt.: *Litoral* 9 (June 1929): 12-13.
   Laffranque, M. "Federico García Lorca. Textes en prose tirés de l'oubli." *BH* LV, 3-4 (1953): 296-348.

545. Las nanas infantiles. (I, 1073) In: *O.C.* Buenos Aires: Losada, 1938, Vol. 7. (Based on a text in the possession of Félix Lizaso.)

   Given at the Residencia de Señoritas (Madrid) on Dec. 13, 1928.

   Rpt.: Foley Gambetta, Enrique. *La canción de cuna.* Lima: n.p., 1965, pp. 7-26.

546. Teoría y juego del duende. (I, 1097) In: *O.C.* Buenos Aires: Editorial Losada, 1938, Vol. 7. (Based on a text in the possession of Juan Guerrero Ruíz.)

   Given in the Spring (Mar. or April) of 1930 at the Instituto Hispano-Cubano de Cultura.

547. Arquitectura del cante jondo. (I, 1025) *La voz de Guipúzcoa* (Dec. 7, 1930).

   Given in San Sebastián on Dec. 6, 1930.

   Rpt.: *El liberal* (Mar. 31, 1932): 4.
   ABC XXVIII (Mar. 31, 1939): 27.
   Laffranque, M. "Federico García Lorca. Textes en prose tirés de l'oubli." *BH* LV, 3-4 (1953): 320-326.
   Laffranque, M. *Les Idées esthétiques de Federico García Lorca.* Paris: Centre de Recherches Hispaniques, 1967, pp. 322-323.

548. Sobre *Poeta en Nueva York.* *El sol* (Mar. 17, 1932): 8.

   Given at the Residencia de Señoritas (Madrid) on Mar. 16, 1932.

   Rpt.: *O.C.* Buenos Aires: Editorial Losada, 1938, Vol. 7.

549. Elegía a María Blanchard. (I, 1092) *RO* (2da. serie) I, 1 (April 1963): 65-71.

Given in 1932 at the Ateneo de Madrid.

550. Comentario al *Romancero gitano*. In: "Comentario al
      Romancero gitano. (Conferencia inédita)." *RO* (2da
      época) 77 (Aug. 1969): 129-137.

      Given in Valladolid in 1926. Taken from a manuscript
      corrected in the author's hand.

      Rpt.: *Prosa*. (El Libro de Bolsillo, 219: Sección Lite-
            ratura). Madrid: Alianza Editorial, 1969.

      See also: 196.

                            HOMAGES

551. Homenaje (a don Aureliano del Castillo). (I, 1225)
      La voz de Granada (July 1, 1922).

      This article was written to commemorate the premature
      death of Aureliano del Castillo, a well-known journal-
      ist in Granada who wrote for *El defensor de Granada*.
      Aureliano del Castillo had reviewed most warmly in the
      pages of that newspaper (Aug. 17, 1918) L's first book,
      Impresiones y paisajes.

      Rpt.: Gibson, Ian. "Federico García Lorca: Un pequeño
            texto olvidado." *BH* LXVIII, 1-2 (Jan.-June 1966):
            116-117.

552. Discurso al alimón (de Federico García Lorca-Pablo
      Neruda sobre Rubén Darío). (I, 1226) *PEN* (Buenos
      Aires) May 1934.

      Rpt.: *El sol* Dec. 30, 1934.

553. De mar a mar (Homenaje al poeta Feliciano Rolán). (I,
      1229) In: *Homenaje al poeta Feliciano Rolán*. Madrid:
      n.p., 1935.

      Rpt.: Laffranque, M. "Federico García Lorca. Nouveaux
            Textes en prose." *BH* LVI, 3 (July-Sept. 1954):
            260-300.

554. En homenaje a Alejandro Casona. (I, 1230) *Inspectores
      de Primera Enseñanza de España. Homenaje a Alejandro
      Casona*. Madrid: n.p., 1935.

      A brief tribute signed by L.

Rpt.: del Hoyo, Arturo. "Federico García Lorca en homenaje a Alejandro Casona." *Insula* XVII, 191
(Oct. 1962): 5.

555. En homenaje a Luis Cernuda. (I, 1231) *El sol* (April
26, 1936).

Rpt.: Laffranque, M. "Federico García Lorca. Nouveaux
Textes en prose." *BH* LVI, 3 (July-Sept. 1954):
260-300.

READINGS BY LORCA

556. *Romancero gitano* ("La poesía i els estudiants"). (I,
1113) *La Humanitat* (Barcelona) Oct. 12, 1935.

Rpt.: Laffranque, M. "Federico García Lorca. Confé-
rences, déclarations et interviews oubliés." *BH*
LX, 4 (Oct.-Dec. 1958): 508-545.
RO (2da época) 77 (Aug. 1969): 129-137.

557. *Romancero gitano* y *Poeta en Nueva York*. ("Alocución en
el Ateneo Enciclopédico"). (I, 1121) *La Rambla de
Catalunya* (Barcelona) Oct. 7, 1935.

Rpt.: Laffranque, M. "Federico García Lorca. Conférences, déclarations et interviews oubliés." *BH*
LX, 4 (Oct.-Dec. 1958): 508-545. Note that
Laffranque gives the full title here: "Un exit
de L'Ateneo Enciclopédico. La poesía de García
Lorca dita per el i per Margarita Xirgu, arriba
al cor d'un public popular i entusiasta."

558. Un poeta en Nueva York. (I, 1124) In: García Lorca,
Federico. *Poeta en Nueva York*. Barcelona: Lumen,
1966.

Rpt.: Laffranque, M. *Les Idées esthétiques de Federico
García Lorca*. Paris: Centre de Recherches Hispaniques, 1967, pp. 338-339.

559. Como canta una ciudad de noviembre a noviembre. (I,
1139) *La noche* Dec. 21, 1935.

Given in Dec. 1935 for the Asociación de Música de Cá-
mara in Barcelona. In: Martínez López, Enrique. *Granada, paraíso cerrado y otras páginas*. Granada: Miguel

Sánchez, 1971, reference is made to a "manuscrito autógrafo" of this item in the possession of Francisco
García Lorca.

Rpt.: Laffranque, M. "Federico García Lorca. Confé-
       rences, déclarations et interviews oubliés." *BH*
       LX, 4 (Oct.-Dec. 1958): 508-545.

Translations of Lorca's Works

Theater

INDIVIDUAL PLAYS

Yerma

560. Krige, Uys (tr.). *Yerma* (In Dramatiese gedig in drie
bedrywe en ses tonele). Kaapstad, Pratoria: Haum, 1966.
119pp.

Translation of *Yerma* followed by "'N Waardering," pp. 73-
119. This series of critical studies includes: "Lorca
Se Beste Stuk?," pp. 75-76; "Griekse Verwantkskappe,"
pp. 77-80; "Die Wasvrouenskoor," pp. 81-83; "'N Barbaar-
se Krag," pp. 84-86; "Verdere Analogies," pp. 87-90;
"Die Krag Van Die Kontras," pp. 91-99; "'N Wonderton-
eeltjie," pp. 100-101; "'N Les Vir Eliot?" pp. 102-108;
"Kritiek op Yerma," pp. 109-117; "Triomf," pp. 118-119.

ARABIC

Theater

INDIVIDUAL PLAYS

Yerma

561. *Yirmā wa gaş, ā'id min Shi'rih.* Al-Qāhirah: Dār al-
Kétib al-Arabī, 1967. 199 pp.

CATALAN

Theater

INDIVIDUAL PLAYS

Yerma

562. d'Orriols, Alvar (tr.). *Erma: drama en tres actes.*
      Barcelona: Editorial Millà, 1974. 48 pp.

·CZECH

Theater

COLLECTIONS OF PLAYS

563. Oleríny, Vladimír (tr.). *Čarokrásna Pani Majistrová.*
      Planka, Dom Bernardy Alby. Bratislava: SVKL, 1965.
      230 pp.

      Czech translation of: *Zapatera*, *Yerma*, and *B.A.*

INDIVIDUAL PLAYS

La zapatera prodigiosa

564. Cikánek, Milan, and Vera Udrichová (trs.). (*IT* 27
      (1974): 620) *Užasná ševcová.* Prague: Diliza, 1973,
      53 pp.

565. Oleriny, Vladimír (tr.). *Čarokrásna Pani Majstrová.*
      Bratislava: Diliza, 1965. 58 pp.

Yerma

566. Oleríny, Vladimír (tr.). *Planka.* Bratislava: Diliza,
      1965. 46 pp.

567. Vadlejchová, Ivana (tr.). (*IT* 27 (1974): 620) *Yerma*
      (Čes). Prague: Diliza, 1973. 59 pp.

Poetry

COLLECTIONS OF POETRY

568. Bart, Ilya (tr.). *A V Kordobe Umirat. Bäsne.* Edited
      by Karel Karus. Prague: Ustrendí delnické Knihkupectví
      a nakladatelství, 1937.

      Introd. by Luis Jiménez de Asúa. Translation of se-
      lected poems by L including *Cante jondo* and from the
      Romancero: "Romance de la luna, luna"; "La casada in-
      fiel"; "Romance sonámbulo"; and "La monja gitana."

569. Žary, Štefan, and Vladimír Oleríny (trs.). *Španielské
      romance (výber z diela).* Slovenský Spisovatel', 1955.
      158 pp.

      Translation of poems selected from L's works.

DANISH

Theater

COLLECTIONS OF PLAYS

570. La Cour, Paul, and Kirsten Schottländer (trs.). *Tre
      Skuespil.* (Hans Retizels Series, 31). Copenhagen:
      Hans Reitzel, 1960. 198 pp.

      Excellent translations of three of L's plays: *Don Per-
      limplins Kaerlighed til Belisa (Perlimplín)*, *Frøken
      Rosita eller Blomsternes sprog (Doña Rosita)*, translated
      by Paul La Cour; and *Bernarda Albas Hus (B.A.)* trans-
      lated by Kirsten Schottländer.

INDIVIDUAL PLAYS

Bodas de sangre

571. La Cour, Paul (tr.). *Blodbryllup.* (Tragedie i tre
      Akter og syv Billeder). Copenhagen: Hasselbach, 1951.
      66 pp.; 1952; 1956.

Yerma

572. La Cour, Paul (tr.). *Yerma* (Tragisk Digt i tre Akter og seks Billeder). Copenhagen: Gyldendal, 1949. 83 pp.

Although a generally good translation, there is an occasional suggestion of a certain lack of familiarity with Spanish.

Poetry

BOOKS OF POETRY

Poeta en Nueva York

573. Lau, Peter (tr.). *Digter i New York*. Arhus: Husets Forlag/S.O.L., 1975. 56 pp.

According to our Scandinavian correspondent, this translation is so full of blunders as to make many of the poems unintelligible.

Romancero gitano

574. Johannsen, Iljitsch (tr.). *Zigøjnerballader*. Copenhagen: Wivel, 1952. 90 pp.

A "very personal" translation.

Rpt.: Copenhagen: Gyldendal, 1965. 77 pp.

Llanto por Ignacio Sánchez Mejías

575. Johannsen, Iljitsch (tr.). *Klagesang over tyrefaegteren Ignacio Sánchez Mejías*. Copenhagen: Brøndums Forlag, 1966. 31 pp.

Includes five full-page black and white illustrations by Hans Jørgen Brøndum.

Rpt.: Hellerup: Foreningen for Bohåndvaerk of Brøndums Forlag, 1966.

OTHER POEMS

576. Harder, Uffe (tr.). "Harlems Konge." (El rey de Harlem). In: *8 Spanske digtere*. Fredensborg: Arena-forfatternes Forlag, 1960, pp. 41-50.

577. ———. "Dobbeldigt fra Lake Eden." (Poema doble del lago Eden). In: *8 Spanske digtere*. Fredensborg: Arena-forfatternes Forlag, 1960, pp. 41-50.

578. Malinovske, Ivan (tr.). "New York (Kontor og anklage)." (New York oficina y denuncia). In: *Glemmebogen*. Copenhagen: Borgens Forlag, 1962, pp. 42-43.

Prose

579. Traberg, Ebbe (tr.). "Selvmord i Alexandria." *Vindrosen* 3 (1962).

    Danish translation of "Suicidio en Alejandría."

DUTCH

Theater

COLLECTIONS OF PLAYS

580. Verspoor, Dolf (tr.). (*IT* 20 (1967): 520) *Het Huis van Bernarda Alba* (Het fantastiche schoenlappersvriy-wtje; Causerie over toneel). Amsterdam: Van Ditmar, 1967. 134 pp.

    Dutch translation of *B.A.*, *Zapatera*, and "Charla sobre teatro."

581. ———. *Yerma. In vijf jaren tijds*. Amsterdam: Van Ditmar, 1968. 137 pp.

    Dutch translation of *Yerma* and *Así que pasen cinco años*.

INDIVIDUAL PLAYS

La zapatera prodigiosa

582. van der Heijden, Eng. (tr.). *Het Ondeugende Schoen-lappersvrouwtje*. Amsterdam: Mawstro (Strengholt), 1965. 43 pp.

    See also: 580.

Poetry

COLLECTIONS OF POETRY

583. Diels, Gerard (tr.). *Het Doornen Zeel*. Amsterdam:
      Deceder, 1946. 78 pp.

      A Dutch translation of selected poetry by L.

BOOKS OF POETRY

Llanto por Ignacio Sánchez Mejías

584. Diels, Gerard (tr.). *Klaagzang voor den stierenvechter
      Ignacio Sánchez Mejías*. Amsterdam: Institut voor Kunst-
      nij verheidsonderwijs, 1961.

OTHER POEMS

585. Werumeus-Buning, W.F. (tr.). "De ontrouwe getrouwde."
      (La casada infiel). In: "Twee Gedichten Van García
      Lorca." *Gids* 104 (1940): 267-271.

586. ————. "Het Lijk in Staatsie." (Cuerpo presente).
      In: "Twee Gedichten Van García Lorca." *Gids* 104 (1940):
      267-271.

ENGLISH

Theater

COLLECTIONS OF PLAYS BY LORCA

587. O'Connell, Richard L., and James Graham-Luján (trs.).
      From Lorca's Theater. *Five Plays of Federico García
      Lorca*. New York: Scribner's, 1941. 251 pp.

      Contains translations of *Yerma*, *Así que pasen cinco
      años*, *Doña Rosita*, *Perlimplín*, and *Zapatera*.

      Foreword by Stark Young, pp. xi-xxxvi. (Note on the
      playwright, pp. xi-xxii. The dramatic values in Lorca's
      plays, pp. xxiii-xxxvi.)

      Reviews: Young, Stark. *New Republic* 105, 15 (Oct. 13,
                 1941): 477-478.
                 Freedley, G. *Library Journal* 66 (Sept. 1941):
                 730.

588. ———. *Comedies*. New York: New Directions Press, 1954.

Introd. by Francisco García Lorca. Includes: *The Shoemaker's Prodigious Wife*; *Doña Rosita, the Spinster*; *The Love of Don Perlimplín*; *The Butterfly's Evil Spell*.

589. Graham-Luján, James, and Richard L. O'Connell (trs.). *Five Plays: Comedies and Tragicomedies*. Norfolk, Conn.: New Directions, 1963; 1967 (paper). vi + 246 pp.

Introd. by Francisco García Lorca, pp. 1-11. Includes: *The Billy-Club Puppets* (Los títeres de Cachiporra); *The Shoemaker's Prodigious Wife*; *The Love of Don Perlimplín and Belisa in the Garden*; *Doña Rosita, the Spinster*; *The Butterfly's Evil Spell*. Also includes music for the plays, pp. 237-246.

Rpt.: London: Secker, 1965. 246 pp.

INDIVIDUAL PLAYS

Bodas de sangre

590. Hughes, Langston (tr.). *Fate at the Wedding*. Unpublished typescript in the New York Public Library Theater Collection (NCOF + p.v. 359).

591. Weissberger, José A. (tr.). *Bitter Oleander*. Unpublished typescript dated 1934, in the New York Public Library Theater Collection (NCOF + p.p.v. 431).

This version of *Bodas* was presented in New York by the Neighborhood Playhouse at the Lyceum Theater, Feb. 11, 1935.

592. Neiman, Gilbert (tr.). *Blood Wedding*. Norfolk, Conn.: New Directions, 1939. 61 pp.

Reviews: Gregory, Horace. *Partisan Review* VII, 1 (1940): 69-72.
Rukeyser, Muriel. *Kenyon Review* (Winter 1941): 123-127.

593. Oliver, William I. (tr.). *Blood Wedding*. New York: Columbia University Microfilm, F1379, 1957.

Includes an occasional footnote indicating to whom something is addressed when it is not clear from the text.

Graham-Luján, James, and Richard O'Connell (trs.). *Blood Wedding.*

594. In: Gassner, John (ed.). *A Treasury of the Theater.*
      New York: Dryden Press, 1957. New York: Simon and
      Schuster, 1967. (Revised edition--10th printing),
      Vol. 2, pp. 436-455.

595. In: Watson, E.B., and B. Pressey (eds.) *Contemporary
      Drama--Fifteen Plays.* New York: Scribner's, 1959, pp.
      329-353.

596. In: Flores, Angel (ed.). *Spanish Drama.* New York: Ban-
      tam Books, 1962, pp. 419-472.

      Translation preceded by an introductory note.

597. In: Altenbernd, Lynn, and Leslie L. Lewis (eds.).
      Introduction to Literature: Plays. New York: Macmillan,
      1963, 1969 (2nd ed.), pp. 436-465.

Amor de don Perlimplín

Graham-Luján, James, and Richard O'Connell (trs.). *The Love of
don Perlimplín and Belisa in the Garden.*

598. In: Bentley, Eric (ed.). *From the Modern Repertoire*
      (Series One). Bloomington: Indiana University Press,
      1949, pp. 289-306. Reprinted from O'Connell, R., and
      J. Graham-Luján. *From Lorca's Theater.* New York:
      Scribner's, 1941.

      Note that in this publication the spelling of Graham-
      Luján's name is given as Graham-Luhán.

599. In: Corrigan, Robert W. (ed.). *Masterpieces of Modern
      Spanish Theater.* New York: Collier Books, 1967, pp.
      350-380.

      Introductory note, p. 352. Translation taken from:
      Five Plays: Comedies and Tragicomedies. Norfolk: Conn.;
      New Directions, 1963. Preceded by A.E. Sloman's trans-
      lation "The Authority of the Theater," originally pub-
      lished as "The Prophecy of Lorca" in *Theater Arts* 34,
      10 (Oct. 1950): 38-59.

La casa de Bernarda Alba

600. Graham-Luján, James, and Richard O'Connell (trs.).
      The House of Bernarda Alba. Theater Arts XXXVI, 3
      (Mar. 1952): 51-68.

Translation taken from the translators' earlier publication in: *Three Tragedies of Federico García Lorca*. New York: New Directions, 1947. The publication here is preceded by a statement from the Eric Bentley article "Discovering a Play" in *Theater Arts* XXXIV, 10 (Oct. 1950): 40-43, 94-95.

O'Connell, Richard, and James Graham-Luján (trs.). *The House of Bernarda Alba*.

601. In: Allison, Alexander W., Arthur J. Carr, and Arthur Eastman (eds.). *Masterpieces of the Drama*. New York: Macmillan, 1957, 1974, pp. 575-622 (in 1957 ed.).

Taken from the 1947 edition of *Three Tragedies of Federico García Lorca*. New York: New Directions.

602. In: Hogan, Robert, and Sven Eric Nolin (eds.). *Drama: The Major Genres*. New York: Dodd Mead and Co., 1964, pp. 162-190.

This translation is taken from the 1947 edition of *Three Tragedies of Federico García Lorca*. New York: New Directions. The translation here is followed by "Discussion of The House of Bernarda Alba," pp. 191-194.

La zapatera prodigiosa

603. Campbell, Roy (tr.). *The Marvellous Shoemaker's Wife*. New York: Columbia University Microfilm, F1404, 1954.

Textual Consultant: J.E. Varey. Music composed and conducted by Matyas Seiber. Produced and directed by Frederick Bradnum.

Mariana Pineda

604. Graham, James R. (tr.). *Mariana Pineda*. In: "Translation in Federico García Lorca: A Critical Essay on His Plays," pp. 20-45; and the translation of *M.P.*, pp. 46- thesis, Columbia University, 1950.

Includes essay on "His Life," pp. 1-19; one on "His Plays," pp. 20-45, and the translation of *M.P.*, pp. 46-164. Bibliog., pp. 165-166.

605. Graham-Luján, James (tr.). *Mariana Pineda (A popular Ballad in Three Prints)*. *TDR*, 7, 2 (Winter 1962): 18-75. (*Tulane Drama Review* Play Series).

Surreal Theater

606. O'Connell, Richard, and James Graham–Luján (trs.).
      When Five Years Pass. In: *From Lorca's Theater*. New
      York: Scribners, 1941.

607. Belitt, Ben (tr.). *The Audience*. *Evergreen Review* II,
      6 (Autumn 1958): 93–107.

      Translation of *El público*––"Roman Queen" (pp. 93–98) and
      "Scene Five" (pp. 99–107), preceded by a note by the
      translator placing the play chronologically and indicat-
      ing L's own opinion that no company would dare bring it
      to the stage. Translator adds that in 1934 L consented
      to the publication in *Los cuatro vientos* of "two scenes
      from *A Drama in Five Acts*," actually *El público*.

Teatro breve and Puppet Theater

608. Merwin, W.S. (tr.). *Billy Clubs' Puppets*. New York:
      Columbia University Microfilm, F1923, n.d.

      Some corrections in the translation made before filming.
      Appears in the same handwriting, but no indications of
      who made the corrections.

609. Honig, Edwin (tr.). *Chimera*. In: "Some Little-Known
      Writings of Federico García Lorca." *New Directions* 8
      (1944): 382–384.

610. ———. *In the Frame of Don Cristóbal*. In: "Some
      Little-Known Writings of Federico García Lorca." *New
      Directions* 8 (1944): 396–402.

611. Oliver, William I. (tr.). "A Translation and Critique
      of Six Plays by Federico García Lorca." M.A. thesis,
      Cornell University, 1955.

      Includes complete translations of: *Maleficio*; *Los tí-
      teres de cachiporra*; *Quimera*; *El paseo de Buster Keaton*;
      La doncella, el marinero, y el estudiante; and *El Re-
      tablillo de Don Cristóbal*.

612. ———. *The Tragicomedy of Don Cristobita and Doña
      Rosita*. In: *New World Writing* (Eighth Mentor Selec-
      tion). New York: The New American Library of World
      Literature, Inc., 1955, pp. 187–219.

      A "Note" precedes this translation. It mentions the
      great fascination that the theater held for Federico as
      recollected by his brother Francisco; see pp. 187–188.

613. ———. *Buster Keaton's Constitutional*. New York: Columbia University Microfilm, F1403, 1957.

614. ———. *Chimera*. New York: Columbia University Microfilm, F1403, 1957.

615. ———. *The Lass, the Sailor, and the Student*. New York: Columbia University Microfilm, F1403, 1957.

616. ———. *The Puppet Play of don Cristóbal*. New York: Columbia University Microfilm, F1403, 1957.

617. Reynolds, Tim (tr.). "Federico García Lorca: Three Short Plays (Translated by Tim Reynolds)." *Accent* XVII, 3 (Summer 1957): 131-139.

Includes: *Buster Keaton's Promenade*, pp. 131-133; *The Virgin, the Sailor, and the Student*, pp. 134-136; *Chimera*, pp. 137-139.

618. Sharp, Ronald (tr.). "Teatro breve." *Modern International Drama* 12, 3 (Spring 1979): 51-58.

The Trilogy

619. O'Connell, Richard, and James Graham-Luján (trs.). *Three Tragedies of Federico García Lorca*. New York: New Directions, 1947. 378 pp.; 1955 (paper). 212 pp.

Prologue by Francisco García Lorca, pp. 1-37. Includes *Bodas*, *Yerma*, and *B.A.* Note that the version of *Yerma* here is "completely revised" from that in *From Lorca's Theater*. *Five Plays of Federico García Lorca*. New York: Scribners, 1941.

Rpt.: London: Falcon Press, 1948.
   London: Secker and Warburg, 1959. 216 pp.
   Harmondsworth, England: Penguin, 1961. 203 pp.
   Westport, Conn.: Greenwood Press, 1977.

Reviews: McCarthy, Francis B. *SRL* 31 (Mar. 27, 1948): 23.
   Honig, Edwin. *Poetry* 75, 3 (Nov. 1949): 114-115.

620. Bradbury, Susan (tr.). *Three Tragedies of Federico García Lorca*. London: Folio Society, 1977. 182 pp. illus. by P. Pendrey.

Yerma

621. O'Connell, Richard, and James Graham-Luján (trs.).
      Yerma. In: Ulanov, Barry (ed.). *Makers of Modern
      Theater*. New York: McGraw-Hill, 1961. 743 pp.

      See pp. 626-662 for the translation, which is preceded
      by the editor's introduction on pp. 623-625.

622. Corrigan, Robert W. (ed.). *The Modern Theater*. New
      York: Macmillan, 1964.

      See pp. 660-678 for a translation of sections of *Yerma*,
      taken from the translation found in *Three Tragedies of
      Federico García Lorca*. New York: New Directions, 1947.

      See also: 723.

                              Poetry

COLLECTIONS OF POETRY

623. Spender, Stephen, and J.L. Gili (trs.). *Poems*. Lon-
      don: Dolphin; New York: Oxford University Press, 1939,
      1942. 143 pp.

      Introd. by R. Martínez Nadal. Translations of selected
      poems by L.

      Reviews: C.P. *Manchester Guardian* June 23, 1939.
                Deutsch, Babette. *NYHT* Oct. 1939.
                Fitts, Dudley. *SRL* XX, 18 (Aug. 26, 1939):
                12-13.
                Gregory, Horace. *Partisan Review* VII, 1
                (1940): 69-72.
                Humphries, Rolfe. *New Republic* (Oct. 11,
                1939): 276-277.
                Jack, P.M. *NYT* (Sept. 3, 1939): 2.
                Peers, E.A. *Poems BSS* XVL (1939): 116-118.
                Pritchett, V.S. *New Statesman and Nation*
                XVIII (1939): 192.

624. Mallan, Lloyd (tr.). *Selected Poems*. Prairie City,
      Ill.: Press of James A. Decker, 1941.

625. Mann, K., and H. Kesten (eds.). *Heart of Europe. An
      Anthology of Creative Writing in Europe, 1920-1940*.
      New York: L.B. Fischer, 1943.

Contains the Lloyd Mallan translations of: "Romance de
los toros" (The Bullfight) (pp. 158-159), "Romance del
emplazado" (Ballad of the Summoning), "San Miguel,
(Granada)," (pp. 154-155) and Part I of "Martirio de
Sta. Olalla, Panorama de Mérida" (The Panorama of Mérida); and the Edwin Honig translation of "Canción de
jinete" (Song of the Rider) (pp. 159-160) and "Canto
nocturno de los marineros andaluces" (Night Song of
the Andalusian Sailors) (pp. 160-161).

626. Gili, J.L., and Stephen Spender (trs.). *Selected Poems
of Federico García Lorca*. London: The Hogarth Press,
1943. 56 pp. New York: Transatlantic Arts, Inc., 1947.

Includes 23 poems, 21 of which appeared in *Poems*
(Spender/Gili). Translations revised.

See also: 623.

627. Honig, Edwin (tr.). "Some Little-Known Writings of
Federico García Lorca." *New Directions* 8 (1944): 359-
407.

Selections from the "Gacelas," the *Diván*, and nine
"Casidas."

Rpt.: *Diván and Other Writings*. Providence, R.I.: Bone-
whistle Press, 1974. 98 pp. (Revised).

628. Turnbull, Eleanor L. (tr.). *Contemporary Spanish Poetry*. (Selections from Ten Poets). Baltimore: The Johns
Hopkins Press, 1945. 401 pp.

See pp. 179-235 for a biographical note on L and trs.
of his poems, with Spanish on the facing page. Includes:
"Canción de jinete" (Rider's Song), "Romance sonámbulo"
(Ballad Walking in Sleep), "Romance de la Guardia Civil
espanola" (Ballad of the Spanish Civil Guard), "El grito" (The Cry), "El silencio" (The Silence), "Y después"
(Afterwards), "Tierra seca" (Arid Land), "Pueblo"
(Little Town), "Puñal" (The Dagger), "¡Ay!" (Lament),
"Sorpresa" (Surprise), "La soleá" (Soledad), "Las seis
cuerdas" (Six Strings), "La Lola" (Lola), "Memento"
(Memento), "Llanto por Ignacio Sánchez Mejías" (Lament
for the Death of a Bull-fighter) (Parts I and II), "Los
bueyes rojos" (Red Oxen), "El llanto" (The Weeping).

629. Artesani-Lyons (tr.). "Children's Cradle Songs." *Zero*
3-4 (1949-1950).

630. Cooper, Julian (tr.). *Federico García Lorca: Some of
      His Shorter Poems*. London: 1955. 31 pp. illus. by
      Wm. Hallé.

      A limited edition of 200 copies.

631. García Lorca, Francisco, and Donald M. Allen (eds.).
      The Selected Poems of Federico García Lorca. Norfolk,
      Conn.: New Directions, 1955, 1961 (paper). Preface by
      Francisco García Lorca, pp. viii-xi.

      English of poems selected from L's works by various
      translators. Bilingual.

632. Gili, J.L. (tr. and ed.). *Lorca*. Harmondsworth, Eng-
      land: Penguin Books, Ltd., 1960-1965. Introd. by the
      ed., pp. xi-xxiii.

      Selections from L's poetry in the original followed by
      "plain prose translations" of each poem.

633. O'Connell, Richard (tr.). *New Poems and Translations*.
      Pamplona: Atlantis Editions, 1963. 39 pp.

      Includes L's "Every Song" (p. 33), "Symbol" (p. 34),
      "Shinto" (p. 35), "Air" (p. 35), "The Great Sadness"
      (p. 36), "The Eternal Angle" (p. 37), and "The Summer"
      (pp. 38-39).

634. Steiner, George (ed.). *The Penguin Book of Modern Verse
      Translation*. Baltimore: Penguin Books, 1966. Introd.
      by G. Steiner.

      Includes: Campbell's "Romance of the Civil Guard of
      Spain" (p. 164), "Reyerta" (p. 165), "Somnambulistic
      Ballad" (p. 166), "Song of the Horseman" (p. 168),
      Spender/Gili's *Lament for Ignacio Sánchez Mejías* (Cogida
      and Death) (p. 220).

635. Bly, Robert (tr.). *Lorca and Jiménez: Selected Poems*.
      Madison, Minn.: The Sixties Press, 1967; Boston: Beacon
      Press, 1973. xi + 193 pp.

      Bilingual edition of selected poems by L, pp. 100-193.
      Some of the poems included here appeared earlier in the
      magazines *New Letters*, *The Sixties*, and *The Seventies*.

636. Lewis, Richard (tr.). *Still Waters of the Air: Poems
      by Three Modern Spanish Poets*. New York: Dial Press,
      1970. 95 pp. illus. by Arvis Stewart.

Poems by L, Juan Ramón Jiménez, and A. Machado in Spanish with English translation. Many previously published elsewhere.

637. Brilliant, Alan (tr.). *Tree of Song.* Santa Barbara:
Unicorn Press, 1971. 31 pp. illus.

Bilingual edition of selected poems by L.

Rpt.: Greensboro: Unicorn Press, 1973. "Incorporates
corrections in the translations and the original
texts."

638. Spicer, Jack (tr.). *After Lorca.* Toronto: Coach House
Press, 1974. 64 pp. (Unnumbered).

A collection of translations/adaptations of L's poetry
in which the author has changed words or in which he
has added a part of one of his poems to one of L's.
Also includes the *Paseo de Buster Keaton--Buster Keaton's
Ride* and a sequel--*Buster Keaton Rides Again: A Sequel.*
All interspersed with some original work by the author
as well as letters by the author to L. Includes an
"Introduction" written by L, dated "Outside Granada,
October, 1957."

639. O'Connell, Richard (tr.). *Lorca.* Philadelphia: Atlantis Editions, 1976. unp.

A limited edition (150 copies) of translations of L's
poems. Several of these poems appeared earlier in the
Southern Humanities Review and in the translator's *New
Poems and Translations*, Atlantis Editions, 1963.

BOOKS OF POETRY

Canciones

640. Cummings, Phillip (tr.), and Daniel Eisenberg (ed.).
Songs. Pittsburgh: Duquesne University Press, 1976.
187 pp. illus.

A translation of *Canciones (1921-24)* by Cummings, accompanied by excellent introductory material by the
editor as well as Cummings' diary of that Aug. in Vermont. This translation unique as "the only translation of Lorca's poetry in which the author actively as-
sisted."

Review: Colecchia, F. *TAH* 3, 17 (April 1977): 15.

Llanto por Ignacio Sánchez Mejías

641.   Lloyd, A[lbert] L[ancaster] (tr.). *Lament for the Death of a Bullfighter* (and Other Poems in the Original Spanish with English Translation). London: W. Heinemann, 1937. xv + 60 pp. illus.

Includés also the English of "La casada infiel," "Preciosa y el aire," "Romance de la Guardia Civil española," "Prendimiento de Antoñito el Camborio," and "Martirio de Santa Olalla."

Reviews: Anon. *The Times Literary Supplement* Oct. 1, 1937.
Benet, W.R. *SRL* XVI, 23 (Oct. 2, 1937): 18.
Bernardete, M.J. *New Republic* XCIII, 1197 (Nov. 10, 1937): 25-26.
C.P. *Manchester Guardian* Sept. 14, 1937.
Ganner, D. *Daily Worker* July 21, 1937.
Pritchett, V.S. *New Statesman and Nation* XIV (1937): 188-189.
Wheelwright, J. *Poetry* LI (Oct. 1937-Mar. 1938): 167-170.

Rpt.: New York: Oxford, 1937.
London: Heinemann, 1953. xvi + 46 pp. (Biographical Note, pp. 44-45, Bibliog. p. 46).
Philadelphia: Dufour Editions, 1962.
New York: AMS Press, 1978.

642.   Ferguson, A.S. (tr.). *Lament for Ignacio Sánchez Mejías. The Aberdeen University Review* XXVI (1939): 112-115, 215-217.

643.   Mallan, Lloyd (tr.). *Lament for Ignacio Sánchez Mejías.* (Llanto por Ignacio Sánchez Mejías.) *The Southern Review* VI (1941): 542-557.

Bilingual publication.

644.   Hessing, Dennis (tr.). *Llanto por Ignacio Sánchez Mejías.* In: Marnau, Fred (ed.). *New Road Directions in European Art and Letters.* London: Greywalls Press, Ltd., 1947, pp. 144-151.

Poema del cante jondo

645.   Waldrop, Keith (tr.). *Poem of the Gypsy Seguidilla.* Providence: Burning Deck, 1967. illus.

Selections from the *Cante jondo* in translation.

Poeta en Nueva York

646. Humphries, Rolfe (tr.). *The Poet in New York and Other Poems of Federico García Lorca*. New York: W.W. Norton, 1940.

Divided into three parts: I. The Poet in New York; II. Briefer Songs; III. Gypsy Ballads. Also includes: "Translator's Note" by Humphries; "Biographical Note" by H. Brickell; "Introduction" by J. Bergamín.

Reviews: Aiken, Conrad Potter. *New Republic* CIII (1940): 309.
Babín, María Teresa. *RHM* VII, 3-4 (July-Oct. 1941): 242-243.
Bogan, Louise. *Selected Criticism: Prose, Poetry*. New York: Noonday, 1955, pp. 184-185.
Deutsch, Babette. *NYHT* June 9, 1940.
Jolas, E. *The Living Age* CCCLIX (1940): 94-95.
Mallan, Lloyd. *Fantasy* 7, 1 (1941): 76-77.
Short, W.R. *Yale Review* XXX (1940): 214-216.

647. Belitt, Ben (tr.). *Poet in New York*. New York: Grove Press, 1955, 1957 (11th printing). 192 pp. Introd. "Poet in New York; Twenty Five Years After," pp. ix-xxxix, by Angel del Río. "Translator's Foreword," pp. xl-xlv.

Bilingual edition of *Poet in New York*; Spanish/English on facing pages.

Appendices include: Bilingual version of "Tierra y luna" (Earth and Moon), pp. 142-145, and of "Pequeño poema infinito," pp. 146-147. English of "Suicidio en Alejandría," pp. 148-149; "Teoría y juego del duende," pp. 154-166; "La imagen poética de Don Luis de Góngora," pp. 166-167.

Reviews: Patterson, Jack. *Commonweal* LXIII (Oct. 21, 1955): 67-68.
Carrier, W. *Poetry* LXXXVII (Feb. 1956): 303-307.

648. ———. (*IT* 21 (1968): 241) *Poet in New York*. Magnolia, Mass.: P. Smith, 1968. xlvi + 191 pp.

Bilingual edition.

Romancero gitano

649. Hughes, Langston (tr.). *Gypsy Ballads.* Beloit, Wisc.:
      Beloit College, 1951. 40 pp. illus by John McNee, Jr.;
      introd. by Robert H. Glauber.

650. Humphries, Rolfe (tr.). *The Gypsy Ballads of Federico
      García Lorca.* Bloomington: Indiana University Press,
      1953, 1963, 1972. 64 pp. Introd. by L.R. Lind, pp. 11-
      17. Also Indiana Poetry Paperback 2, 1953.

      Rpt. in: *From the Spanish Poetry. García Lorca.* Mon-
      terrey, Mexico: Ediciones Sierra Madre, 1960, pp. 597-
      613. Copy of a program for a reading of L's poems.
      Biographical sketch, p. 597. Bilingual presentation of
      L's poems on facing pages. The English from Humphries,
      The Gypsy Ballads with Three Historical Ballads, Bloom-
      ington, 1953.

      Includes: "Prendimiento de Antoñito el Camborio," "Ro-
      mance del emplazado," "Romance de la luna, luna," "La
      monja gitana," "Romance de la pena negra," and Neruda's
      "Oda a Federico García Lorca." The last in Spanish
      only.

651. Hartnett, Michael (tr.). *Gipsy Ballads.* Dublin: The
      Goldsmith Press, 1973.

      "A version of the 'Romancero gitano' 1924-1927."

INDIVIDUAL POEMS

"Canción de jinete"

652. Humphries, Rolfe (tr.). "Rider's Song." *Poetry* 50, 1
      (April 1937): 8.

653. Irving, Tom (tr.). "Horseman's Song." *Canadian Forum*
      34 (Aug. 1954): 114.

"Gráfico de la Petenera"

654. Mallan, Lloyd (tr.). "An Etching of La Petenera."
      New Mexico Quarterly 10 (1940): 225-226.

655. Benson, Rachel, and Robert O'Brien (trs.). "Sketch of
      la Petenera." *Atlantic Monthly* 207, 1 (Jan. 1961): 111-
      112.

"Oda a Walt Whitman"

656. Belitt, Ben (tr.). "Ode to Walt Whitman." *Poetry*
     LXXXV, 4 (Jan. 1955): 187-192.

657. Jaén, Didier Tisdel (tr. and ed.). "Ode to Walt Whit-
     man." In: *Homage to Walt Whitman (A Collection of Po-
     ems from the Spanish)*. University: University of Ala-
     bama Press, 1969, pp. 20-29.

     A bilingual edition by Jaén with an introd. by Jorge
     Luis Borges and notes on the poets and poems by Jaén.

"Romance de la Guardia Civil española"

658. Mallan, Lloyd (tr.). "Romance of the Spanish Civil
     Guard." *Fantasy* 6, 3 (1939): 55-57.

659. Kemp, Lysander (tr.). "Romance of the Spanish Civil
     Guard." *Accent* 9 (Winter 1949): 89-90.

660. Simont, Marc (tr.). *The Lieutenant Colonel and the
     Gypsy*. New York: Doubleday and Co., Inc., 1971. unp.

     Illustrated for children by M. Simont and published with
     the permission of New Directions.

661. Lloyd, A[lbert] L[ancaster] (tr.). *Romance de la Guar-
     dia Civil Española. The Ballad of the Spanish Civil
     Guard*. Newark, Vt.: Janus Press, 1974. unp. (24 pp.)

     Woodcuts by Jerome Caplan.

     A limited, bilingual edition of 300 copies. Actually
     a new edition of the 1962 translation published by
     Dufour Editions.

     See also: 638.

"Reyerta"

662. E.D.T[rapier] (tr.). "The Quarrel." In: *Translations
     from Hispanic Poets*. New York: Hispanic Society of
     America, 1938, pp. 155-165.

663. Hughes, Langston (tr.). "Brawl." *Theater Arts Monthly*
     30 (Jan. 1946).

664. Carrier, Warren (tr.). "Brawl." In: "Meaning in the
     Poetry of Lorca." *Accent* 10 (Spring 1950): 159-170.

     Bilingual version of poem on pp. 160-161.

"Son de negros en Cuba."

665. Humphries, Rolfe (tr.). "Son of Negroes in Cuba."
     Living Age 359 (Sept. 1940): 95.

666. Mallan, Lloyd (tr.). "Son." *Fantasy* 7, 1 (1941): 41-
     42.

     Included in an article by Dudgeon.

"Romance sonámbulo"

667. Humphries, Rolfe (tr.). "Walking Asleep." *Kenyon Review* 1, 2 (Spring 1939): 144-147.

668. Mallan, Lloyd (tr.). "Ballad of the Living Dead."
     Fantasy 6, 3 (1939): 53-54.

669. Campbell, Roy and Mary (trs.). "Somnambulistic Ballad."
     In: *100 Modern Poems*. New York: Pelligrini and Cudahy,
     1939.

OTHER POEMS

670. Solana, Daniel (tr.). "Ballad of Preciosa and the
     Wind." (Preciosa y el aire). *Alhambra* 1, 3 (Aug.
     1929): 25.

671. ————. "Ballad of the Black Sorrow." (Romance de la
     pena negra). *Alhambra* 1, 3 (Aug. 1929): 25.

672. McGrerry, Thomas (tr.). "The Martyrdom of Saint Olalla."
     (Martirio de Santa Olalla). In: Putnam, Samuel. *The
     European Caravan*. New York: Brewer, Warren and Putnam,
     1931, pp. 412-414.

673. Humphries, Rolfe (tr.). "Song of the Little Death."
     (Canción de la muerte pequeña). *The Nation* 143, 22
     (Nov. 28, 1936): 635.

674. ————. "Ballad of the Moon." (Romance de la luna,
     luna). *The New Republic* 89 (Jan. 27, 1937): 382.

675. ————. "Little Ballad of Three Rivers." (Baladilla de los tres ríos). *Poetry* 50, 1 (April 1937): 8-9.

676. Lloyd, A[lbert] L[ancaster] (tr.). "The Dawn." (La aurora). *New Writing* 2 (1937): 177.

   Translated from *Poeta*.

677. R.M. A[nderson] (tr.). "Oil Lamp." In: *Translations from Hispanic Poets*. New York: Hispanic Society of America, 1938, pp. 155-165.

678. ————. "Capture of Antoñito el Camborio on the Road to Seville." (Prendimiento de Antoñito el Camborio en el camino de Sevilla). In: *Translations from Hispanic Poets*. New York: Hispanic Society of America, 1938, pp. 155-165.

679. ————. "Ballad of the Summoned One." (Romance del emplazado). In: *Translations from Hispanic Poets*. New York: Hispanic Society of America, 1938, pp. 155-165.

680. J.R. W[endell] (tr.). "Idyl." (Idilio). In: *Translations from Hispanic Poets*. New York: Hispanic Society of America, 1938, pp. 155-165.

681. E.D. T[rapier] (tr.). "The Guitar." (La guitarra). In: *Translations from Hispanic Poets*. New York: Hispanic Society of America, 1938, pp. 155-165.

682. Richardson, Stanley (tr.). "Song." (Alba). *New Writing* 2 (1938): 109.

   English of "Alba" from *Cante jondo*.

683. Humphries, Rolfe (tr.). "Seville." (Sevilla). In: "Five Songs by Federico García Lorca." *The New Republic* 86, 1239 (Aug. 31, 1938): 100.

684. ————. "The Guitar." (La guitarra). In: "Five Songs by Federico García Lorca." *The New Republic* 86, 1239 (Aug. 31, 1938): 100.

685. ————. "Dry Land." (Tierra seca). In: "Five Songs by Federico García Lorca." *The New Republic* 86, 1239 (Aug. 31, 1938): 100.

686. ————. "The Dagger." (El puñal). In: "Five Songs
      by Federico García Lorca." *The New Republic* 86, 1239
      (Aug. 31, 1938): 100.

687. ————. "And After." (Y después). In: "Five Songs by
      Federico García Lorca." *The New Republic* 86, 1239
      (Aug. 31, 1938): 100.

688. ————. "The Interrupted Concert." (El concierto in-
      terrumpido). *Kenyon Review* 1, 2 (Spring 1939): 147.

689. Mallan, Lloyd (tr.). "The Little Girl Drowned in the
      Well, Granada and Newburg." (Niña ahogada en el pozo.
      [Granada y Newburg]). *Fantasy* 6, 4 (1940): 36-37.

690. ————. "City Without Sleep, a Nocturne of the Brook-
      lyn Bridge." (Ciudad sin sueño. Nocturno del Brooklyn
      Bridge). *Fantasy* 6, 4 (1940): 35-36.

691. Ferguson, A.S. (tr.). "Casida of the Branches." (Ca-
      sida de los ramos). *The Aberdeen University Review*
      (Scotland) XXVII (1940): 105.

692. Mallan, Lloyd (tr.). "Ballad of the Little Square."
      (Balada de la placeta). *Fantasy* 7, 1 (1941): 37.

      Included in an article by Dudgeon.

693. Honig, Edwin (tr.). "Song of the Bright Death." (Ga-
      cela de la huída). In: "Four Poems." *The New Mexico
      Quarterly* XII (May 1942): 195-197.

694. ————. "Song of the Supine Woman." (Casida de la
      mujer tendida). In: "Four Poems." *The New Mexico
      Quarterly* XII (May 1942): 195-197.

695. ————. "Dialogue of the Amargo." (Diálogo del Amar-
      go). In: "Some Little-Known Writings of Federico García
      Lorca." *New Directions* 8 (1944): 390-394.

696. ————. "Episode of the Lieutenant Colonel of the
      Civil Guard." In: "Some Little-Known Writings of Fede-
      rico García Lorca." *New Directions* 8 (1944): 394-396.

697. Humphries, Rolfe (tr.). "Dawn." (La aurora). In:
      "Poet's Column." *NYT (Book Review)* (Sept. 8, 1946): 2.
      From: Humphries, Rolfe (tr.). *The Poet in New York and
      Other Poems*. New York: W.W. Norton, 1940.

698. ———. "Lonely Song." (Poema de la soleá [A Jorge Zalamea]). In: "Poet's Column." *NYT (Book Review)* (Sept. 15, 1946): 2.

699. Jenks, Donald (tr.). "Prelude." (Preludio). In: "Federico García Lorca: Three Poems." *Accent* 8, 2 (Winter 1948): 115.

    Spanish of "Preludio" (Las alamedas se van) from *Canciones*.

700. ———. "Tree of Song." (Arbol de canción). In: "Federico García Lorca: Three Poems." *Accent* 8, 2 (Winter 1948): 115.

    From *Canciones*.

701. ———. "Two Sailors on the Beach." (Dos marinos en la orilla). In: "Federico García Lorca: Three Poems." *Accent* 8, 2 (Winter 1948): 115.

    From *Canciones*.

702. Belitt, Ben (tr.). "Crucifixión." *Partisan Review* XXII, 1 (Winter 1955): 29-30.

703. Blackburn, Paul (tr.). "Canción de las siete doncellas. A Theory to Explain Rainbows" and "Cortaron tres árboles." *The Nation* (Nov. 16, 1957): 355, 363.

    English translation of the above poems with the titles as given above.

704. Di Giovanni, Norman Thomas (tr.). "Nocturne of the Dead Adolescent." *The Nation* 185, 16 (Nov. 16, 1957): 358.

    Translation of "Noiturnio do adoescente morto" from *Seis Poemas Galegos*.

705. Pettinella, Dora M. (tr.). "New York." (New York. Oficina y denuncia). *Fiddlehead* 42 (Fall 1959): 20-22.

706. Wright, J. (tr.). "Gacela of the Remembrance of Love." (Gacela del recuerdo de amor). *Poetry* 96, 3 (June 1960): 151-152.

707. Lima, Robert (tr.). "If My Hands Could Only Depetal." (Si mis manos pudieran deshojar). In: "Federico García Lorca: Four Poems." *Salted Feathers* (Portland, Ore.) 4, iii (Aug. 1967).

708. ————. "Three Cities: Malagueña, A Quarter of Córdoba,
      Dance." In: "Federico García Lorca: Four Poems." *Salted
      Feathers* 4, iii (Aug. 1967).

709. Livingstone, Dinah (tr.). "Ballad of the Dark Sorrow."
      (Romance de la pena negra). In: *García Lorca and John
      of the Cross*. London: Katabasis, 1968. 20 pp.

710. ————. "The Unfaithful Married Woman." (La casada
      infiel). In: *García Lorca and John of the Cross*.
      London: Katabasis, 1968. 20 pp.

711. Rexroth, Kenneth (tr. and ed.). "Lola." (La Lola).
      In: *Thirty Spanish Poems of Love and Exile*. (The Pocket
      Poets Series 2). San Francisco: City Lights Books,
      1968, p. 24.

712. ————. "The Weeping." (Casida del llanto). In:
      Thirty Spanish Poems of Love and Exile. (The Pocket
      Poets Series 2). San Francisco: City Lights Books,
      1968, p. 25.

713. Lima, Robert (tr.). "If My Hands Could Only Depetal."
      (Si mis manos pudieran deshojar). *Poet Lore* (Autumn
      1972): 226.

714. ————. "The Moon Appears." (La luna asoma). *Poet
      Lore* (Autumn 1972): 226-227.

715. Plumb, Charles (tr.). "San Rafael, Córdoba." Palma
      de Mallorca, 1974.

      Translation retains the Spanish title.

                              Prose

COLLECTIONS AND BOOKS OF PROSE

716. Raine, Kathleen, and R.M. Nadal (eds. and trs.). *Sun
      and Shadow*. London: Enitharmon Press, 1972. 22 pp.
      illus. Introd. by R.M. Nadal.

      Contains a facsimile of L's original manuscript of *Sol
      y sombra*; Eng. translation by Kathleen Raine and R.M.
      Nadal; French translation by Marcelle Auclair; also
      French translation of Nadal's introd. by Auclair. In-
      cludes two heretofore "unpublished" drawings by L:

Mariana Pineda and *Still life*. 19 numbered pages; counting facsimile, 22 pp. Drawings appear opposite title page and at close of book. Limited edition of 225 numbered copies.

INDIVIDUAL WORKS

717. Honig, Edwin (tr.). "Santa Lucía and San Lázaro." In: "Some Little-Known Writings of Federico García Lorca." *New Directions* 8 (1944): 384-390.

Interviews, Statements, and Lectures

718. Brine, Adrian (tr.). "FGL, 'The Crisis in the Theatre.'" *Encore* (July-Aug. 1953): 17-19.

719. Bernstein, Joseph (tr.). "Mariana Pineda." In: Cole, Toby (ed.). *Playwrights on Playwriting*. New York: Hill and Wang, 1960, pp. 228-231.

Translation of interview on *M.P.* which appeared originally in *La nación* Dec. 29, 1933.

720. ————. "The Shoemaker's Prodigious Wife." In: Cole, Toby (ed.). *Playwrights on Playwriting*. New York: Hill and Wang, 1960, pp. 231-232.

Translation of an interview on *Zapatera* which appeared originally in *La nación* (Nov. 30, 1933).

721. Block, Haskell M. (tr.). "A Talk about the Theater." In: Block, Haskell M., and Herman Salinger (eds.). *The Creative Vision*. New York: Grove Press, 1960; London: Evergreen Books, Ltd.

Translation of "Charla sobre teatro" presented at a special performance of *Yerma* in Madrid in 1935.

722. Maurer, Christopher (tr.). "Elegía a María Blanchard." *Antaeus* 18 (Summer 1975): 124-127.

Elegy read by L in the Ateneo de Madrid at a gathering in memory of Blanchard by the Unión Feminina Republicana. "Here in English for the first time."

723. Sloman, Dr. Albert E. (tr.). "The Prophecy of Lorca." *Theater Arts* 34, 10 (Oct. 1950): 38-39.

Translation of an address delivered by L after the
opening of *Yerma*.

> *Rpt.*: Cole, Toby (ed.). *Playwrights on Playwriting*.
> New York: Hill and Wang, 1960, pp. 58-61.
> Corrigan, Robert W. (ed.). *Masterpieces of the
> Modern Spanish Theater*. New York: Collier Books,
> 1967, pp. 353-356.

724. Allen, Rupert, Jr. (tr.), and Barnard Hewitt (ed.).
"Lorca Discusses His Plays." *TDR* 7, 2 (Winter 1962):
111-119.

English translation of selections from "Entrevistas"
section of the 1960 Aguilar edition of the *O.C.* According to the introductory note, these items appear
here "for the first time in English."

Correspondence

(Note that unless otherwise indicated, page
references to the *O.C.* in this section are
to the 1960 Aguilar edition.)

725. Gershator, David S. "The Letters of Federico García
Lorca." M.A. Thesis, Columbia University, 1950.

Two preliminary chapters followed by translations of
73 letters or fragments of same.

Includes:

> To Joaquín Romero Murube (p. 133).
> Translation of a letter published in *Insula* 94
> (Oct. 15, 1953) and reprinted in the *O.C.* (p. 1626).

> To Miguel Benítez Inglott y Aurina (p. 159).
> Translation of letter published in García Lorca,
> Federico. "Crucifixión." *Planas de poesía* IX,
> (1950), and reprinted in the *O.C.* (pp. 1637-1638).

> To José Bergamín (1928) (p. 134).
> Fragment of a letter which appeared in the edition
> of *Poeta en Nueva York*. Mexico: Séneca: 1940.

> To Miguel Hernández (pp. 156-157).
> Translation of a letter which appeared in: Laffran-
> que, M. "Une carte à Miguel Hernández." *BH* LX, 3
> (July-Sept. 1958), and reprinted in the *O.C.* (pp.
> 1647-1648).

To Federico de Onís (p. 155).
Translation of a letter, suggested date 1933, which
appeared originally in *Federico García Lorca (1899-
1936)*. New York: Hispanic Institute, 1941. Reprinted in the *O.C.* (pp. 1635-1636).

To Phillip Cummings (pp. 151-152).
A letter dated 1929, which appeared in: Schwartz,
Kessel. "García Lorca and Vermont." *Hispania*
XLII, 1 (May 1959): 50. Reprinted in Cummings,
Phillip (tr.), and Daniel Eisenberg (ed.). *Songs*.
Pittsburgh: Duquesne University Press, 1976, pp.
6-7. Original in vol. II of the 1977 edition of
the *O.C.*

To Juan Guerrero Ruiz (pp. 135-143).
Five letters and a fragment of a sixth published
in: "Epistolario de García Lorca." *Revista de las
Indias* I, 5 (1937): 23-25, and reprinted in the
O.C. (pp. 1629-1634).

To Carlos Morla Lynch (pp. 144-150).
Six letters appearing earlier in: Morla Lynch,
Carlos. *En España con Federico García Lorca*.
Madrid: Aguilar, 1957, pp. 43, 73-75. Several are
reprinted in the *O.C.*: no. 2 in this set (pp. 1640-
1641); no. 3 (pp. 1642-1643); no. 4 (pp. 1643-1644);
no. 5 (p. 1644); no. 6 (pp. 1644-1645).

To Jorge Guillén (pp. 64-79).
Series of letters and fragments of letters in English appearing earlier in *Inventario, Revista Tri-
mestral* 1 (Spring 1950): 64-74. Several were reprinted in the *O.C.*: no. 4 (pp. 1582-1583); no. 5
(p. 1590); no. 1 (pp. 1567-1568); no. 2 (p. 1568);
no. 3 (pp. 1580-1582); Parts of the "Fragments"
found on pp. 64-70 are taken from various letters
included in the *O.C.*

To Guillermo de Torre (pp. 80-89).
Ten letters published earlier in: Gasch, Sebastián.
Federico García Lorca: Cartas a sus amigos. Barcelona: Cobalto, 1950, pp. 49-66, and reprinted in
the *O.C.* (pp. 1595-1600).

To Sebastián Gasch (pp. 105-132).
Twenty letters published earlier in: Gasch, Sebastián. *Federico García Lorca: Cartas a sus amigos*.
Barcelona: Cobalto, 1950, pp. 19-48, and reprinted
in the *O.C.* (pp. 1608-1622).

To Angel Ferrant (pp. 161–162).
Two letters found in: Gasch, Sebastián. *Federico García Lorca: Cartas a sus amigos*. Barcelona: Cobalto, 1950, pp. 85–88, and reprinted in the *O.C.* (pp. 1636–1637).

To Ana María Dalí (pp. 161–162).
Nine letters found in: Gasch, Sebastián. *Federico García Lorca: Cartas a sus amigos*. Barcelona: Cobalto, 1950, pp. 67–82, and republished in the *O.C.* (pp. 1600–1608).

ESPERANTO

Poetry

COLLECTIONS OF POETRY

726. Gusev, K. (tr.). *Liriko*. Moscow: Esperanto-komisiono, 1968. 80 pp.

Introd. by A. Galeskul. Esperanto translation of selections from L's verse, including selections from the *Cante jondo*, *Llanto*, *Romancero*, and others.

BOOKS OF POETRY

727. Diego, F. de (tr.). *Cigana Romancero*. 8th ed. La Laguna, 1971. 110 pp.

Translation of *Romancero*.

FINNISH

Poetry

COLLECTIONS OF POETRY

728. Rossi, Matti (tr.). *Federico García Lorca: Runoja*. Helsinki: Kustannusosakeyhtiö Otava, 1963. 160 pp.

Finnish translation of selections from L's poems with
an essay, "Federico García Lorca," by Francisco Carregui
on pp. 139-159.

BOOKS OF POETRY

729. Rossi, Matti (tr.). (*IT* 21 (1968): 263; 23 (1970):
338; 25 (1972): 294) *Andalusian Lauluja*. Helsinki:
Otava, 1970.

Finnish of *Libro de poemas* (excerpts).

FRENCH

General Anthologies and the *Obras completas*

730. Belamich, André; Pierre Darmangeat; Jean Prévost; Jules
Supervielle; Claude Couffon; Bernard Sesé; Marcelle
Auclair; Michel Prévost; Paul Lorenz; and Paul Verdevoye (trs.). *Oeuvres complètes*. Paris: Gallimard,
1954-1960.

Vol. 1. *Poésies I*. Paris: Gallimard, 1954. 260 pp.
With "Poétique (de vive voix à Gerardo Diego)." In-
cludes: *Livre de poèmes*, *Premières Chansons*, *Chansons*,
Poème du Cante jondo.
Review: P.G. *Les Cahiers du Sud* XXXIX, 324 (Aug. 1954):
302.

Vol. 2. *Poésies II*. Paris: Gallimard, 1955. 235 pp.
With a note by the editors dealing with the dates of
composition and publication of the collection.
Includes: *Romancero gitan* (Belamich, et al.), *Le Poète
à New York* (Darmangeat), *Chant funèbre pour Ignacio
Sánchez Mejías* (Darmangeat), *Diván du Tamarit* (Couffon
and Sesé), *Poèmes détachés* (Belamich).

Vol. 3. *Théâtre I*. Paris: Gallimard, 1955. 372 pp.
With a note from the editors, a chronology, and some
notes dealing with the dates of composition and first
publication. Includes: *Le Maléfice de la phalène*,
Mariana Pineda, *Le Guignol au gourdin* (tragi-comédie
de Don Cristóbal et de Rosita), *La Savetière prodigieuse*,
Les Amours de don Perlimplín et de Bélise en son jardin.

Vol. 4. *Théâtre II*. Paris: Gallimard, 1954. 297 pp.
With a brief introduction by Auclair dealing with L's
relationship with his translators. Includes: *Yerma*
(Auclair and Lorenz), *Noces de sang* (Auclair and Prévost), *Doña Rosita ou le langage des fleurs* (Auclair
and Prévost).

Vol. 5. *Théâtre III*. Paris: Gallimard, 1956. 313 pp.
With some notes dealing with the dates of composition
and first publication. Includes: *Petit Théâtre*, *Le
Jeu de don Cristóbal*, *Lorsque cinq ans seront passés*,
Le Public, *La Maison de Bernarda Alba*.

Vol. 6. *Impressions et paysages. Proses diverses*.
Paris: Gallimard, 1958. 289 pp. Claude Couffon and
André Belamich are the principal translators.

Theater

COLLECTIONS OF LORCA'S PLAYS

731. Auclair, Marcelle; Jean Prévost; Michel Prévost; and
     Paul Lorenz (trs.). *Théâtre de Federico García Lorca*.
     Paris: Gallimard, 1953. 359 pp.

     Introd. tells of L's relationship with his translators.
     Includes: *Noces de sang*, *Yerma*, *Doña Rosita ou le
     langage des fleurs*. This is volume II of Gallimard's
     Théâtre de Federico García Lorca.

732. Belamich, André; Marcelle Auclair; Jean Prévost; Claude
     Couffon; Paul Lorenz; and Paul Verdevoye (trs.). *Thé-
     âtre*. 3 vols. Paris: Gallimard, 1965.

     Vol. I: *Le Maléfice de la phalène*, *Mariana Pineda*, *La
     Guignol au gourdin*, *La Savetière prodigieuse*, *Les Amours
     de don Perlimplín avec Bélise en son jardin* (Belamich).

     Vol. II: *Noces de sang* (Auclair and Prévost), *Yerma*
     (Auclair and Lorenz), *Doña Rosita* (Auclair and Prévost).

     Vol. III: *Petit Théâtre*, *Le Jeu de don Cristóbal*,
     Lorsque cinq ans seront passés, *Le Public*, *La Maison
     de Bernarda Alba* (Auclair, Belamich, Couffon, and Ver-
     devoye).

733. Belamich, André (tr.). *Théâtre de Federico García
     Lorca*. Paris: Gallimard, 1955. 374 pp.

With a note by the editors, a chronology of the first
performances, and several notes dealing with the date
and publication of each of the plays.

Includes: *Le Maléfice de la phalène*, *Mariana Pineda*,
Le Guignol au gourdin (Tragi-comédie de don Cristóbal
et de Rosita), *La Savetière prodigieuse*, *Les Amours de
don Perlimplín avec Bélise en son jardin*.

This is volume I of Gallimard's *Théâtre de Federico
García Lorca*.

734. Couffon, Claude; Paul Verdevoye; Marcelle Auclair; and
Michel Prévost (trs.). *Théâtre*. Paris: Gallimard,
1956. 313 pp.

With some notes dealing with the dates of composition
and first publication. Includes: *Petit théâtre*, *Le Jeu
de don Cristóbal*, *Lorsque cinq ans seront passés*, *Le
Public*, *La Maison de Bernarda Alba*.

This is volume V of Gallimard's *Oeuvres complètes*.

735. Couffon, Claude; Paul Verdevoye; Marcelle Auclair; and
Michel Prévost (trs.). *Théâtre de Federico García
Lorca*. Paris: Gallimard, 1956. 315 pp.

With several notes dealing with the dates of composition and first publication of the plays. Includes:
Petit Théâtre, *Le Jeu de don Cristóbal*, *Lorsque cinq
ans seront passés*, *La Maison de Bernarda Alba*, *Le Public*.

This is volume III of Gallimard's 3-volume *Théâtre de
Federico García Lorca*.

INDIVIDUAL PLAYS

Bodas de sangre

736. Auclair, Marcelle, and Jean Prévost (trs.). *La Noce
meutrière*. In: *NRF* 295 (1938): 533-561; 296 (1938):
758-769; 297 (1938): 954-967.

Text is followed by a "Note" by Prévost.

737. Namia, Robert (tr.). *Noces de sang*. Algiers: Editions
Edmond Charlot, 1945.

738. Auclair, Marcelle; Jean Prévost; and Paul Lorenz (trs.).
Noces de sang. Yerma. Paris: Gallimard, 1946. 210 pp.

Note that Auclair and Prévost were the translators for
Bodas, and Auclair and Lorenz for *Yerma*.

739.   Auclair, Marcelle, and Jean Prévost (trs.). *Noces de
       sang.* Paris: Paris-théâtre, 1964.

Amor de don Perlimplín

740.   Soutou, Jean Marie (tr.). *Amour de don Perlimplín et
       de Bélise dans leur jardin.* Lyon: Barbezat, 1945.

741.   Camp, Jean (tr.). *Amour de don Perlimplín avec Bélise
       en son jardin.* (Imagerie poétique en 4 tableaux).
       (Col. Education et Théâtre, 25). Paris: Librairie Thé-
       âtrale, 1954. 24 pp.

742.   ————. "*Amour de don Perlimplín avec Bélise en son
       jardin.*" *L'Avant-scène* 154 (1957): 21-29. Music
       by Claude Arrieu. Decor and costumes by J. Godenne.
       Setting by B. Jenny.

       Preceded by a one-page essay, "Don Perlimplín, l'âme de
       Lorca ..." by Bernard Jenny. Followed on p. 30 by
       quotations from selected reviews of the Jenny produc-
       tion. Inside back cover of magazine are two photographs
       of the production. Note to effect that this work was
       staged May 12, 1948, at the Studio des Champs Elysées
       by Jacquemont, and repeated on Dec. 7, 1951.

La casa de Bernarda Alba

743.   Créach, Jean Marie (tr.). *La Maison de Bernarda Alba.*
       Paris: La Hune, 1946.

       A limited edition of 300 copies. Note that first pre-
       sentation in French of *B.A.* was of the Créach transla-
       tion staged Dec. 31, 1945, at the Studio des Champs
       Elysées.

       Rpt.: *France Illustration* (Supplement théâtral et lit-
             téraire) 96 (Dec. 8, 1951): 1-20.
             Paris: France Illustration, 1952. 31 pp. This
             edition includes eight photographs of the revival
             of *B.A.* at Théâtre de l'Oeuvre, Oct. 5, 1951.

744.   ————. *La Maison de Bernarda Alba.* Paris: Le Club
       Français du Livre, 1947. xi + 119 pp. illus. Pref.
       by J. Cassou.

745. Belamich, André (tr.). *La Maison de Bernarda Alba*.
     Paris: Gallimard, 1963. 255 pp. Paris: Gallimard,
     1973. 253 pp.

     Also includes *Noces de sang* translated by Marcelle
     Auclair and *Poèmes* translated by Jean Prévost.

La zapatera prodigiosa

746. Pomès, Mathilde (tr.). *La Savetière prodigieuse*. *Le
     Magasin du Spectacle* April 1, 1946.

747. ————. *La Savetière prodigieuse*. Paris: R. Laffont,
     1946. 55 pp.

     Rpt.: (Col. Education et théâtre, 46) Paris: Librairie
         Théâtrale, 1957. 51 pp.
         Paris: Ed. de l'Amicale/Librairie Théâtrale, 1971.
         58 pp.

Mariana Pineda

748. Massis, André (tr.). *Mariana Pineda*. Paris: Théâtre
     Charles-de-Rochefort, 1946.

     Paris version presented at the Théâtre Charles-de-
     Rochefort, 1946.

749. Moussy, Marcel (tr.). *Mariana Pineda*. (Romance popu-
     laire en trois estampes). *Théâtre Populaire* 5 (Jan.-
     Feb. 1954): 43-90.

Surrealist Theatre

750. Viaud, Pierre (tr.). *Le Public*. *Mercure de France*
     1031 (July 1, 1949): 417-425.

     Translation of the "Cinquième Tableau" only.

751. Belamich, André (tr.). *Le Public*. *NRF* 7, 38 (Feb. 1
     1956): 245-261.

     Includes: "La Reine romaine," pp. 245-251; and "Cin-
     quième Tableau," pp. 252-261. Translation preceded by
     a translator's note stating how he came upon these
     scenes in *Los cuatro vientos* 3 (1934).

Teatro breve and the Short Farces

752. Namia, Robert (tr.). *Le Petit Rétable de don Cristóbal.*
      Algiers: Editions Edmond Charlot, 1945. 29 pp.

      A limited edition of 350.

753. Camp, André (tr.). *Le Petit Rétable de don Cristóbal.*
      Paris: L'Espagne Libre, 1946.

      Rpt.: (Col. Education et Théâtre, 23). Paris: Librairie
          Théâtrale, 1954.

754. Couffon, Claude (tr.). *La Jeune Fille, le marin et
      l'étudiant. Osmose* 5 (1950): 6-15.

      A bilingual edition of *La doncella, el marinero y el
      estudiante.*

755. ————. *Petit Théâtre.* Paris: Lettres Mondiales, 1951.
      61 pp.

      Illus. by Dubout. A bilingual Spanish and French edi-
      tion, with an introduction by the translator giving the
      origin of the plays found by him in *gallo.*

      Includes: *La Jeune Fille, le marin et l'étudiant*;
      Chimère; *La Promenade de Buster Keaton.* Note that
      "Quimera" was destined for the third, never published
      issue of *gallo.*

      Review: Gamarra, Pierre. *Europe* 88 (April 1953): 129-
          130.

756. Belamich, André (tr.). *La Tragi-comédie de don Cristó-
      bal et de Rosita. NRF* 26 (Feb. 1955): 217-238; 27 (Mar.
      1955): 410-426.

      Translation of *La tragicomedia de don Cristóbal y la
      señá Rosita.* Feb. issue includes up to quatrième
      tableau; Mar. issue, cinquième tableau to end.

      See also: 733.

The Trilogy

757. Auclair, Marcelle (tr.). *Théâtre.* Paris: Gallimard,
      1967. 334 pp. Illus. by G. Wakhevitch.

      Short introductory note by Auclair with brief points
      of similarity between Prévost and L, and her reasons
      for choosing Prévost and later Lorenz to translate po-
      ems in *Bodas* and *Yerma*. Includes *Noces de sang*--Auclair,

poetry by M. Prévost; *Yerma*--Auclair, poetry by Lorenz; and *La Maison de Bernarda Alba* translated by Belamich. There is a note to *Noces de sang* to the effect that the role of the Moon was eliminated from the first perfor- mance of the play in June 1938 at the Théâtre de l'Ate- lier. When the play was revived in 1939 the role was included.

Yerma

758. Vauthier, Etienne (tr.). *Yerma*. (Poème tragique en prose et en verse). Brussels: Imp. van Doorslaer, 1939. 67 pp. Pref. by Vauthier.

Includes a photograph of L with his mother and bearing the following dedication: "Para Eduardo, con la que yo más amo en el mundo--1935--Federico". Limited edition of 150 copies.

759. Viet, Jean (tr.). *Yerma*. (Poème tragique). (Le Thé- âtre Vivant, 2) Paris: Pierre Seghers, 1947. 149 pp.

Bilingual edition with the original and translation on facing pages.

760. Camp, Jean (tr.). *Yerma*. *L'Avant-scène* 98 (1954): 11- 30.

This translation accompanied by critical observations, four photographs of the French production, and a copy of the program cover.

Rpt.: In a theater program--"Programme Théâtre de la Huchette." Paris, 1954. (#295). 20 pp. This includes four photographs of the production on the inside cover. In addition there is Francisco García Lorca's "Yerma dans l'oeuvre de Federico García Lorca" on p. 2, and Camp's "Federico mon ami ..." on p. 3. Note that the program bears a 1948 copyright notice. Paris: L'Avant-scène, 1954. 20 pp. illus.

Poetry

COLLECTIONS OF POETRY

761. Pomès, Mathilde; Jules Supervielle; Jean Prévost; and Armand Guibert (trs.). *Chansons gitanes*. Tunis: Edi-

tions de Mirages, 1935.   7-84 pp.   Pref. by Armand Guibert, pp. 9-18.

Poems translated by Pomès in her *Poètes espagnols d'
aujourd'hui* (Brussels: Editions Labor, 1934).   Supervielle's "Le Mystère de Sainte Eulalie" appeared originally in *Commerce*, and Prévost's "La Femme adultère"
in the second issue of *Mesures*.

762.   Gattegno, Félix (tr. and ed.).   *Anthologie poétique de
Federico García Lorca*.   Paris: Charlot, 1946.   225 pp.
Introd. by Gattegno, pp. I-XVIII.

Translation of selected poems by L.   Also includes facsimiles of some of L's drawings in black and white; a
translation of the Gerardo Diego interview with L,
"Poétique," pp. 217-218; and the translation of three
letters from L to Jorge Zalamea, pp. 219-224.

763.   Parrot, Louis (ed.).   *Federico García Lorca*.   Paris:
Seghers, 1947, 1949.   216 pp.   Bibliog., pp. 211-216.
Introd. by Guibert.

Includes Antonio Machado's "El crimen fué en Granada"
translated by Jean Cassou as "Il y a eu crime dans Grenade," pp. 23-24.   Introductory study by Parrot, pp.
25-105.   Translations of selections from L's poetry,
pp. 106-187.   Translators include: Armand Guibert,
Mathilde Pomès, Jules Supervielle, Jean Prévost, Claire
Roy, and Roland Simon.   Black and white facsimiles of
several of L's drawings as well as a photograph of
the author and one of Grau Sala's "affiche" for the
premiere of *M.P.*, dated 1935, are also found in this
volume.   Note that the poems found here in translation
appear with seven additional ones in: Guibert, Armand,
and Louis Parrot (eds.).   *Federico García Lorca*.   Paris:
Seghers, 1964, 1966, 1973.

764.   Darmangeat, Pierre (tr.).   *Oeuvres complètes. (Poésies)*.
Paris: Gallimard, 1954.   260 pp.

With "Poétique (de vive voix à Gerardo Diego)," p. 7.
Includes: *Livre de poèmes*, *Premières Chansons*, *Chansons*
(Belamich), *Poème du cante jondo* (Darmangeat).

765.   Belamich, André (tr.).   *Poèmes galiciens*.   NRF 25 (Jan.
1, 1955): 186-192.

Contains: "Madrigal à la ville de Saint-Jacques" (Madrigal â cibdâ de Santiago); "Chant pour Notre Dame à la

Barquette" (Romaxe de Nosa Señora da Barca); "Complainte du petit commis" (Cantiga do nenoda tenda); "Nocturne de l'adolescent noyé" (Noiturnio do adoescente morto); "Berçeuse pour Rosalía de Castro, morte" (Canzón de cuna pra Rosalía de Castro, morta).

766. Belamich, André, et al. (trs. and eds.). *Poésies II*. Paris: Gallimard, 1955. 235 pp.

With comments from the editors dealing with the dates of composition and publication of the collections.

Includes: *Romancero gitan* (Belamich et al.); *Le Poète à New York* (Darmangeat); *Chant funèbre pour Ignacio Sánchez Mejías* (Darmangeat); *Diván du Tamarit* (Couffon and Sesé); *Poèmes détachés* (Belamich).

767. Henry, Albert (tr. and ed.). *Les Grands Poèmes andalous de Federico García Lorca*. Ghent: Romanica Gandensia, 1958. 271 pp. Bibliog., p. 268.

Translation, studies, and notes by Henry. Includes *Poème du cante jondo*, pp. 8-95; *Romancero gitan*, pp. 119-213; *Pleurs pour Ignacio Sánchez Mejías*, pp. 247-261.

Review: Laffranque, M. *BH* LXII, 1 (Jan.-Mar. 1960): 103-104.

768. Falguière, Michèle (tr.). *Poèmes*. Paris: Sagesse, Librairie Tachann, n.d. 8 pp.

Acquired by the National Library in 1959.

Includes: "Romance de la lune, lune," "Preciosa et le vent," "La Religieuse gitane."

769. Belamich, André, and Pierre Darmangeat (trs.). *Poésies*. 2 vols. Paris: Gallimard, 1961. 516 pp.

Vol. 1, 270 pp., contains: Belamich's translation of *Livre de poèmes*, pp. 9-128; Belamich's translation of *Premières chansons*, pp. 129-140; Belamich's translation of *Poème du cante jondo*, pp. 211-261. Also "Poétique," p. 7.

Vol. 2, 246 pp., contains: Belamich's translation of *Romancero gitan* with the exception of J. Prévost's "La Femme adultère" and J. Supervielle's "Martyre de Sainte Eulalie," pp. 11-54; Darmangeat's translation of *Le Poète à New York*, pp. 55-124; Darmangeat's translation

of *Chant funèbre pour Ignacio Sánchez Mejías*, pp. 125–
134; Couffon and Sesé's translation of *Diván du Tamarit*,
pp. 135–155; Belamich's translation of *Poèmes détachés*,
pp. 157–227. Appendix, pp. 229–235, includes French
version of "Petit Poème infini," "Crucifixion," and
"Terre et lune." On p. 7 of Vol. 2, "Note des éditeurs."

770. Belamich, André. *Lorca*. Paris: Gallimard, 1962.

See pp. 165–192 for translations into French of more
than thirty poems by L, including three of the "Gacelas" and three of the "Casidas" from the *Diván*.

771. Darmangeat, Pierre (tr. and ed.). "Federico García
Lorca." In: *La Poésie espagnole*. Paris: Seghers,
1963, pp. 280–301.

Translations from L's poetry, including: "Petite Ballade
de trois rivières" (pp. 280–281); "Memento" (p. 282);
"Chanson de cavalier" (p. 282--Canción de jinete); "Romance de la lune lune" (p. 283); "La Nonne gitane"
(p. 284); "Romance sonambule" (pp. 285–287); "Chant funèbre pour Ignacio Sánchez Mejías" (pp. 287–293);
"Eglise abandonée" (pp. 294–295); "Danse de la mort"
(pp. 295–297); "Nöel sur L'Hudson" (pp. 298–299); "Cris
vers Rome" (pp. 299–301).

772. Belamich, André, et al. (trs.). *Oeuvres poétiques*.
Paris: Le Club Français du Livre, 1964. 517 pp.

With "Poétique (de vive voix à Gerardo Diego)," pp. 7–8.
One photo of L and an afterword by Jacques Lassagne giving a biography and a succinct analysis of each of the
collections presented. Includes: *Livre de poèmes* (Belamich); *Chansons* (Belamich); *Poème du cante jondo*
(Darmangeat); *Romancero gitan* (Belamich et al.); *Le
Poète à New York* (Darmangeat); *Chant funèbre pour Ignacio Sánchez Mejías* (Darmangeat); *Diván du Tamarit*
(Couffon and Sesé); *Poèmes détachés* (Belamich).

Appendix: "Petit poème infini," "Crucifixion," "Terre
et lune."

773. Guibert, Armand, and Louis Parrot (trs. and eds.).
Chansons gitanes et poèmes de Federico García Lorca.
Paris: Seghers, 1964. 188 pp.

Opens with "Il y a eu crime dans Grenade," a translation
by Jean Cassou of A. Machado's "El crimen fue en Granada," pp. 5–6. Facsimiles of two of L's drawings, pp. 8

and 24. Preface by Guibert, pp. 7-21. Preface by Parrot, pp. 23-87. Includes "Un Poète fou de couleur," originally in the preface to Parrot's *Lorca*. (Les Poètes d'aujourd'hui). Paris: Seghers, 1947. Includes selections in French from: *Canciones*, *Cante Jondo*, *Romancero*, and *Poeta*, as well as the "Oda a Salvador Dalí" and the *Llanto* by various translators including the editors.

774. Belamich, André, and Pierre Darmangeat (trs.). *Poèmes sur la nature*. Paris: Gallimard, 1965. 450 pp. illus. Etchings by Herman. "190 copies."

Bilingual edition of selected poems by L.

775. Belamich, André (tr.). *Huit Poèmes sur la nature*. Paris: Herman, 1965, 1967. 117 pp.

Bilingual edition with seven etchings by Herman. Introd. by Antoine Terrasse.

Includes: "En guise de prologue," "Idylle," "Les Peupliers d'argent," "Invocation au laurier," "Mer," "Arbres," "Rhythme d'automne," and "Village." The latter was translated by Pierre Darmangeat.

776. Belamich, A.; P. Darmangeat; J. Prévost; and J. Supervielle (trs.). *Poésies (1921-1927)*. Paris: Gallimard, 1966. 252 pp.

Preface by J. Cassou, pp. 5-12.

Includes French of: *Chansons 1921-1924*, pp. 15-118 (Belamich); *Poème du cante jondo*, pp. 121-188 (Darmangeat); *Six Poèmes galiciens* (Belamich); *Romancero gitan*, pp. 191-244 (Belamich et al.).

777. Belamich, André (tr.). *Poésies I, 1921-1922*. Paris: Gallimard, 1967. 210 pp.

With a note from the translator, p. 7, and "Poétique (de vive voix à Gerardo Diego)," pp. 9 and 10.

Includes: *Livre de poèmes*, *Premières chansons*, and *Le Livre des suites*.

778. ————. "Poèmes retrouvés." In: *Oeuvres complètes*. Paris: Gallimard, 1968. Vol. 7, pp. 427-440.

Included are: "Dans la grande cuisine," "Vignette et jouet," "Jets d'eau" (six parts), "Soir de Jeudi-saint," "Angle éternel," "Epitaphe pour Isaac Albéniz."

779. ————. *Poésies III, 1926-1936*. Paris: Gallimard, 1968. 249 pp.

With a preface by André Belamich analyzing in particular *Poète à New York* and a chronology of L's life and works.

Includes: *Odes* (Belamich); "Choix de poèmes en prose" (Belamich); *Poète à New York* (Darmangeat); *Six poèmes galiciens* (Belamich); Sonnets et derniers poèmes (Belamich); Deux Conférences (Belamich); Appendice (Belamich).

780. Belamich, A.; P. Darmangeat; C. Couffon; and B. Sesé (trs.). *Poésies (1926-1936)*. Paris: Gallimard, 1968. 255 pp.

Includes: "Choix de poèmes en prose," *Poète à New York*, *Six Poèmes galiciens*, *Chant funèbre pour Ignacio Sánchez Mejías*, *Diván du Tamarit*, *Sonnets et derniers poèmes*, and "Deux Conférences."

781. Mano, Guy Lévis (tr.). *Poèmes*. Paris: G.L. Mano, 1969. 106 pp.

With designs by L. An anthology of 105 poems selected from several works by L. Bilingual edition.

782. Comincioli, Jacques (tr.). In: *Federico García Lorca. Textes inédits et documents critiques*. Lausanne: Rencontre, 1970, pp. 52-73.

Translations into French, with Spanish on the opposite page, of poems including: "El novio," "Canción morena," "El regreso," "Corriente," "Hacia ...," "Sirena," "Recodo," "Realidad," "Si tú....," "Despedida," "Flecha," "Casi elegía," "Ráfaga," "Tres estampas del cielo."

BOOKS OF POETRY

Poeta en Nueva York

783. Mano, Guy Lévis (tr.). *Les Nègres*. Paris: G.L.M., 1946. 31 pp.

Bilingual edition of selections from *Poeta*.

784. ————. *Le Poète à New York. Avec L'Ode à Federico García Lorca de Pablo Neruda*. Paris: G.L.M., 1948. 70 pp.

Bilingual edition of *Poeta*, including copies of several drawings by L. A limited edition of 971 copies.

Poema del cante jondo

785. Darmangeat, Pierre (tr.). *Poème du cante jondo*. Paris: Les Editions du Méridien, 1946. 96 pp. illus.

Introd. by Darmangeat, pp. 7-8. Limited edition of 512 numbered and 12 lettered (A-L) copies.

786. Kossodo, Juan (tr.). *Poème du chant profond suivi de Plainte pour Ignacio Sánchez Mejías*. Geneva: Ed. du Carrousel, 1946. 107 pp.

The second volume of the two-volume work *Oeuvres de García Lorca*.

See also: 792.

Romancero gitano

787. Guibert, Armand; Mathilde Pomès; Jean Prévost; and Jules Supervielle (trs.). *Chansons gitanes*. Tunis: Les Cahiers de la Barbarie, 1935.

Preface by A. Guibert.

Review: Pelorson, G. *NRF* XLVI (1936): 431-432.

788. Mano, Guy Lévis (tr.). *Cinq Romances gitanes*. Paris: GLM, 1939. 60 pp.

With Spanish and French on opposite pages. Contains: "Saint Gabriel," "L'Epouse infidèle," "Romance de la lune, lune," "Romance sonambule," "Romance de la Garde Civile espagnole."

789. Gattegno, Félix (tr.). *Romancero gitan*. Algiers: Charlot, 1942, 1945 [First printing 1941]. 64 pp.

790. Tasís, Rafael (tr.). *Romancero gitan*. Paris: La Nouvelle Edition, 1943-1944. 108 pp.

Includes fourteen original lithographs by Carlos Fontseré.

791. Verdevoye, Paul (tr.). *Romancero gitan*. Paris: La Nouvelle Edition, 1945. 93 pp.

Introd. by Jean Camp, pp. 9-38: "L'Homme et l'oeuvre." A limited original edition of 620.

Introd. is a general sketch of L's life and works with selected translations from them. Concludes that the *Romancero* is "le sommet de la poésie de Lorca...."

792. Kossodo, Juan (tr.). *Romancero gitan suivi de trois ro-*
      mances historiques. Geneva: Ed. du Carrousel, 1946.
      iv + 80 pp.

      Vol. I of *Oeuvres de García Lorca* (2 vols.).

      See also: 786.

793. Mano, Guy Lévis (tr.). *Romancero gitan*. Paris: GLM,
      1946. 151 pp.

      Bilingual edition.

794. Belamich, André, et al. (trs.). *Romancero gitan. Poème*
      du cante jondo. Chant funèbre pour Ignacio Sánchez Mejías.
      Paris: Le Club Français du Meilleur Livre, 1959. 160 pp.

      With four photographs, several designs by L, and an
      afterword by Mathilde Pomès (pp. 141-154) dealing with
      memories, literary influences, and analysis of L's work.

795. ————. *Romancero gitan. Diván du Tamarit*. Paris:
      Marcel Lubineau, 1960. 144 pp.

      With sixteen woodcuts by Grau-Sala and an anonymous
      foreword.

Llanto por Ignacio Sánchez Mejías

796. Simon, Roland (tr.). *Chant funèbre pour Ignacio Sánchez*
      Mejías et Ode à Walt Whitman. Paris: GLM, 1938. unp.

      A limited edition which includes the "Oda a Walt Whit-
      man." Note: Spelling of translator's name on the cover
      and title page.

      Rpt.: Algiers, Charlot, 1945. 30 pp. (unnumbered).

797. Gattegno, Félix (tr.). *Chant funèbre pour Ignacio Sán-*
      chez Mejías. *Les Cahiers du Sud*, 1945. Premier se-
      mestre.

798. Simon, Roland (tr.). *Chant funèbre pour Ignacio Sánchez*
      Mejías. Paris: A. Krol, 1949. illus.

      Limited edition of 251 copies.

799. Mano, Guy Lévis (tr.). *Le Chant funèbre pour Ignacio*
      Sánchez Mejías. Paris: G. Lévis Mano, 1950. 15 pp.

      With five illustrations by Javier Vilató.

800.   ————. *Chant funèbre pour Ignacio Sánchez Mejías*.
Five gravures by Javier Vilató. Paris: GLM, 1950.
44 pp. (numbered separately with the translation numbered 1-30, Spanish numbered 1-14.)

A limited bilingual edition with the complete Spanish
text after the translation.

La suite de los espejos

801.   Couffon, Claude (tr.). *La Suite des miroirs suivie de
Chansons*. Paris: Lettres Mondiales, 1950.   31 pp.

With several illustrations by Mateo Manauré and a note
from the translator about the fragment of the *Suite*.
Only four *Chansons* are presented. Bilingual edition.

802.   Raymond, Michèle (tr.). "Suite de los espejos."   In:
Raymond, Michèle, "Contrepoint pour la suite des miroirs de Federico García Lorca." *Mélanges de la Casa
Velásquez*. Paris: E. de Boccard, 1972.   Vol. 8, pp.
489-492.

INDIVIDUAL POEMS

Pequeño poema infinito

803.   Mayer, Roger Nöel (tr.). "Petit Poème infini." *Simoun*
(Oran, Algeria) 11-12 (1953): 36-37.

804.   Arbweiler, Alice (tr.). "Petit Poème infini." *Les
Lettres Françaises* 525 (July 15-22, 1954): 1.

OTHER POEMS

805.   Parrot, Louis, and Paul Eluard (trs.). *Ode à Salvador
Dalí*. Paris: GLM, 1938.   20 pp. (unp.)

A limited edition of 515 copies. Bilingual version
with French and Spanish on facing pages. One photograph of L and Dalí dated 1927. If one includes the
photograph and the title page, there are 24 pages.

806.   Paris, Jean (tr.). "Promenade." (Vuelta de paseo [from
Poeta]). *Les Temps Modernes* (Nov. 1947): 810-823.

This entry and the four that follow are bilingual versions of the poems, with the French and Spanish on facing pages.

807. ———. "Norme et paradis des nègres." (Norma y paraíso de los negros). *Les Temps Modernes* (Nov. 1947): 810-823.

808. ———. "Assassinat. (Deux voix au petit jour dans River Side Drive)." (Asesinato. Dos voces de madrugada en River Side Drive). *Les Temps Modernes* (Nov. 1947): 810-823.

809. ———. "Vache." (Vaca). *Les Temps Modernes* (Nov. 1947): 810-823.

810. ———. "Lune et panorama des insectes." (Luna y panorama de los insectos). *Les Temps Modernes* (Nov. 1947): 810-823.

811. Anon. "Petite fille noyée dans le puits. (Grenade et Newburg)." *Le Temps de la Poésie* July 1948 (In a separate folded insert marked GLM 2 Aug. 1948).

   French translation of "Niña ahogada en el pozo. (Granada y Newburg)," accompanied by a copy of L's drawing "Adieu" dated 1936, and a partial rendering into French of Neruda's "Oda a Federico García Lorca."

812. Piot, André and Nöel (trs.). "Verlaine." In: *Poèmes d'Espagne*. Paris: Robert Blanchet, 1953, pp. 73-79.

813. ———. "Les six cordes." In: *Poèmes d'Espagne*. Paris: Robert Blanchet, 1953, pp. 73-79.

814. ———. "La rose." In: *Poèmes d'Espagne*. Paris: Robert Blanchet, 1953, pp. 73-79.

815. Camp, Jean (tr.). "Chanson." (En las ramas del laurel). *L'Avant-scène* 98 (1954): 33.

816. Pomès, Mathilde (tr.). "Chanson brune." (Canción morena). In: "La Littérature d'Espagne." *Europe* 36, 345-346 (Jan.-Feb. 1958): 167.

   Translated from drafts of *Libro de poemas*.

817. Petit, Jean (tr. and ed.). "Chanson de la femme couchée." (Casida de la mujer tendida). In: *Naissance d'Aphrodite*. Paris: Forces Vives, 1963. 50 pp.

   This listing and the four that follow immediately include a sketch by L.

818. ―――. "Gacela de l'amour imprévu." (Gacela del amor imprevisto). In: *Naissance d'Aphrodite*. Paris: Forces Vives, 1963.

819. ―――. "Eros avec canne." (Eros con bastón). In: *Naissance d'Aphrodite*. Paris: Forces Vives, 1963.

820. ―――. "Sérénade." (Serenata). In: *Naissance d'Aphrodite*. Paris: Forces Vives, 1963.

821. ―――. "Lucía Martínez." In: *Naissance d'Aphrodite*. Paris: Forces Vives, 1963.

Prose

BOOKS

822. Viet, Jean (tr.). *Trois Conférences de Federico García Lorca*. Paris: Seghers, 1947. 99 pp.

A limited edition of 850 which includes the translation of: "La imagen poética de don Luis de Góngora," "Teoría y juego del 'duende,'" and "Berceuses españolas."

823. Couffon, Claude, and André Belamich (trs.). *Impressions et paysages. Proses diverses*. Paris: Gallimard, 1958. 289 pp.

Actually Vol. 6 of the *Oeuvres complètes*.

824. Belamich, André (tr.). *Conférences, interviews, correspondence, poèmes retrouvés*. Paris: Gallimard, 1960. 452 pp.

With the "Remerciements" of the translator-editor, p. 6, and notes dealing with the dates of the first publication of the works presented. Includes translations of conferences, interviews, and letters found for the most part in the Aguilar edition of the *O.C.* Also has "Poèmes retrouvés" comprising: "Dans la grande cuisine," "Jets d'eau," "Soir de jeudi saint," "Angle éternel," and "Epitaphe pour Isaac Albéniz."

INDIVIDUAL WORKS

825. Couffon, Claude (tr.). "Histoire de ce coq." (Historia de este gallo). *Osmose* 6 (1950): 69-77.

An excerpt from the first issue of the review *gallo*.

826.   Roblès, Emmanuel (tr.). "Décollation des innocents."
       Le Soleil Noir. Positions. No. 1: "La Révolte en ques-
       tion." Paris: Presses du livre français (Feb. 1952):
       45-46.

827.   Belamich, André (tr.). "La Poule." (Conte pour en-
       fants bêtes). *NRF* 46 (July 15-Sept. 15, 1956): 744-745.

828.   Comincioli, Jacques (tr.). "La décollation de Saint
       Jean-Baptiste." In: *Federico García Lorca. Textes in-
       édits et documents critiques*. Lausanne: Rencontre,
       1970, pp. 100-107, 108-115.

       Two versions of "Degollación del Bautista" given in
       French with the original Spanish on the facing pages.
       First text is a manuscript in possession of Juan Gue-
       rrero Ruíz, the second is from the edition Avance-Losada
       from which the version in the *O.C.* comes.

                          Correspondence

829.   Gattegno, Félix (tr. and ed.). Three letters to Jorge
       Zalamea. In: *Anthologie Poétique de Federico García
       Lorca*. Paris: Charlot, 1946, pp. 219-224.

830.   Joucla-Ruau, André (tr.). "Lettres à Ana María Dalí."
       Les Cahiers du Sud XL, 326 (Dec. 1954): 81-84.

       Two undated letters which appeared originally in Gasch,
       S. *Federico García Lorca. Cartas a sus amigos*. Bar-
       celona: Cobalto, 1950. Letters recall a stay with the
       Dalí family at Cadaquès on the Catalan coast.

831.   Marrast, Robert (tr.). "Deux Lettres inédites de Lorca."
       Les Lettres Françaises 1120 (Feb. 24-Mar. 2, 1966): 15.

       Translation of two of the five letters from L to Adriano
       del Valle that the translator had found and published
       in *Insula* 228-229 (Nov.-Dec. 1965).

832.   Comincioli, Jacques (tr.). A Juan Guerrero Ruiz. In:
       *Federico García Lorca. Textes inédits et documents cri-
       tiques*. Lausanne: Rencontre, 1970, p. 233.

       French translation of a letter presumed to be of Mar.
       1928 thanking the addressee for the support of *Verso y
       prosa* and promising to send him the second issue of
       gallo. Written on *gallo* letterhead. Spanish on facing
       page (232).

833.   ————.   A Juan Guerrero Ruiz.   In: *Federico García Lorca. Textes inédits et documents critiques*.   Lausanne: Rencontre, 1970, p. 251.

French, with Spanish on facing page, of a postcard to Guerrero Ruiz calling him and Guillén his best friends. Also asks for a subscription list of *Verso y prosa* and price of advertisements in it.   Presumed date, Mar. 9, 1927.

834.   ————.   A María del Reposo Urquía.   In: *Federico García Lorca. Textes inédits et documents critiques*.   Lausanne: Rencontre, 1970, pp. 227-228.

French of this early letter of L's dated Feb. 1, 1918. Preceded by a commentary of the translator on pp. 225-226.

Interviews, Statements and Lectures

835.   Belamich, André (tr.).   "Quatre Interviews sur le théâtre."   *Théâtre Populaire* 13 (May-June 1955): 3-14.

French translation of "Federico García Lorca habla de los clubs de teatro," "Las vacaciones de la Barraca," "Los artistas en el ambiente nuestro tiempo," "Otras declaraciones sobre el teatro."

836.   ————.   "Dialogue avec le caricaturiste Bagaría."   *Témoins* (Montreaux) (Special Issue: "Infidélité à l'Espagne") 4, 12-13 (Spring-Summer 1956): 8-11.

Translation of the article already published in *El sol* (June 10, 1936), and in *BH* LV, 3-4 (1953) and LVI, 3 (1954).   Summarizes Bagaría's comments but quotes L in full.

837.   Comincioli, Jacques (tr.).   "Salue aux marins du 'Juan Sebastián Elcano.'"   In: *Federico García Lorca. Textes inédits et documents critiques*.   Lausanne: Rencontre, 1970, pp. 238-239.

838.   ————.   "Réponse à l'hommage du public du théâtre Avenida de Buenos Aires."   In: *Federico García Lorca. Textes inédits et documents critiques*.   Lausanne: Rencontre, 1970, pp. 239-240.

839.   ————.   "Discours d'adieu à Buenos Aires."   In: *Federico García Lorca. Textes inédits et documents critiques*.   Lausanne: Rencontre, 1970, pp. 240-243.

840.   ————.   "Au sujet de la représentation de 'La Jeune
        sotte' de Lope de Vega." In: *Federico García Lorca.
        Textes inédits et documents critiques.* Lausanne: Ren-
        contre, 1970, pp. 244-245.

841.   ————.   "En hommage à Lola Membrives." In: *Federico
        García Lorca. Textes inédits et documents critiques.*
        Lausanne: Rencontre, 1970, pp. 246-252.

842.   ————.   "Dialogue du poète et de don Cristóbal." In:
        *Federico García Lorca. Textes inédits et documents cri-
        tiques.* Lausanne: Rencontre, 1970, pp. 253-255.

843.   ————.   "Hommage à Aureliano del Castillo." In: *Fede-
        rico García Lorca. Textes inédits et documents critiques.*
        Lausanne: Rencontre, 1970, pp. 235-236.

844.   ————.   "Conversation aimable avec Federico García
        Lorca." In: *Federico García Lorca. Textes inédits et
        documents critiques.* Lausanne: Rencontre, 1970, pp.
        258-262.

845.   ————.   "Federico García Lorca et le 'duende.'" In:
        *Federico García Lorca. Textes inédits et documents cri-
        tiques.* Lausanne: Rencontre, 1970, pp. 262-271.

        Note that this interview appears here in the original
        as well as in translation.

846.   ————.   "García Lorca présente aujourd'hui trois chan-
        sons populaires mises en scène." In: *Federico García
        Lorca. Textes inédits et documents critiques.* Lausanne:
        Rencontre, 1970, pp. 271-278.

847.   ————.   "La vie de García Lorca, poète." In: *Federico
        García Lorca. Textes inédits et documents critiques.*
        Lausanne: Rencontre, 1970, pp. 278-287.

848.   ————.   "La commémoration du tricentenaire de Lope de
        Vega." In: *Federico García Lorca. Textes inédits et
        documents critiques.* Lausanne: Rencontre, 1970, pp.
        288-293.

GERMAN

Theater

COLLECTIONS OF PLAYS

849. Beck, Enrique (tr.). *Die dramatischen Dichtungen.*
Wiesbaden: Insel Verlag, 1954, 1958, 1963. 445 pp.

A translation of "Charla sobre teatro" ("Plauderei über
Theater," pp. 7-11), followed by the German of: *Perlimplín* (*In seinem Garten liebt Don Perlimplín Belisa*),
Zapatera (*Die wundersame Schustersfrau*), *Así que pasen
cinco años* (*Sobald fünf Jahre vergehen*), *Bodas* (*Bluthochzeit*), *Yerma*, *Doña Rosita* (*Dona Rosita bleibt ledig
oder*), *B.A.* (*Bernarda Albas Haus*).

Review: B.T. *Forum Akademicum* June 1961.

850. ————. (*IT* 20 (1967): 57). *Die dramatischen Dichtung-
en.* Frankfurt am Main: Insel Verlag, 1966. 455 pp.

INDIVIDUAL PLAYS

Bodas de sangre

851. Beck, Enrique (tr.). *Bluthochzeit. Mass und Wert* II,
5 (May-June 1939): 642-657.

The first act of this play is presented in Enrique
Beck's translation. L praised as far superior to
Fascist "Blut und Boden" writers.

852. ————. "Verflucht seien alle Messer." *Berliner Zeitung* Feb. 17, 1949.

Two scenes from *Bodas* in Beck's translation.

853. ————. *Bluthochzeit, lyrische Tragödie in 3 Akten und
7 Bilder.* Wiesbaden: Insel Verlag, 1952, 1956.

La casa de Bernarda Alba

854. Beck, Enrique (tr.). *Bernarda Albas Haus.* Stuttgart:
Reclam, 1967. 62 pp.

Teatro breve and Puppet Theater

855. Beck, Enrique (tr.). *Drei kurze Spiele*. Zurich: Arche,
      1956.

      Includes Beck's translations of *El paseo de Buster
      Keaton*; *La doncella, el marinero, y el estudiante*; and
      Quimera, along with the original Spanish.

856. ————. *Das kleine Don Cristóbal Retabel: Posse für
      Puppentheater*. Wiesbaden: Insel Verlag, 1960. 37 pp.
      Woodcuts by Frans Maserell.

      Accompanied by a short commentary and some explanatory
      notes.

857. ————. *Chimäre*. In: Höller, Walter; Marianne Heyland;
      and Norbert Miller (eds.). *Spiele in einem Akt*. Frank-
      furt am Main: Suhrkamp, 1961, pp. 462–464.

Yerma

858. Beck, Enrique (tr.). *Yerma. Spectaculum 3*. Frankfurt
      am Main: Suhrkamp, 1960, pp. 183–219, 348–352.

      Beck's translation of *Yerma* along with some commentary
      by him. *Spectaculum 3* is one of a series of yearly an-
      thologies published by Suhrkamp.

859. ————. *Yerma. In seinem Garten liebt Don Perlimplín
      Belisa*. Munich: Deutsche Taschenbuch Verlag, 1965.
      124 pp.

      Also includes "Plauderei" and a longer version of the
      essay in *Spectaculum 3*.

      See also: 858.

                              Poetry

COLLECTIONS OF POETRY

860. Gebser, Jean, and Roy Hewin Winstone (eds. and trs.).
      Neue spanische Dichtung. Berlin: Rabenpresse, 1935/36.

      Includes a few poems by L translated by Gebser with the
      assistance of Winstone.

861. Gebser, Jean (ed. and tr.). *Gedichte eines Jahres*.
      Berlin: Rabenpresse, 1936.

Contains a few of L's poems translated by Gebser in col-
laboration with Roy Hewin Winstone. Extremely rare
publication.

862. ———. *Poetisches Taschenbuch 1937*. Berlin: Rabenpresse, 1937.

A yearly anthology. It contains a few of L's poems
translated by Gebser with the help of Roy Hewin Winstone. Virtually non-existent today.

863. Beck, Enrique (tr.). *Gedichte*. Stuttgart: Rowohlt,
1948. 103 pp.

Preface: "Zu Federico García Lorca" by Beck, pp. 5-9,
"Bemerkungen" by Beck, pp. 99-100.

Review: Draws-Tychsen. *Das goldene Tor* 4, 5 (1949):
410-411.

864. ———. *Gedichte*. Hamburg: Rowohlt, 1952. 104 pp.

A selection of L's poems translated by Beck with a short
introduction, a bibliography, and explanatory notes.

865. Palm, Erwin Walter (tr.). "Sang von der Zigeuner-
Seguidilla." *Merkur* 9, 86 (April 1955): 333-336.

Erwin Walter Palm's German renditions of "Paisaje," "La
guitarra," "El grito," "El silencio," "El paso de la
siguiriya," "Después de pasar," and "Y después."

866. Enzensberger, Hans Magnus (ed.). *Museum der modernen
Poesie*. Frankfurt am Main: Suhrkamp, 1960. 424 pp.

See pp. 89, 91, 98, 148, 160, 196, 274, and 390-391
for several of L's poems in the original with German
translation by Beck. Also "Canción," which is translated by Enzensberger.

867. Grossmann, Rudolf (ed. and tr.). *Spanische Gedichte
aus acht Jahrhunderten*. Bremen: Carl Schönemann, 1960.
469 pp.

See pp. 322-335 and 439-440 for Spanish translations
from Gebser of "La casada infiel," and translations of
several other poems by the editor.

868. Krolow, Karl (ed.). *Spanische Gedichte des 20. Jahr-
hunderts*. Frankfurt am Main: Insel Verlag, 1962.

Includes several poems by L in Beck's translation.

869. Beck, Enrique (tr.). *Gedichte*. Leipzig: Verlag
      Philipp Reclam jun., 1971. 191 pp.

      Translations of selections from: *Libro de poemas*, *Suites*,
      Primeras canciones, *Canciones*, *Cante jondo*, *Romancero*,
      Poeta, *Llanto*, *El jardín de las morenas*, and *Diván*,
      followed by an article by Carlos Rincón (pp. 159-187).
      The latter is translated by Karlheinz Barck.

BOOKS OF POETRY

Llanto por Ignacio Sánchez Mejías

870. Beck, Enrique (tr.). "*Klage um Ignacio Sánchez Mejías*."
      FH VI, 6 (June 1961): 411-415.

      A reprint of Beck's translation from *Gedichte*.

      See also: 869.

871. ———. *Klage um Ignacio Sánchez Mejías*. In: Borès,
      Francisco. *Lorca*. Munich: Manus Presse, 1964.

      Contains Beck's translation of *Llanto por Ignacio Sán-
      chez Mejías* used as a text for lino-cuts by Borès.

Poeta en Nueva York

872. Beck, Enrique (tr.). *Dichter in New York*. Frankfurt
      am Main: Insel Verlag, 1963. 132 pp.

      Text gives both original Spanish and Beck's translation.

Poema del cante jondo

873. Beck, Enrique (tr.). *Dichtung von tiefinnerem Sang*.
      Wiesbaden: Insel Verlag, 1956.

      Contains German translations of poems from *Cante jondo*,
      as well as part of L's lecture on the subject, the lat-
      ter also rendered into German by Enrique Beck.

874. ———. *Dichtung vom Cante Jondo*. Frankfurt am Main:
      Insel Verlag, 1967. 126 pp.

Romancero gitano

875. Beck, Enrique (tr.). *Zigeuner-Romanzen*. Zurich:
      Stauffacher, 1938.

      Beck's translation of *Romancero*. Very few copies cir-
      culated.

Review: Politzer, Heinz. *Mass und Wert* II (Mar.-April 1939): 550-553.

876. Kossudo, Helmut (tr.). "Zigeuner-Romanzen." *SuF* I, 2 (1949): 49-84.

877. Beck, Enrique (tr.). *Zigeuner-Romanzen*. Wiesbaden: Insel Verlag, 1953. 76 pp.

Beck's translation accompanied by notes on the development of the *Romancero*.

Review: Lledo, Emilio. *CHA* XIX (1954): 364-365.

878. ————. *Zigeuner-Romanzen*. Frankfurt am Main: Insel Verlag, 1966. 76 pp.

OTHER POEMS

879. Anon. "Romanze von der Guardia Civil." (Romance de la Guardia Civil española). *Berliner Zeitung* Nov. 10, 1948.

Anonymous translation preceded by a bitter attack on the Spanish regime and the Greek monarchy by way of an introduction.

880. Beck, Enrique (tr.). "Ode an Salvador Dalí." (Oda a Salvador Dalí). *Frankfurter Allgemeine Zeitung* Aug. 18, 1956.

881. Palm, Erwin Walter (tr.). "Casida vom Weinen." (Casida del llanto). In: *Ensemble: Lyrik, Prosa, Essay*. Munich: R. Oldenbourg, 1971. Vol. 2, pp. 179, 181. Spanish original, pp. 178, 180.

882. ————. "Casida von den dunklen Tauben." (Casida de las palomas oscuras). In: *Ensemble: Lyrik, Prosa, Essay*. Munich: R. Oldenbourg, 1971. Vol. 2, p. 187. Spanish on opposite page.

883. ————. "Casida von der Frau auf dem Rücken." (Casida de la mujer tendida). In: *Ensemble: Lyrik, Prosa, Essay*. Munich: R. Oldenbourg, 1971. Vol. 2, p. 183. Spanish on opposite page.

884. ————. "Casida von der Rose." (Casida de la rosa). In: *Ensemble: Lyrik, Prosa, Essay*. Munich: R. Oldenbourg, 1971. Vol. 2, p. 185. Spanish on opposite page.

885.   ———. "Casida von der unmöglichen Hand." (Casida de
       la mano imposible). In: *Ensemble: Lyrik, Prosa, Essay*.
       Munich: R. Oldenbourg, 1971. Vol. 2, pp. 183, 185.
       Spanish original, pp. 182, 184.

886.   ———. "Ghasel vom dunklen Tod." (Gacela de la muerte
       oscura). In: *Ensemble: Lyrik, Prosa, Essay*. Munich:
       R. Oldenbourg, 1971. Vol. 2, pp. 179, 181. Spanish
       on pp. 178, 180.

887.   ———. "Ghasel von der verzweifelnden Liebe." (Gace-
       la del amor desesperado). In: *Ensemble: Lyrik, Prosa,
       Essay*. Munich: R. Oldenbourg, 1971. Vol. 2, p. 177.
       Spanish on opposite page.

888.   ———. "Ghasel von der bitteren Wurzel." (Gacela de
       la raíz amarga). In: *Ensemble: Lyrik, Prosa, Essay*.
       Munich: R. Oldenbourg, 1971. Vol. 2, p. 179. Spanish
       on opposite page.

                               Prose

BOOKS

889.   Beck, Enrique (tr.). *Granada und andere Prosadichtungen*.
       Zurich: Verlag der Arche, 1954. 71 pp.

       A translation of L's prose works into German by Beck.
       Contents include: Erster Teil: Granada - Paradies; Für
       Viele Verschlossen (1937); Verschlossen (1936); Karwoche
       in Granada (1918); Granada, Albayzín (1918); Die Christ-
       usbilder (1918); Zweiter Teil: Plauderei über Theater
       (1935); Untergegangene Schwimmerin (1928); Selbstmord
       in Alexandria (1928); Dritter Teil: Santa Lucía und San
       Lázaro (1927); Enthauptung des Täufers (1930); Zu Dieser
       Auslese.

890.   ———. *Das dichtersiche Bild bei don Luis de Góngora.
       Die Kinder-Schlummerlieder. Theorie und Spiel des Dämons*.
       Dusseldorf: E. Diedrichs, 1954. 73 pp.

       German of: "La imagen poética en don Luis de Góngora,"
       "Las nanas infantiles," and "Teoría y juego del duende."

       Review: Piontek, Heinz. *Weil und Wort* X (1955): 196-
              197.

891. ———. *Briefe an Freunde, Interviews, Erklärungen zu Dichtung und Theater*. Frankfurt am Main: Insel Verlag, 1966. 270 pp.

INDIVIDUAL WORKS

892. Beck, Enrique (tr.). "Schule des Weinens und Lachens." *Die Welt* Jan. 25, 1950.

Beck's translation of L's "Charla sobre teatro." This lecture is frequently included in program notes for L's plays in Germany.

893. ———. "Engel, Muse, Dämon." *Bühnenblätter des Nationaltheaters in Mannheim* 7 (1955/56): 68-74.

Typical theater publication. L's "Duende" essay is given in Beck's translation. An excerpt from Gebser follows pp. 75-76.

894. ———. "Plauderei über das Theater." *Das neue Forum* VI, 2 (1956/57): 17-19.

Enrique Beck's translation of L's "Charla sobre teatro."

895. ———. "Plauderei über das Theater." *Volksbuehne* Nov. 1958.

Beck's translation of "Charla sobre teatro."

GREEK

Theater

INDIVIDUAL PLAYS

Bodas de sangre

896. Gatsos, Nikos (tr.). (*IT* 24 (1971): 418) *O Matōmenos Gamos*. Athens: Ikaros, 1964. 124 pp.

La casa de Bernarda Alba

897. Triantaphyllou, Stauros (tr.). *To Spiti Tēs Mpernarntas Almpa*. Athens: Sȳgchrona Biblia, 1957.

898. Kotsira, Geōrgēs (tr.). (*IT* 23 (1970): 386) *To Spiti Tēs Mpernarntas Alba*. Athens: Konstantinides, 1970. 128 pp.

Mariana Pineda

899. Zaroukas, Kōstas (tr.). (*IT* 23 (1970): 386) *Mariana Pineda*. Athens: Grēgorēs, 1970. 128 pp.

Poetry

BOOKS OF POETRY

Romancero gitano

900. Tsitopoulos, Kōstas E. (tr.). (*IT* 27 (1974): 333) *Tsinganiko tragoudistari*. Athens: Egdoseis ton Filon, 1974. 78 pp.

Llanto por Ignacio Sánchez Mejías

901. Eustratiadēs, Argyrēs (tr.). *Moiroloi Gia Ton Ignathio-Santseth Mettias*. Athens: n.p., 1969. 60 pp.

HEBREW

Theater

INDIVIDUAL PLAYS

Bodas de sangre

902. Eliaz, Raphael (tr.). (*IT* 25 (1972): 406) *Hatunnat Ha-Damim*. Tel-Aviv: Eked, 1970. 74 pp. illus.

Translation into Hebrew of *Bodas*.

Poetry

COLLECTIONS OF POETRY

903. Eliaz, Raphael (tr.). *Mivhar shirim*. Merhavyah, 1958, 1963. 167 pp. illus. port.

Translation into Hebrew of *Romancero* (*Romansero tzo' ani'*), *Cante jondo* (*Shirat Kanta Hondo*), and the *Llanto* (*Kinat al Ignazio Sánchez*).

904. ————. *Shoshanah ve-sakin*. Tel-Aviv: Eked, 1969. 108 pp.

An anthology of L's poems translated into Hebrew including selections from the *Romancero*, *Cante jondo*, and the *Llanto*.

HUNGARIAN

General Anthologies and the *Obras completas*

905. András, László; János Benyhe; et al. (trs.). (*IT* 20 (1967): 335) *Összes Müvei*. 2 vols. Budapest: Magyar Helikon Kiadó, 1967.

Hungarian translation of the *O.C.*

Theater

INDIVIDUAL PLAYS

Bodas de sangre

906. Illyes, Gyula (tr.). (*IT* 25 (1972): 366). *Vernasz*. Budapest: Magyar Helikon, 1972.

Hungarian translation of *Bodas*.

Poetry

COLLECTIONS OF POETRY

907. András, László, et al. (trs.). (*IT* 28 (1975): 334)
      Két esti hold. Budapest: Móra Kiadó, 1975. 38 pp.
      illus.

      Translation into Hungarian from an Italian translation,
      Cinque lire di stelle, of L's poems.

908. ————. (*IT* 28 (1975): 334) *Versei*. Budapest: Európa,
      1975. 360 pp.

      Translation into Hungarian of selected poems by L.

BOOKS OF POETRY

Romancero gitano

909. András, László (tr.). *Cigány románcok*. Budapest: Lux,
      1947. 63 pp. + preface. illus.

ICELANDIC

Theater

INDIVIDUAL PLAYS

Bodas de sangre

910. Sigfússon, Hannes (tr.). *IT* 28 (1975) *Blóðbrúðkaup.*
      Harmleikur: orem báttum og sjö myndum. Reykjavík:
      Menntaskólinn við Hamrahlíð. 3, 80 pp. illus.

ITALIAN

Theater

COLLECTIONS OF PLAYS

911. Bodini, Vittorio (tr.). *Teatro [di] Federico García Lorca.* Torino: Einaudi, 1952. 590 pp.; 1961. 593 pp.; 1968. 552 pp.

Includes: *Il sacrificio della farfalla, Mariana Pineda, La calzolaia ammirevole, Amore di Don Perlimplino, Teatrino di Don Cristobal, Aspettiamo cinque anni, Il pubblico, Nozze di sangue, Yerma, Donna Rosita nubile e il linguaggio dei fiori, La casa di Bernarda Alba.*

The 1968 translation is based on the edition of the *O.C.* by Arturo del Hoyo. Madrid: Aguilar, 1962. In addition to the items listed above, the 1968 edition also has: "Prefazione alla prima edizione," pp. V–XX, "Avvertenza alla quarta edizione," p. XXI, *I buratini col randello*, and *Teatro breve (La passegiata di Buster Keaton; La donzella, il marinaio e lo studente).* The appendix gives the Italian of *El maleficio de la mariposa (Il malefizio della farfalla).*

Reviews: Giacheri, R. *QIA* II, 13 (1952): 292.
          Di Pinto, M. *Filologia romanza* I, 4 (1954): 109–112.

912. Bodini, Vittorio (tr.). *Tutto il teatro [di] Federico García Lorca.* Turin: Einaudi, 1952; Milan: Mondadori, 1959, 1965 (fourth ed.).

Introd. by V. Bodini. Includes Italian of: *Zapatera, Perlimplín, El retablillo de don Cristóbal, Así que pasen cinco años, El público, Bodas, Doña Rosita, Yerma,* and *B.A.*

913. Bardi, Ubaldo (tr.). *Teatro 1927-28.* Parma: Battei, 1959. 102 pp. Bibliog. Introd.

Contains Italian of *M.P.* and the *Teatro breve.*

914. Bodini, Vittorio (tr.). *Nozze di sangue, Yerma, Donna Rosita nubile, La casa di Bernarda Alba, di Federico García Lorca*. Milan: Mondadori, 1967. 266 pp.

   See also: 906.

INDIVIDUAL PLAYS

Bodas de sangre

915. Vittorini, Elio (tr.). *Nozze di sangue*. In: *Teatro spagnolo: Raccolta di drammi e commedie dalle origini ai nostri tempi*. Milan: Bompiani, 1941, 1943, 1944, pp. 802-856.

   Accompanied by black and white illustrations.

916. Vittorini, Elio (tr. and ed.). *Nozze di sangue*. (Coll. Universale). Milan: Bompiani, 1942. 186 pp.

   Also includes: "Diálogo del Amargo" and *Llanto por Ignacio Sánchez Mejías*. Preceded by an essay, "La poesia di Lorca," by the editor.

917. Visentini, Giuseppe (tr.). *Nozze di sangue*. *Il dramma* 19, 410-411 (Oct. 1, 1943).

918. De Paolo, Domenico (tr.). *Nozze di sangue*. Urbino: Istituto d'Arte, 1961.

919. Bodini, Vittorio (tr.). *Nozze di sangue*. Torino: Einaudi, 1964.

Doña Rosita la soltera

920. Baldo, Albertina (tr.). *Donna Rosita nubile [di] Federico García Lorca*. (Coll. "Il Castello" no. 6). Modena: Guanda, 1943, 1946. 188 pp. Bibliog., pp. 23-25. Introd. by O. Macrí, pp. 7-22.

Amor de don Perlimplín

921. Chirone, Dimma (tr.). *Amore di Don Perlimplín con Belisa nel suo giardino*. *Dramma* 22, 12-13 (May 1-15, 1946): 53-60.

La casa de Bernarda Alba

922. Recanati, Amedeo (tr.). *La casa di Bernarda Alba.*
Dramma 19-20 (Sept. 1, 1946).

923. ————. *La casa di Bernarda Alba.* (Coll. Teatro Universale). Rome: Leo Libreria Organizzazione, 1955.

924. Bodini, Vittorio (tr.). *La casa di Bernarda Alba.*
Turin: Einaudi, 1965. 68 pp.

La zapatera prodigiosa

925. Languasco, Nardo (tr.). *La zapatera prodigiosa.* *Dramma* 22, 12-13 (May 15, 1946): 37-52.

Mariana Pineda

926. Baldo, Albertina (tr.). *Mariana Pineda* [*di*] *Federico García Lorca.* Modena: Guanda, 1942, 1946. 160 pp.
(2nd ed.).

Introd. by Oreste Macrí.

927. Languasco, Nardo (tr.). *Mariana Pineda.* *Dramma* 22, 12-13 (May 1-15, 1946): 15-34.

See p. 35 for two photographs of the Italian production; p. 14 for Dhomme, Silvan, "Mariana Pineda grido di libertà."

928. Bodini, Vittorio (tr.). *Mariana Pineda.* Milan: Mursia, 1964.

Teatro breve and Puppet Theater

929. Bodini, Vittorio (tr.). *Retablillo di don Cristóbal.*
Rome: Aretusa, 1945.

930. Chirone, Dimma (tr.). *Quadretto di Don Cristóbal.*
Dramma 22, 12-13 (May 1-15, 1946): 63-67 + one illus.

931. Bardi, Ubaldo (ed. and tr.). *Federico García Lorca: Teatro minore.* Urbino: Argalia Editore, 1963. 28 pp.

Italian of *El paseo de Buster Keaton*; *La doncella, el marinero y el estudiante*; *Quimera.*

See also: 913.

932. Fusero, Clemente (tr.). *El paseo de Buster Keaton.*
      Portions translated in: Fusero, Clemente. *García Lorca.*
      Milan: dall'Oglio, 1969, pp. 242-244.

933. Rendina, Claudio (tr.). (*IT* 24 (1971): 494) *Teatro
      breve.* Catania: Ciannotta, 1970. 84 pp. illus.

      Bilingual edition of the *Teatro breve.*

Yerma

934. Bo, Carlo (tr.). *Yerma* [*di*] *Federico García Lorca.*
      Turin: Rosa e Ballo, 1944. 106 pp.

      Introd. by Carlo Bo.

935. Jacobbi, Ruggero (tr.). *Yerma.* Rome: Edizioni del
      Secolo, 1944. 98 pp.

      Introd. by R. Jacobbi.

936. Picchio, Luciana Stengano (tr.). *Yerma.* In: Pavolini,
      Corrado (ed.). *Tutto il teatro di tutti i tempi.* Rome:
      Gherardo, Casini, 1953. Vol. 3. 657 pp. .

937. Bodini, Vittorio (tr.). *Yerma.* Turin: Einaudi, 1964.
      62 pp.

                              Poetry

COLLECTIONS OF POETRY

938. Bo, Carlo (tr.). *Poesie* [*di*] *Federico García Lorca.*
      Modena: Guanda, 1940. 150 pp.

      Introd. by author, pp. 7-26. First version of similar
      "editions" which appeared in 1943, 1947, 1949, 1953,
      1956, 1958, 1962, 1966, 1967. All published by Guanda.
      Each edition an augmented version of the previous edi-
      tions.

      Review: Macrí, Oreste. *Prospettive* 10 (Oct. 15, 1940).

939. —————. *Lirici spagnoli.* (Literature VII). Rome:
      Corrente, 1941.

      Contains an introduction and translations of some of
      L's poems including "Cazador," "Canción de jinete,"
      "La casada infiel," "Romance sonámbulo," "Ciudad sin

sueño," "Oda a Salvador Dalí," "Oda al Santísimo Sacramento del Altar."

940. Macrí, Oreste (tr.). *Prime poesie e Canti gitani.*
(Coll. La Fenice). Bologna: Guanda, 1941.

Introd. by Oreste Macrí. Italian translations from
Romancero gitano: "Reyerta," "Romance de la pena negra,"
"San Rafael," "Prendimiento de Antoñito el Camborio,"
"San Gabriel," "Muerte de Antoñito el Camborio," "Muerto
de amor," "Romance del emplazado"; from *Poema del cante
jondo* everything except "Escena del coronel de la Guardia Civil." From *Libro de poemas*: "Sueño"; *Primeras
canciones*: "Cautiva," "Palimpsestos," "Adán"; *Canciones*:
"Nocturno esquemático," "El canto quiere ser luz," "Fábula," "El lagarto está llorando," "Canción tonta,"
"Canción del mariquita," "La calle de los mudos," "Murió
al amanecer," "Primer aniversario," "Segundo aniversario," "Lucia Martínez," "En Málaga," "El niño mudo,"
"Despedida," "Preludio," "Canción inútil," "Dos marinos
en la orilla"; *Llanto por Ignacio Sánchez Mejías*; *Poemas
sueltos*: "Norte," "Sur," "La selva de los relojes,"
"Herbario," "Omega."

941. Falqui, Enrico (ed.). *Poesia.* Milan: Mondadori, 1946.

Italian of several poems by L including: "El llanto,"
"Poema doble del lago Edem," "La balada del agua del
mar," "Gacela de la terrible presencia" (translated by
V. Bodini), and "Canto de la muerte pequeña" (translated
by L. Panarese).

942. Bertini, G. Maria (tr.). *Antologia lirica della poesia
[di] Federico García Lorca*. Milan: Aretusa, 1948.

This anthology contains poems in Spanish from *Libro de
poemas*: "Canción primaveral," "Si mis manos pudieran deshojar," "Balada de un día de julio," "In memoriam," "La
veleta yacente," "Balada de la placeta," "La balada del
agua del mar," "Aire de nocturno." From *Primeras canciones*: "Remansos," "Remanso, canción final," "Cuatro
baladas amarillas." From *Romancero*: "Romance de la
luna, luna," "Reyerta," "Romance sonámbulo," "Preciosa
y el aire," "La monja gitana," "Romance de la pena negra," "San Miguel," "San Rafael," "Prendimiento de Antoñito el Camborio," "Muerto de amor," "Muerte de Antoñito el Camborio," "Romance del emplazado," "Romance
de la Guardia Civil española," "Martirio de Santa
Olalla." From *Cante jondo*: "Baladilla de los tres ríos,"

"Paisajes," "La guitarra," "El paso de la siguiriya,"
"Tierra seca," "Encrucijada," "Alba," "Sevilla," "Sae-
ta," "Camino," "Danza," "Memento." From *Poemas póstu-*
mos: "Canción de la muerte pequeña," "Soledad." From
Poeta: "Oda al rey de Harlem," "Ciudad sin sueño,"
"Panorama ciego de Nueva York," "Nacimiento de Cristo,"
"La aurora," "Paisaje con dos tumbas y un perro asirio,"
"Nueva York," "Son de negros en Cuba." From *Canciones*:
"Canción de las siete doncellas," "Nocturno de la ven-
tana," "Es verdad," "Arbolé, arbolé," "Murió al amane-
cer," "Serenata," "El niño mudo," "De otro modo," "Dos
marinos en la orilla," "Canción del naranjo seco,"
"Canción china en Europa," "Caracola," "Canción de ji-
nete," "Cancioncilla del primer deseo." From *Diván*:
"Gacela de la terrible presencia," "Gacela del niño
muerto," "Gacela de la muerte," "Gacela de la huída,"
"Gacela del llanto," "Casida de la mano imposible,"
"Casida de la rosa." From *Poemas sueltos*: "Oda a Salvador Dalí, and "Oda al Santísimo Sacramento dell'altare.

943.   Macrí, Oreste (tr. and ed.). *Canti gitani e prime po-*
       esie. Modena: Guanda, 1949. 221 pp. Bibliog. pp. 24-
       25.

       Bilingual translation of selected poems of L.

944.   ————. *Canti gitani e andalusi*. Bologna: Guanda,
       1951; 3rd ed. Parma: Guanda, 1953. 354 pp.; 4th ed.
       Parma: Guanda, 1954. 388 pp.; 5th ed. Bologna: Guanda,
       1957. 479 pp.; 6th ed. Modena: Guanda, 1958; Parma:
       Guanda, 1959, 1961, 1963, 1964.

       Second and enlarged edition of item listed as *Canti*
       gitani e prime poesie. Includes an essay, "Demone e
       arte in Federico García Lorca."

       Review: Pottier, Bernard. *QIA* IV, 25 (Oct. 1960): 44-
       45.

       See also: 943.

945.   Macrí, Oreste (ed.). *Poesia spagnola del novecento*.
       Parma: Guanda, 1952, 1961 (2nd ed. revised).

       Contains the following poems by L in translation:
       "La sombra de mi alma," "Los álamos de plata," "El
       diamante," "Mar," "Las gentes iban," "Cancioncilla del
       primer deseo," "Normas," "Soledad," "El poeta pide a
       su amor que le escriba," "Soneto," "Nocturno del hueco,"
       "Huída de Nueva York: I) Pequeño vals vienés, II) Vals

en las ramas," "Casida del herido por el agua," "Casida
de las palomas oscuras."

946. Croce, Elena Craveri (ed.). *Poeti del novecento (Ita-
liani e stranieri)*. Turin: Einaudi, 1960, pp. 244-305.

Includes the following poems translated by Mario Socrate,
with Italian on the facing pages: "Paesaggio," "Poesia
della 'Soleá,'" "Paese," "Ahí!," "Amparo," "Cacciatore,"
"Agosto," "Conchiglia," "Canzone di cavaliere," "Vera-
mente," "Commiato," "Preludio," "Canzone dell'arancio
secco," "Romanza della luna, luna," "Romanza della
guardia civile spagnola," "L'aurora," "Piccolo poema
senza fine," "Il linguaggio dei fiori." The "Lamento
per Ignazio Sánchez Mejías," translated by Carlo Bo.

947. Gasparetti, Antonio, and Ugo Gallo (eds.). *Le più belle
pagine della letteratura spagnola*. Milan: Nueva Acca-
demia, 1962.

Includes L's "Mostratemi," "In memoria," "Canzone del
cavaliere," "E' vero," "Romanza sonnambula," "La sposa
infedele," "Martirio di Santa Olalla," "Ballata dei tre
fiumi," "De profundis," "Arbolé, arbolé," "La ballata
dell'acqua dei mari," "Sposalizio," "Pianto per Ignacio
Sánchez Mejías," "Oda al re di Harlem."

948. De Gennaro, Giuseppe (tr.). *La poesia di Federico
García Lorca*. Naples: Aldo Fiory Editore, 1966. 181 pp.

Brief anthology of L's poetry in translation preceded
by observations on L's poetry and theater.

949. Martinengo, Alessandro. *Centouno capolavori letterari
spagnoli e ispanoamericani*. Milan: Bompiani, 1967.
Vol. X.

Translation of some of L's poems with brief introd.

950. Macrí, Oreste (tr.). *Poesia spagnola del 900*. 2 vols.
Milan: Garzanti, 1974.

Bilingual edition. Vol. 2, pp. 282-653, contains the
Italian of: "Alba," "Consulta," "Paisaje," "Pueblo,"
"Madrugada," "Las seis cuerdas," "Retrato de Silverio
Franconetti," "Memento," "Cuatro balladas amarillas,"
"Cautivo," "El canto quiere ser luz," "Balanza," "Ca-
zador," "Fábula," "Adelina de paseo," "Es verdad,"
"Al oído de una muchacha," "Huerto de marzo," "Romance
de la luna, luna," "Romance sonámbulo," "La monja gita-

na," "San Miguel (Granada)," "Muerte de Antoñito el
Camborio," "Romance de la Guardia Civil española,"
"Vuelta de paseo," "Norma y paraíso de los negros,"
"Ciudad sin sueño," "Cielo vivo," "Llanto por Ignacio
Sánchez Mejías," "Gacela del amor imprevisto," "Gacela
de la muerte oscura," "Casida del llanto," "Casida del
sueño al aire libre," "Casida de las palomas oscuras,"
"Murió al amanecer," "Despedida," "El espejo engañoso."

See also: 945.

951.   Bo, Carlo (tr.). *Tutte le poesie* [di] *Federico García
       Lorca*. Milan: Garzanti, 1975.

952.   Rendina, Claudio (tr.). "Sei poesie dell'autore fuci-
       lato dai franchisti." *Tutto libri* Mar. 1976.

       Includes the Italian of "Canción morena," "Epitafio a
       Isaac Albéniz," "Casi-elegía," "Canción del muchacho
       de siete corazones," "El regreso," "Soledad insegura."

953.   ————. *Poesie inedite di García Lorca.*

       Introd. by C. Rendina. Includes: "Suite del ritorno,"
       "Il ritorno," "Corrente," "Verso," "Sirena," "Svolta,"
       "Realtà," "Se tu," "Commiato," "Freccia," "Quasi elegia,"
       "Raffica," "Notte," "Cantuccio del cielo," "Totale,"
       "Una stella," "Fascia," "Una madre," "Ricordo," "Ospi-
       zio," "Venere," "In basso," "La grande tristezza,"
       "Stampe del cielo," "Adone," "Fontana paese," "A parte,"
       "Giardino," "Ruota indifferente la luna," "Quando ve-
       nere ...," "Notte di fiore racchiuso e vena occulta ...,"
       "Gigli di spuma cento e cento stelle ...," "Oda al San-
       tissimo Sacramento del altare," "Demonio," "Carne,"
       "A Manuel de Falla," "Epitafio per Isaac Albéniz," "Le
       cicogne di Avila," "Granada," "Canzone bruna," "Il sole
       è tramontato," "Rosa," "Abbandono," "Corrente lenta,"
       "Canzone del ragazzo dai sette cuori," "Arco di luna,"
       "Il satiro bianco," "Portico," "Estate," "Canzone dello
       scoramento," "Canzone (E io ti baciavo ...)," "Quadretto
       e giocattolo," "Nella solitudine senza gesto nè parole
       ...," "A Catalina Bárcena," "Miguel Pizarro," "Angolo
       eterno," "Piccola sera del giovedì santo," "Mare lati-
       no," "Un altro quadretto," "Alba e scampanio," "Canzon-
       cina del bambino non nato," "Pioppo e torre," "Canzone,"
       "Ninna nanna," "Copla cubana," "Addio," "Canzone (toc,
       toc)," "Canzone (Sopra il pianissimo ...").

BOOKS OF POETRY

Libro de poemas

954. Bo, Carlo (tr.). (*IT* 22 (1969): 439) *Libro de poemas.*
     Poema del cante jondo. 2nd ed. Parma: Guanda, 1968.
     199 pp.

955. ————. (*IT* 23 (1970): 464) *Libro de poemas. Poema*
     del canto jondo. 3rd ed. Parma: Guanda, 1969. 199 pp.

956. Rendina, Claudio (tr.). (*IT* 24 (1971): 494) *Poesie.*
     Rome: Newton Compton Italiana, 1971. 287 pp.

Llanto por Ignacio Sánchez Mejías

957. Caproni, G. (tr.). *Pianto per Ignazio Sánchez Mejías.*
     In: Bertolucci, Attilio (ed.). *Poesia straniera del*
     novecento. Milan: Garzanti, 1958, pp. 573, 575, 577, 579,
     581, 583, 585, 587. Bilingual version with Spanish on
     opposite page.

958. Bo, Carlo (tr.). *Lamento per Ignacio. Diván del Tamarit*
     ed altre poesie. Parma: Guanda, 1965. 152 pp.; 1968,
     1969. 200 pp.

Poeta en Nueva York

959. Bo, Carlo (tr.). (*IT* 21 (1968): 389; 23 (1970): 464)
     Poeta a New York. Parma: Guanda, 1965, 1968. 116 pp.;
     1969.

Romancero gitano

960. Bo, Carlo (tr.). *Romancero gitano ed altre poesie.*
     (*IT* 23 (1970): 464) Parma: Guanda, 1965, 1969. 154 pp.

     Introd. by Bo.

961. ————. *Romancero gitano.* Parma: Guanda, 1968, 1969.

INDIVIDUAL POEMS

Canción de jinete

962. Regini, Gino (tr.). "Canzone di cavaliere." In: Erran-
     te, Vincenzo, and Emilio Mariano (eds.). *Orfeo.* Flo-
     rence: Sansoni, 1940, 1950, 1952, p. 1401.

963. Bo, Carlo (tr.). "Canzone di cavaliere." In: *Lirici spagnoli*. Milan: Corrente Edizioni, 1941, p. 275.

Italian of "Canción de jinete" with original Spanish on preceding page.

Cazador

964. Bo, Carlo (tr.). "Cacciatore." In: *Lirici spagnoli*. Milan: Corrente Edizioni, 1941, p. 273.

Italian of "Cazador" with original Spanish on preceding page.

965. Spiritini, Massimo (tr. and ed.). "Cacciatore." In: *Panorama della poesia mondiale*. Milan: Fratelli Bocca Editori, 1951, p. 184.

La casada infiel

966. Regini, Gino (tr.). "Aveva marito." In: Errante, Vincenzo, and Emilio Mariano (eds.). *Orfeo*. Florence: Sansoni, 1940, 1950, 1952, p. 1395.

967. Bo, Carlo (tr.). "La sposa infedele." In: *Lirici spagnoli*. Milan: Corrente Edizioni, 1941, pp. 277, 279, 281.

With Spanish on facing pages.

968. Caproni, G. (tr.). "La sposa infedele." In: Bertolucci, Attilio (ed.). *Poesia straniera del novecento*. Milan: Garzanti, 1958, pp. 569, 571.

Bilingual version with the Spanish on the opposite page.

Oda a Salvador Dalí

969. Macrí, Oreste (tr.). "Oda a Salvador Dalí." *Corrente* June 15, 1939.

970. Bo, Carlo (tr.). "Ode a Salvador Dalí." In: *Lirici spagnoli*. Milan: Corrente Edizioni, 1941, pp. 301, 303, 305, 307, 309, 311, 313.

Italian translation with Spanish on facing pages.

OTHER POEMS

971. Regini, Gino (tr.). "Ballatetta dei tre fiumi." (Balada de los tres ríos). In: Errante, Vincenzo, and
Emilio Mariano (eds.). *Orfeo*. Florence: Sansoni,
1940, 1950, 1952, p. 1393.

    Biographical note, p. 1632.

972. ———. "Canzonetta di Malaga." (En Málaga). In:
Errante, Vincenzo, and Emilio Mariano (eds.). *Orfeo*.
Florence: Sansoni, 1940, 1950, 1952, p. 1401.

973. ———. "Ballata interiore." (Balada interior). In:
Errante, Vincenzo, and Emilio Mariano (eds.). *Orfeo*.
Florence: Sansoni, 1940, 1950, 1952, p. 1399.

974. ———. "Martirio di Santa Eulalia." (Martirio de
Santa Olalla). In: Errante, Vincenzo, and Emilio Mariano (eds.). *Orfeo*. Florence: Sansoni, 1940, 1950,
1952, p. 1397.

975. ———. "La Lola." In: Errante, Vincenzo, and Emilio
Mariano (eds.). *Orfeo*. Florence: Sansoni, 1940, 1950,
1952, p. 1395.

976. ———. "Ballata dell'acqua marina." (La Balada del
agua del mar). In: Errante, Vincenzo, and Emilio Mariano (eds.). *Orfeo*. Florence: Sansoni, 1940, 1950,
1952, p. 1394.

977. Bo, Carlo (tr.). "Città insonne." (Ciudad sin sueño).
In: *Lirici spagnoli*. Milan: Corrente Edizioni, 1941,
pp. 293, 295, 297, 299.

    Bilingual version.

978. ———. "Ode al Santissimo Sacramento dell'altare."
(Oda al Santísimo Sacramento del altar). In: *Lirici
spagnoli*. Milan: Corrente Edizioni, 1941, pp. 315, 317,
319, 321, 323.

    Bilingual version.

979. ———. "Romanza sonnambula." (Romance sonámbulo).
In: *Lirici spagnoli*. Milan: Corrente Edizioni, 1941,
pp. 283, 285, 287, 289, 291.

    Bilingual version.

980.   Solmi, Sergio (tr.). "Poesie [di] Federico García
       Lorca." *La lettura* (Milan) July 18, 1946.

       Includes "Spagna"; "Morto d'amore" (Muerto de amor);
       "Canzone" (Canción); and "Rissa" (Reyerta).

981.   Gasparrini, Mario (tr.). "Ora di stelle." (Hora de
       estrellas). In: *Poeti spagnoli contemporanei*. Sala-
       manca: Universidad de Salamanca, 1947, pp. 83-86.

982.   ———. "Sera." (Tarde [noviembre de 1919]). In:
       Poeti spagnoli contemporanei. Salamanca: Universidad
       de Salamanca, 1947, pp. 83-86.

983.   Fortini, Franco (tr.). "Scena del tenente colonello
       della guardia civile di Federico García Lorca." (Esce-
       na del teniente coronel de la Guardia Civil). *Avanti*
       LI, 122 (1947).

984.   Bardi, Ubaldo (tr.). "Crocicchio." (Encrucijada).
       In: "Poesie di F. García Lorca." *Carte parlanti* V
       (May 1948).

       Rpt.: Bardi, Ubaldo. "Poesie di F. García Lorca."
            Avanti (Rome) April 22, 1949.

985.   ———. "Passando." In: "Poesie di F. García Lorca."
       Carte parlanti V (May 1948).

       Rpt.: Bardi, Ubaldo. "Poesie di F. García Lorca."
            Avanti (Rome) April 22, 1949.

986.   Oliviero, Luigi (tr.). "Poesie [di] Federico García
       Lorca." *FLe* (Rome) Feb. 4, 1951.

       Includes Italian of: "Tres historietas del viento" and
       "Estampa del cielo."

987.   Spiritini, Massimo (tr.). "Nacchera." (Crótalo). In:
       Panorama della poesia mondiale. Milan: Fratelli Bocca
       Editori, 1951, p. 183.

988.   Rebora, Roberto (tr.). "Canzone della piccola morte."
       (Canción de la muerte pequeña). In: Schewiller, Vanni
       (ed.). *Poeti stranieri del '900*. Milan: All'Insegna
       del Pesce d'Oro, 1956, pp. 53-54.

989.   Caproni, G. (tr.). "Arbolé, arbolé." In: Bertolucci,
       Attilio (ed.). *Poesia straniera del novecento*. Milan:
       Garzanti, 1958, pp. 567, 569.

Bilingual version with the Spanish on the opposite page.

990. Guidacci, Margherita (tr.). "Elegia." In: Bertolucci, Attilio (ed.). *Poesia straniera del novecento*. Milan: Garzanti, 1958, pp. 587, 589, 591, 593.

Bilingual version with the Spanish on the opposite page.

991. ————. "Canzone." (Canción). In: Guillén, Jorge. *Federico García Lorca. Carteggio*. Milan: All'Insegna del Pesce d'Oro, 1960, p. 134.

A six-line poem found on the back of the final page of a letter to Guillén dated Sept. 9, 1926.

992. ————. "La sirena e il dogganiere" (Selections). (La sirena y el carabinero). In: Guillén, Jorge. *Federico García Lorca. Carteggio*. Milan: All'Insegna del Pesce d'Oro, 1960, pp. 93, 95.

Translation from the version found in a letter from L to Guillén dated about 1926.

993. ————. "Pioppo e torre." (Los álamos de plata). In: Guillén, Jorge. *Federico García Lorca. Carteggio*. Milan: All'Insegna del Pesce d'Oro, 1960, p. 83.

Translation made from the version found in a letter from L to Guillén, dated Feb. 25, 1925.

994. ————. "Rissa di giovani." (Reyerta de mozos). In: Guillén, Jorge. *Federico García Lorca. Carteggio*. Milan: All'Insegna del Pesce d'Oro, 1960, pp. 129, 131.

In a letter to Guillén dated Sept. 9, 1926.

995. ————. "Romance della Guardia Civile" (Selections). (Romance de la Guardia Civil española). In: Guillén, Jorge. *Federico García Lorca. Carteggio*. Milan: All' Insegna del Pesce d'Oro, 1960, pp. 143, 145, 147.

From a letter to Guillén written Nov. 8-9, 1926. (Facsimile between pp. 144 and 145.)

996. ————. "San Michele Arcangelo." (San Miguel). In: Guillén, Jorge. *Federico García Lorca. Carteggio*. Milan: All'Insegna del Pesce d'Oro, 1960, pp. 127, 129.

In a letter to Guillén written Sept. 9, 1926.

997. ————. "Solitudine insicura." (Soledad insegura). In: Guillén, Jorge. *Federico García Lorca. Carteggio*. Milan: All'Insegna del Pesce d'Oro, 1960, pp. 175, 177.

In a letter to Guillén written Feb. 14, 1927. (Facsimile between pp. 176 and 177.)

Prose

BOOKS AND COLLECTIONS OF PROSE

998. Bo, Carlo (tr.). *Prose [di] Federico García Lorca.*
      Florence: Valecchi, 1954. 176 pp.

      Contains: Santa Lucia e San Lazzaro, Decollazione del
      Battista, Granada, Settimana santa in Granada, Parole
      sul teatro, La certosa, Clausura, Monastero di Silos,
      Il convento, Città perduta (Baeza), Un grido nel po-
      meriggio, I crocifissi, Granada--Albaycín, L'immagine
      poetica di Don Luis de Góngora, Le ninnananne, Teoria
      e gioco del demone.

Correspondence

999. Guidacci, Margherita (tr.). "Carteggio: Lorca-Guillén.
      In: Guillén, Jorge. *Federico García Lorca: Carteggio.*
      Milan: All'Insegna del Pesce d'Oro, 1960, pp. 81-203.

      A bilingual edition of L's correspondence with Guillén.
      Letters translated into Italian are those found in the
      O.C.

NORWEGIAN

Theater

INDIVIDUAL PLAYS

Bodas de sangre

1000. Skagestad, Tormod (tr.). *Blodbryllaupet. Høyrespel
       sendt av Norsk rikskringkasting* June 14, 1955. 80 pp.

Doña Rosita la soltera

1001. Vaa, Aslaug (tr.). *Frøken Rosita, eller Når blomane talar.* Eit dikt frå Granada pa nittenhundretalet. *Høyrespel sendt av Norsk rikskringkasting* May 7, 1957. 95 pp.

La casa de Bernarda Alba

1002. Skagestad, Tormod (tr.). *Bernardas hus. Høyrespel sendt av Norsk rikskringkasting* Nov. 26, 1957. 80 pp.

1003. Keilhan, Carl (tr.). *Bernarda Albas hus. Fjernsyn-teatret* Aug. 27, 1964. 97 pp.

La zapatera prodigiosa

1004. Skagestad, Tormod (tr.). *Den vakra skomakerfrua. Høyrespel sendt av Norsk rikskringkasting* Sept. 19, 1968. 53 pp.

Yerma

1005. Skagestad, Tormod (tr.). *Yerma av Federico García Lorca. Sendt av Norsk rikskringkasting* Mar. 28, 1952. 59 pp.

1006. ————. *Yerma. Fjernsyns-teatret* Oct. 31, 1972. 72 pp.

First translation into Nynorsk, the second official language of Norway, of *Yerma*.

Poetry

COLLECTIONS OF POETRY

1007. Kaurin, Solveig (tr. and ed.). *Spanska dikt.* Oslo: J. Chr. Gundersens boktr., 1946. 61 pp.

Introd. by Kaurin. Illus. by Johan Lie-Gjemre. Acceptable translation into Norwegian of selected poems by L.

POLISH

General Anthologies and *Obras completas*

1008.   Szleyen, Zofia (tr.). *Wiersze i dramaty*. Warsaw:
        Książka i Wiedza, 1951.

        Translation of selected poems and plays of L, preceded
        by an introduction by the translator.

Theater

COLLECTIONS OF PLAYS BY LORCA

1009.   Biénkowski, Zbigniew; Mieczysław Jastrun; Zofia Szleyen
        (trs.). *Dramaty*. Cracow: Wydawnictwo Literackie,
        1968.   559 pp.

        Translations into Polish of L's theater.   Includes:
        Mariana Pineda (Z Biénkowski, pp. 5-95); *La zapatera
        prodigiosa* (Czarujaca Szewcowa-Z. Szleyen, pp. 97-157);
        Así que pasen cinco años (Kiedy minie pięć lat-Z.
        Szleyen, pp. 159-242); *Bodas de sangre* (Krwarwe gody-
        M. Jastrun, pp. 243-328); *Yerma* (Yerma czyli bezplodna-
        Z. Szleyen, pp. 329-396); *Doña Rosita la soltera* (Panna
        Rosita czyli mowa kwiatów-Z. Szleyen, pp. 397-476);
        La casa de Bernarda Alba (Dom Bernardy Alba-Z. Szleyen,
        pp. 477-558).

INDIVIDUAL PLAYS

Amor de don Perlimplín con Belisa en su jardín

1010.   Jakubowicz, Tadeusz, and Alicja Leonhard (trs.).
        Miłość don Perlimplina do Belisy w jego ogrodzie.
        Dialog 3 (Mar. 1957).

Mariana Pineda

1011.   Szleyen, Zofia (tr.). *Mariana Pineda*. Warsaw:
        Książka i Wiedza, 1950.

Teatro breve and Puppet Theater

1012. Wróblewska, Teresa (tr.). *Maƚy teatr*. *Dialog* 1 (Jan. 1961).

Poetry

COLLECTIONS OF POETRY

1013. Winczakiewicz, J. (tr.). "Pieśni andaluzyjskie 'Poema del cante jondo' (Taniec; Sześć strun; Lola; Przed- mieście Kordoby; De Profundis; Dzwony; Balkon; Mala- genia; Jutrzenka; Ƚucznicy; Pejzaž; Wioska; Cisza; Sztylet; Krzyk; Niespodzianka.") *Nowiny lietarckie* 29 (1948): 4.

From *Cante jondo*, Polish of: "Baile," "Las seis cuer- das," "La Lola," "Barrio de Córdoba," "De profundis," "Campana," "Balcón," "Malagueña," "Madrugada," "Ar- queros," "Danza," "Paisaje," "Pueblo," "El silencio," "Puñal," "El grito," "Sorpresa."

1014. Sƚobodnik, W. (tr.). *Wybór wierszy*. Warsaw: Czytel nik, 1950.

Translation into Polish of selected poems by L, pre- ceded by an introduction by the translator.

1015. ———. "Czytanie książki o stronach rodzimych; Dia- ment; Droga; Nieziemscy myśliwi polują na planety ...; Podróz; Popióƚ; Zrąbano trzy drzewa; Žal." *Kuźnica* 2 (1950): 4.

Polish translations from several of L's works including *Impresiones y paisajes* as well as poems such as "El diamante," "Camino," and "Cortaron tres árboles."

1016. Jureń, A. (tr.). "Z andaluzyjskich pieśni." *Illustro- wany Kurier Polski* 193 (1954): 5.

Translation into Polish of selections from *Canciones (1921-1924)*.

1017. Bieszczadowski, M. (tr.). *Smak winnic Twoich. Wybór liryki religijnej Zachodu*. Warsaw: n.p., 1956.

Includes translations into Polish of selected poems by L.

1018. Strasburger, J. (tr. and ed.). *Z hiszpańskiego. Prze-kłady poezji.* Warsaw: n.p., 1956.

An anthology of Spanish poems translated into Polish, including several by L. The latter are not specifically identified.

1019. Ficowski, J. (tr. and ed.). *Poezje Wybrane.* Warsaw: Panstwowy Instytut Wydawniczy, 1958. 153 pp.

Introd. by Stanislaw Zembruski, pp. 5-14.

Translations into Polish selected from: *Romancero, Poeta, Llanto, Diván, Canciones (1921-1924), Cante jondo,* and *Libro de poemas* (1921).

1020. Szleyen, Zofia (tr.). "Z pośmiertnych ballad: I." *Program Teatru im. W. Siemaszkowej* (Rzeszów) 10 (1959): 14.

Translations from "Poemas póstumos."

1021. Ficowski, J. (tr.). *Poezje Wybrane.* Warsaw: Ludowa Spółdzielnia Wydewnicza, 1968. 138 pp.

Polish of selected poems by L.

BOOKS OF POETRY

Llanto por Ignacio Sánchez Mejías

1022. Pollak, S. (tr.). "Żal po Ignacio Sánchez Mejías." *Kuźnica* 33 (1947): 3.

1023. Słobodnik, W. (tr.). "Tren na śmierć Ignacia Sánchez Mejías. (1. Cios byka śmierci. 2. Przelana krew. 3. Obecne ciało. 4. Nieobecna dusza.)." *Odrodzenie* 25 (1948): 1.

Complete translation of the *Llanto.*

1024. ————. "Tren na śmierć Ignacia Sánchez Mejías " (fragment). *Dookoła Świata* 30 (1955): 13.

Translation into Polish of selections from the *Llanto.*

Romancero gitano

1025. Ficowski, J. (tr.). *Romance cygańskie.* Warsaw: Książka i Wiedza, 1949.

INDIVIDUAL POEMS

Al oído de una muchacha

1026. Ficowski, J. (tr.). "Na uszko dziewczynie." *Dziennik literacki* 5 (1948): 1.

1027. Słobodnik, W. (tr.). "Dziewczynie na uszko." *Sztandar Młodych* 56 (1956): 4.

Rpt.: *Sprawy i ludzie* 30 (1956): 1.

Balcón

1028. Ficowski, J. (tr.). "Balkon." *Świat* 46 (1953): 15.

1029. Anon. "Balkon." *Dziennik Ludowy* 250 (1958): 4.

Rpt.: *Nowa Wieś* (Dodatek) 50 (1958): 1.
Republished in supplement to journal cited.

Camino

1030. Bieszczadowski, M. (tr.). "Droga." *Dziś i Jutro* 31 (1954): 4.

1031. Słobodnik, W. (tr.). "Droga." *Sprawy i ludzie* 30 (1956): 1.

Canción

1032. Bieszczadowski, M. (tr.). "Piosenka." *Tygodnik Powszechny* 25 (1955): 5.

1033. Ficowski, J. (tr.). "Piosenka." In: *Po polsku (Poezje)*. Warsaw: n.p., 1956.

Canción de jinete

1034. Śmieja, F. (tr.). "Pieśń jeźdźca." *Życie Akademickie* 49 (1954): 3.

1035. Bieszczadowski, M. (tr.). "Piosenka Caballera." (Canción de jinete). *Tygodnik Powszechny* 25 (1955): 5.

1036. Strasburger, J. (tr.). "Piosenka jeźdźca." *Radio i Świat* 22 (1957): 4.

Cortaron tres árboles

1037.   Ficowski, J. (tr.).   "Zrąbano trzy drzewa."   *Dziennik
        literacki* 5 (1948): 1.

1038.   Słobodnik, W. (tr.).   "Zrąbano trzy drzewa."   *Sprawy
        i ludzie* 30 (1956): 1.

Despedida

1039.   Słobodnik, W. (tr.).   "Pożeganie."   *Sprawy i ludzie*
        30 (1956): 1.

1040.   Tchórzewski, A. (tr.).   "Pożeganie."   *Kultura i Życie*
        20 (1957): 2.

De Profundis

1041.   Bieszczadowski, M. (tr.).   "De Profundis."   *Słowo
        Powszechne* 132 (1953): 7.

1042.   ———.   "De Profundis."   *Dziś i Jutro* 31 (1954): 4.

1043.   ———.   "Wiersz dla umarłych."   *Wroclawski Tygodnik
        Katolicki* 44 (1957): 1.

La casada infiel

1044.   Ficowski, J. (tr.).   "Romance cygańskie: 'Z tego
        zbioru:/Niewierna mężatka.'"   *Tw* 11 (1949): 80–81.

1045.   ———.   "Niewierna mężatka."   *Młodzież Świata* 8
        (1957): 31.

1046.   Anon.   "Niewierna mężatka."   *Zwierciadło* 20 (1959): 7.

La guitarra

1047.   Słobodnik, W. (tr.).   "Gitara."   *Robotnik* 51 (1948): 3.

1048.   Śmieja, F. (tr.).   "Gitara."   *Życie* 5 (1952): 3.

1049.   Ficowski, J. (tr.).   "Gitara."   In: *Po polsku (Poezje)*.
        Warsaw, n.p., 1956.

1050. ————. "Gitara." *Nowa Wieś* (Dodatek) 43 (1958): 1.

Rpt.: *Program Teatru Narodowego* (Warsaw) (1957-1959).

La Lola

1051. Ficowski, J. (tr.). "Lola." In: *Po polsku (Poezje)*. Warsaw: n.p., 1956.

1052. Anon. "Lola." *Nowa Wieś* 10 (1959): 1.

Los cuatro muleros

1053. Szleyen, Zofia (tr.). "Piosenka o czterech mulnikach." *Nowy nurt* 3 (1956): 27.

1054. Anon. "Pieśń o czterech mulnikach." *Program Teatru Powszechnego* (Łódź) (1957-1958).

Memento

1055. Bieszczadowski, M. (tr.). "Memento." *Słowo Powszechne* 132 (1953): 7.

1056. Ficowski, J. (tr.). "Memento." *Świat* 46 (1953): 15.

Noche

1057. Ficowski, J. (tr.). "Nocą." *Program Teatru Polskiego* Posnan (1956): 4.

Rpt.: *Po polsku (Poezje)*. Warsaw: n.p., 1956.

1058. Anon. "Nocą." *Nowa Wieś* 50 (1958): 1.

Oda al Santísimo Sacramento del altar

1059. Bieszczadowski, M. (tr.). "Oda do Przenajświętszego Sakramentu (Wystawienie I)." *Dziś i Jutro* 1 (1956): 5.

Polish of "Exposición" from "Oda al Santísimo Sacramento del altar."

1060. Anon. "Oda do Przenajświętszego Sakramentu" (fragment). *Katolik* 23 (1958): 3.

Prendimiento de Antoñito el Camborio en el camino de Sevilla

1061. Słobodnik, W. (tr.). "Święty Micha"; "Aresztowanie
       Antonia el Camborio na drodze sewilskiej." Kuźnica
       46 (1947): 6-7.

       Translation of "San Miguel" and "Prendimiento de An-
       toñito el Camborio en el camino de Sevilla" (adapted).

1062. Ficowski, J. (tr.). "Aresztowanie Antonita el Camborio
       na drodze sewilskiej." Świat Młodych 66 (1948): 11.

1063. ————. "Aresztowanie." Tw 9 (1948): 71-77.

1064. Gałkowski, J. (tr.). "Aresztowanie Antonia el Cambo-
       rio na drodze sewilskiej." Młodzi idą 3 (1948): 5.

       Adapted.

1065. Anon. "Romance cygańskie. /Z tego zbiouru:/ Areszto-
       wanie Antonita el Camborio na drodze sewilskiej."
       Express Wieczorny 146 (1949): 3.

1066. Ciesielska-Borkowska, S. (tr.). "Pojmanie Antonita
       Camborio na drodze do Swilli." Życie Literackie 1
       (1953): 9.

1067. Anon. "Aresztowanie Antonia el Camborio na drodze
       sewilskiej." Świat 33 (1956): 18.

Pueblo

1068. Bieszczadowski, M. (tr.). "Wioska." Słowo Powszechne
       132 (1953): 7.

1069. Ficowski, J. (tr.). "Wieś." Świat 46 (1953): 15.

       Rpt. Po polsku (Poezje). Warsaw: n.p., 1956.
       Program Teatr Polski (Posnan) (1956): 2.

Reyerta

1070. Słobodnik, W. (tr.). "Zwada." Kuźnica 51-52 (1947):
       6.

       Translation and adaptation of "Reyerta."

1071. Ficowski, J. (tr.). "Zwada." Tw 9 (1948): 71-77.

1072. Anon. "Zwada." *Razem* 13 (1948): 7.

1073. Słobodnik, W. (tr.). "Zwada." *Dziennik bałtycki* 108
(1956): 7. (Supplement to *Rejsy* 18 (1956)).

 Rpt.: *Nowy nurt* 3 (1956): 26-27.

"Romance de la Guardia Civil española"

1074. Anon. "Romanca o policji hiszpańskiej." *Gromada* 12
(1947): 29-32.

1075. Słobodnik, W. (tr.). "Romanca o hiszpańskiej żandarmerii." *Kuźnica* 30 (1948): 7.

 Rpt.: *Młodzi idą* 3 (1948): 5.

1076. Ficowski, J. (tr.). "Romanca o policji hiszpańskiej."
Nowiny Literackie 29 (1948): 5.

1077. ————. "Romanca o policji hiszpańskiej żandarmerii."
Młodzi idą 3 (1948): 5.

 Adapted.

1078. ————. "Romanca o policji hiszpańskiej." *Dziennik
literacki* 6 (1950): 5.

 Translation of selections from "Romance de la Guardia
Civil española."

 Rpt.: *Pokolenie* 27 (1950): 9.

1079. Słobodnik, W. (tr.). "Romance o hiszpańskiej żandarmerii." *Tydzień Literacki* 15 (1950): 1.

1080. Ficowski, J. (tr.). "Romanca o policji hiszpańskiej"
(fragment). *Głos Tygodniowy* 31 (1956): 1.

 Polish of selections from "Romance de la Guardia Civil
española."

1081. Szeleyen, Zofia (tr.). "Romanca o policji hiszpańskiej" (fragment). *Program Teatr Powszechny* (Warsaw)
3 (1956): 17-20.

 Translation of selections from "Romance de la Guardia
Civil española" which appeared in a theater program.

1082. Ficowski, J. (tr.). "Romanca o policji hiszpańskiej."
       Listy Teatru Polskiego 19 (1959): 7-12.

Romance de la luna, luna

1083. Słobodnik, W. (tr.). "Romans lunatyczny." *Kuźnica*
       21 (1948): 6.

       Adapted.

1084. ————. "Romanca o księżycu, księżycu." *Dziennik
       literacki* 28 (1948): 4.

1085. Ficowski, J. (tr.). "Romanca o księżycu." *Tw* 9
       (1948): 71-77.

1086. Lobodowski, J. (tr.). "Romans o księżycu." *Życie* 3
       (1950): 5.

1087. Śmieja, F. (tr.) "Romanca o lunie - księżycu."
       Życie 47 (1955): 3.

1088. Ficowski, J. (tr.). "Romanca o księżycowej pełni."
       Listy Teatru Polskiego 19 (1959): 7-12.

Romance de la pena negra

1089. Ficowski, J. (tr.). "Romanca o smutku." *Tw* 9 (1948):
       71-77.

1090. Słobodnik, W. (tr.). "Romans o czarnym smutku."
       Wieś 5 (1948): 4.

       Adaptation accompanied by a brief biography of L.

1091. Ficowski, J. (tr.). "Romanca o czarnym smutku."
       Program Teatru Satyry (Cracow) (1956): 3-4.

       Polish of "Romance de la pena negra" published in a
       theater program.

       Rpt.: *Program Teatru Polskiego* (Posnan) (1956): 3-4.
              Świat 33 (1956): 18.

OTHER POEMS

1092. Anon. "Mała ballada o trzech rzekach: Lament." (Ba-
       ladilla de los tres ríos; Lamento). *Nowiny Literackie*
       36 (1947): 1.

1093. Ficowski, J. (tr.). "Ballada wody morskiej." (La balada del agua del mar). *Młodzi idą* 3 (1948): 5.

1094. ————. "Romanca o smutku somnabulicznym." *Tw* 9 (1948): 71-77.

1095. ————. "Święty Michał." (San Miguel). *Dziennik literacki* 35 (1948): 5.

1096. Anon. "Niespodzianka, Pejzaz." (Sorpresa; Paisaje). *Trybuna Dolnosląska* 197 (1948): 5.

1097. Słobodnik, W. (tr.). "Pożegnanie." (Despedida). *Robotnik* 51 (1948): 3 (Sunday Supplement).

1098. Ficowski, J. (tr.). "Wiersze: Pożegnanie, Księżyc wschodzi." (Despedida, La luna asoma.) *Dziennik literacki* 5 (1948): 1.

1099. Jachimecka, Z. (tr.). "Yerma" (dramatic fragment). *Echo Teatralne i Muzyczne* 3-4 (1948-1949): 37-39.

   Translation into Polish of selections from the poems found in *Yerma*.

1100. Jastrun, M. (tr.). "Ballada o czarnym koniu." *Łódź teatralna* R. 3, 1 (1948-1949): 12-13.

   Ballad of the black horse from *Bodas* (Acto 1ro, cuadro 2do).

1101. Ficowski, J. (tr.). "Preciosa i wiatr." (Preciosa y el aire). *Tw* 11 (1949): 82-83.

1102. ————. "Smierć Antonita el Camborio." (Muerte de Antoñito el Camborio). *Tw* 11 (1949): 79-80.

1103. Jastrun, M. (tr.). "Kołysanka." (Canción de cuna). *Świerszczyk* 2 (1949): 11.

   Published in a leading children's magazine.

1104. Winczakiewicz, J. (tr.). "Przedmieście Kordoby." (Barrio de Córdoba). *Radio i Świat* 29 (1949): 11.

1105. ————. "Taniec." (Baile). *Radio i Świat* 29 (1949): 11.

1106. Słobodnik, W. (tr.). "Święty Gabriel." (San Gabriel).
       Kuźnica 4 (1949): 5.

1107. ———. "Święty Rafael (Kordoba)." (San Rafael
       [Córdoba]). Kuźnica 29 (1949): 6.

1108. Łobodowski, J. (tr.). "Taniec." (Baile). Życie
       3 (1950): 5.

1109. Bieszczadowski, M. (tr.). "Poemat o Solei (A Jorge
       Zalamea)." (Poema de la soleá. [A Jorge Zalamea]).
       Dziś i Jutro 14 (1951): 5.

1110. Śmieja, F. (tr.). "Myśliwy." (Cazador). Życie 5
       (1952): 3.

1111. ———. "Paso." Życie 5 (1952): 3.

1112. Bieszczadowski, M. (tr.). "Piosenka Murzynów z Kuby."
       (Son de negros en Cuba). Dziś i Jutro 25 (1953): 10.

1113. Ficowski, J. (tr.). "Juan Breva." Świat 46 (1953):
       15.

       Rpt.: Po polsku (Poezje). Warsaw: n.p., 1956.

1114. Stworzyński, S. (tr.). "Świt." (Alba). Życie Lite-
       rackie 1 (1953): 9.

1115. Bieszczadowski, M. (tr.). "Wizerunek Petenery: Dzwon;
       Sześć strun; Śmierć Petenery; Niski głos." Dziś i
       Jutro 31 (1954): 4.

       Polish translation of selections from "Gráfico de la
       Petenera." Includes: "Campana," "Las seis cuerdas,"
       "Muerte de la Petenera," and "Clamor."

1116. Śmieja, F. (tr.). "Krwawe wesele [dramatic fragment];
       Księżyc." Życie 15-16 (1954): 7.

       Translation of the scene of the moon from Bodas (Acto
       3ro, cuadro 1ro).

1117. Szleyen, Zofia (tr.). "Piosenka o trzech Maurentan-
       kach." (Las morillas de Jaén). In: Na głos z forte-
       pianem. Cracow: n.p., 1954.

       A translation and adaptation with the music by T.
       Szeligowski.

1118. Bieszczadowski, M. (tr.). "Oda do Walta Whitmana."
(Oda a Walt Whitman). *Tw* 8 (1955): 74-77.

1119. ———. "Pieśń o matce Amarga." (Canción de la madre
del Amargo). *Tygodnik Powszechny* 25 (1955): 5.

1120. ———. "Nokturn." (Nocturno). *Tygodnik Powszechny*
25 (1955): 5.

1121. ———. "Amparo." *Tygodnik Powszechny* 25 (1955): 5.

1122. Szleyen, Zofia (tr.). "Pod liściem." (Las tres hojas).
Program Teatru Powszechnego (Warsaw) 3 (1956): 14, 16.

In a theater program.

1123. Błońska, W. (tr.). "Podpułkownik Gwardii Cywilnej
(Scena kukiełkowa)." (Escena del teniente coronel de
la Guardia Civil). *Zebra* 9 (1957): 6.

1124. Ficowski, J. (tr.). "Serenada." (Serenata [Homenaje
a Lope de Vega]). *Zebra* 12 (1957): 12.

1125. ———. "Skarga śmierci." (Lamentación de la muerte). *Odra* 12 (1957): 8.

1126. ———. "Ziemia sucha." (Tierra seca). *Orka* 12
(1957): 8.

1127. Jakubowicz, Tadeusz, and Alicja Leonhard (trs.).
"Miłość don Perlimplina do Belisy w jego ogrodzie
(Aleluja erotyczna w 4 obrazach)." *Dialog* 3 (1957):
76-78.

Translation of selected verses from *Don Perlimplín*.

1128. Martuszewski, E. (tr.). "Juan Ramón Jiménez." *Współczesność* 4 (1957): 9.

1129. Turczyński, A. (tr.). "Sewilla." (Sevilla). *Kultura
y Życie* 20 (1957): 2.

1130. Anon. "Romanca o policji hiszpańskiej [fragment];
Zorongo." (Zorongo). *Program Teatr Powszechny* (Łódź)
(1957-1958).

1131. Ficowski, J. (tr.). "Pieśń uschłego pomarańczowego
drzewa." (Canción del naranjo seco). *Nowa Kultura*
23 (1958): 3.

1132. ————. "Głupia piosenka." (Canción tonta). *Listy
Teatru Polskiego* 19 (1959): 7-12.

Prose

1133. Jmb. (tr.). "Poetyka." *Łódź Teatralna* R. 3, 1 (1948-
1949): 12.

Polish of "Poética (De viva voz a Gerardo Diego)."

PORTUGUESE

Theater

COLLECTIONS OF PLAYS

1134. Mendes, Oscar, and Stella Leonardos (trs.). (*IT* 28
(1975): 110) *Teatro I.* Rio de Janeiro: J. Aguilar,
1975. 158 pp. illus.

1135. Mendes, Oscar (tr.). (*IT* 28 (1975): 110) *Teatro 2.*
Rio de Janeiro: J. Aguilar, 1975. 164 pp. illus.

1136. Mendes, Oscar, and Cecília Meireles (trs.). (*IT* 28
(1975): 110) *Teatro 3.* Rio de Janeiro: J. Aguilar,
1975. 123 pp. illus.

INDIVIDUAL PLAYS

Bodas de sangre

1137. Meireles, Cecília (tr.). *Bodas de Sangue: Tragédia
em Três Atos e Sete Quadros.* Rio de Janeiro: Agir,
1960. 158 pp.; 2nd ed. 1968.

Doña Rosita la soltera

1138. Drummond de Andrade, Carlos (tr.). *Dona Rosita, a
Solteira: ou a Linguagem das Flôres.* (Poema granadino
do novecentos, dividido em vários jardins com cenas
de canto e dança). Rio de Janeiro: Agir, 1959. 145 pp.

Amor de don Perlimplín

1139. Andrade, Eugénio de (tr.). *Amor de dom Perlimplin com Belisa en Seu Jardim.* O Porto: Delfos, 1961. 171 pp.

Preceded by a biographical study and followed by an excerpt of an interview given by L in Madrid, April 5, 1935. Appendix includes stage directions for the first "cuadro," which had been ommited in the text.

La casa de Bernarda Alba

1140. Gomes, Gonçalo (tr.). *A Casa de Bernarda Alba: Drama de Mulheres nas Aldeias de Espanha.* Lisbon: Publicaçoes Europa-America, 1957. 152 + viii pp.; 2nd ed. 1964. 137 pp.

La zapatera prodigiosa

1141. Cabral de Melo, Joao (tr.). *A Sapateira Prodigiosa.* Bahia: Escola de Teatro da Universidade da Bahia, 1960. 59 pp.

Yerma

1142. Vitorino, Orlando, and Azinhal Albelho (trs.). *Yerma* (Peça em três atos). Lisbon: Teatro d'Arte de Lisboa, 1955. 45 pp.

1143. Meireles, Cecília (tr.). *Yerma: Peça Trágica em Três Atos e Seis Quadros.* Rio de Janeiro: Agir, 1963. 128 pp.

Poetry

COLLECTIONS OF POETRY

1144. Andrade, Eugénio de (tr.). *Antologia poética.* Coimbra: Coimbra Editora, 1946. 167 pp.

Bilingual general anthology which includes poems from: *Canciones*, *Romancero*, *Cante jondo*, *Poeta*, *Llanto*, and other works. Anthology preceded by a poem dedicated to L by Miguel Torga and a critical study by Andrée Crabbé Rocha.

1145.   Sousa, Alfonso Felix de (tr.). *Federico García Lorca:*
        Anthologia poética. Rio de Janeiro: Editora Leitura,
        S.A., 1966. 103 pp.

        Introd. by A.F. Sousa.

        Forty-two of L's poems in Portuguese. In introduction,
        translator points out L's stylistic development from a
        modernist resonance in *Libro de poemas* to a crystalli-
        zation of poetic synthesis in *Diván.*

1146.   Andrade, Eugénio de (tr.). *Trinta e Seis Poemas e Uma*
        Aleluia Erótica. Porto: Editorial Inova, 1968.   174 pp.

        Opens with Neruda's "Oda a Federico García Lorca," pp.
        13-18. Facsimile of a drawing by L, p. 9. Poems se-
        lected from L's works in Portuguese. Includes a trans-
        lation of *Perlimplín*, pp. 119-164. Notes, pp. 167-170.

        See also: 1139.

BOOKS OF POETRY

Romancero gitano

1147.   Mendes, Oscar (tr.). (*IT* 28 (1975): 110) *Romanceiro*
        Gitano e Outros Poemas. Rio de Janeiro: J. Aguilar/
        INL, 1974.   266 pp.   illus.

        Portuguese translation of the *Romancero* and selected
        other poems.

                              ROUMANIAN

                               Theater

INDIVIDUAL PLAYS

Bodas de sangre

1148.   Illyés, Gyula (tr.).   (*IT* 21 (1968): 559) *Vérnász*
        (Mag.).   Bucharest: Irodalmi Könyvkiadó, 1968.   103 pp.

Doña Rosita la soltera

1149.   Marian, Eugen B. (tr.).   (*IT* 25 (1972): 598) *Doña*
        Rosita. Bucharest: n.p., 1971.   63 pp.

RUSSIAN

General Anthologies and the *Obras completas*

1150. Kelin, Fedor, and A. Fevral'skii (trs.). *Izbrannoe*. Moscow: n.p., 1944. 334 pp. + 2.

Introd. by F. Kelin, pp. 3-15.

Russian translation of selections from L's works. In- cludes selections from: *Libro de poemas*, *Canciones*, *Cante jondo*, *Romancero*, and the entire *Llanto*. The volume also contains the Russian of parts of: *M.P.*, *Zapatera*, *Bodas*, and *Yerma*.

1151. Serpin, Ja., et al. (trs.). (*IT* 28 (1975): 728) *Iz- brannye proizvedenija*. Moscow: Hudož. lit., 1975. 494 pp.

Translation into Russian of selected works by L.

Theater

COLLECTIONS OF PLAYS

1152. Medvedev, N., and Z. Plavskin (eds.). *Teatr*. Moscow: Iskusstvo, 1957. 524 pp. illus. Notes by N. Medvedev and Z. Plavskin.

Introd. by F. Kelin, "Federiko Garsia Lorka," pp. 3-26. Russian of L's theater by various translators. In- cludes: *Mariana Pineda*, F. Kelin; *Chudesnaya Bashmach- nitsa* (*Zapatera*), A. Kagarlitskii (verse) and F. Kelin (prose); *Lyubov' Dona Perlimplina* (*Perlimplín*), Nina Tynianova; *Balaganchik Dona Kristobala* (*Los títeres de Cachiporra*), Nina Tynianova; *Kogda Proydet Piat' Let* (*Así que pasen cinco años*), R. Pokhlebkin (prose) and Nina Tynianova (verse); *Krovavaya Svad'ba* (*Bodas*), A. Fevral'skii (prose) and F. Kelin (verse); *Ierma* (*Yerma*), A. Kagarlitskii (prose) and F. Kelin (verse); *Donya Rosita ili Yazyk tsvetow* (*Doña Rosita*), N. Grau- berg (prose) and O. Savich (verse); *Dom Bernardy Alby* (*B.A.*), Nina Tynianova. Includes also Nina Tynianova's translation of "Charla sobre teatro," pp. 27-32.

1153.   Senkevich, M.; F. Kelin; and N. Asĕer (trs.).   *Teatr*.
        Moscow: Iskusstvo, 1957.   526 pp.

        Includes *M.P.*, *Bodas*, *Zapatera*, and *Yerma* in Russian
        translation as well as selections from L's poetry end-
        ing with the *Llanto*.

INDIVIDUAL PLAYS

La casa de Bernarda Alba

1154.   Svikule, Vija (tr.).   *Bernardas Albas Maya*.   Riga:
        Liesma, 1965.   69 pp.

        In Latvian.

La zapatera prodigiosa

1155.   Kagarlitskii, A., and F. Kelin (trs.).   *Chudesnaia
        Bashmachnitsa*.   Moscow: n.p., 1941.

        The prose is translated by Kagarlitskii, and the verse
        by Kelin.

The Trilogy

1156.   Kelin, F., and A.V. Fevral'skii (trs.).   *Krovavaja
        Svad'ba*.   Moscow: Iskusstvo, 1939.

                              Poetry

COLLECTIONS OF POETRY

1157.   Simorra, Ed. (ed.).   *Izbrannaya Lirika*.   Moscow: n.p.,
        1960.

        Translation into Russian of selected poems by L, pre-
        ceded by an introduction by the editor on pp. 5-10.

1158.   Bajsbord, M., and A. Nikolayev (eds.).   *Ispanskiye
        narodniye pyesni*.   Moscow: n.p., 1963.

        Translation into Russian of L's poetry, preceded by
        an introduction by the editors on pp. 3-4.

1159.   Geleskul, A. (ed.).   *Lirika*.   Moscow: n.p., 1965.

        Selections from L's poetry in Russian, preceded by an
        introduction by the editor on pp. 5-22.

1160. Sharova, M. (ed.). *Poeziya F.G.L. (1899-1936)*.
Moscow: n.p., 1968.

Selected poems by L in Russian translation.

1161. Geleskul, A., et al. (trs.). (*IT* 22 (1969): 751)
Lirika. Moscow: Hudož. lit., 1969. illus.

Russian translation of selected poems by L.

1162. Cvetaeva, M., et al. (trs.). (*IT* 28 (1975): 728)
Izbrannaja lirika. Moscow: Mol. gvardija, 1975.
63 pp.

Russian translation of selected poems by L.

SPANISH

Poetry

BOOKS OF POETRY

1163. Muzzio, Alberto (tr.). *Poemas gallegos*. Buenos
Aires: Inter Nos, 1941. 35 pp.; Buenos Aires: Arayl,
1945.

Translation into Castilian of *Seis poemas galegos*,
accompanied by illustrations by Cándida Lozada. Brief
introductory note by the translator, pp. 7-8.

1164. Fole, Anxel; Ricard Salvat; and Gabriel Aresti (trs.).
Seis poemas galegos. (Edición tetralingüe). Madrid:
AKAL Editor, 1974. 47 pp.

A four-language edition. In addition to L's original
(pp. 9-17), there are translations into: Spanish (pp.
19-27) by A. Fole; Catalan (pp. 29-37) by R. Salvat;
and Basque (pp. 39-47) by G. Aresti.

SWEDISH

Theater

COLLECTIONS OF PLAYS

The Trilogy

1165. Alin, Karin, and Hjalmar Gullberg (trs.). *Blodsbröllop*,
       Yerma, *Bernardas Hus*. Stockholm: P.A. Norstedt and
       Söners Förlag, 1947. 303 pp.; 2nd ed. Stockholm: PAN/
       Norstedt, 1967.

       Foreword by the translators, pp. 5-10. A translation
       into Swedish of L's trilogy with the prose by Alin and
       the verse by Gullberg.

Poetry

BOOKS OF POETRY

Poeta en Nueva York

1166. Lundkvist, Artur (tr.). *Poet i New York*. Stockholm:
       FIB (s Lyrikklubb), 1959. 91 pp.

       An almost error-free translation into Swedish of *Poeta*.
       Includes an introduction by the translator, "García
       Lorca i New York," pp. 5-12; and a portrait.

       Review: Dethorey, Ernesto. *Folket i bild* (1959): 11,
                 57.
                 Stenberg, Birgitta. *Zenit* 3 (1959): 5, 18.

Romancero gitano

1167. Söderberg, Lasse (tr.). *Zigenarballader*. Stockholm:
       Wahström och Widstrand, 1960. 59 pp..

       An outstanding Swedish translation of the *Romancero*
       which retains the rhythm of the original.

OTHER POEMS

1168. Lundkvist, Artur (tr.). "Sång om den oförutsedda kärleken." (Gacela del amor imprevisto). *Lyrikvännen* (1955): 1.

1169. Eriksson, Göran O. (tr.). "Romansen om månen, månen." (Romance de la luna, luna). *Lyrikvännen* (1956): 6.

1170. Häggqvist, Arne (tr.). "Sång om den gyldne flickan." (Casida de la muchacha dorada). *All världens berättare* 12 (1956): 36.

1171. ———. "Halvmåne." (Media luna). *Vi* 43 (1956): 10.

1172. ———. "Ryttersang"; "Snacka." *Vi* 43 (1956): 10.

   Swedish of "Canción de jinete" and "Caracol" from *Canciónes*.

1173. Söderberg, Lasse (tr.). "Ryttersång." (Canción del jinete [1860]). *Metallarbetaren* 67 (1956): 7.

1174. ———. "Tre dikter." *SIA* 22 (1957): 10.

   Swedish of "Tarde," "Granada," and "El espejo engañoso" from *Canciones*.

1175. ———. "New York (Verkstad och anklagelse)." (New York [Oficina y denuncia]). *Kulturkontakt* 5 (1958): 22-23.

1176. ———. "Tre dikter." *Arbetaren* 37 (1958): 11.

   Swedish of "Nocturno esquemático," "Cortaron tres árboles," and "Despedida" from *Canciones*.

1177. Sörensen, Lennart (tr.). "Memento." (Memento). *SIA* 23 (1958): 30.

1178. Söderberg, Lasse (tr.). "Jul på Hudsonfloden." (Navidad en el Hudson). *SIA* 24 (1959): 33.

1179. ———. "Zigenarnunnan." (La monja gitana). *Vi* 46 (1959): 22.

1180. Lundkvist, Artur, and Marina Torres (trs.). "Afton." (Tarde [noviembre de 1919]). *Nutida musik* 11 (1967-68): 24.

1181. ———. "Casida om rosen." (Casida de la rosa).
       Nutida musik 11 (1967-1968): 25.

Prose

1182. Lundgren, Arne (tr.). "Pablo Neruda. Presentation vid
       Madrids Universitet." *Lyrikvännen* (1956): 7.

       Swedish translation of "Presentación de Pablo Neruda."

1183. Westrup, Jadwiga (tr.). "Krisen inom teatern." *Arena*
       I (1960): 3-4.

       Translation into Swedish of "Charla sobre teatro."

TURKISH

Theater

INDIVIDUAL PLAYS

Bodas de sangre

1184. Oflazoğlu, A. Turan (tr.). *Kanli Düğün*. Istanbul:
       Dönem Yayinevi, 1965. 63 pp.

1185. Sarac, Tahsin, and Yücel Yildirim (trs.). *Kanli Düğün*.
       Istanbul: Milli Egitim Basimevi, 1967. 72 pp.

       This translation was made by Sarac, one of Turkey's
       leading poet-translators, in collaboration with Yil-
       dirim.

La casa de Bernarda Alba

1186. Oflazoğlu, A. Turan (tr.). *Bernarda Alba 'Nin Evi*.
       Istanbul: Dönem Yayinevi, 1964. 62 pp.

       Translator is one of Turkey's leading playwrights.

Amor de don Perlimplín

1187. Okyay, Tarik (tr.). *Don Perlimplín Ile Belisa Nin
       Bahçede Sevişmesi*. Istanbul: De Yayinevi, 1965. 36 pp.

Poetry

COLLECTIONS OF POETRY

1188.   Tamer, Ülkü (tr.). *Denuz de Olur.* n.p.: 1960.

Includes eighteen poems by L in Turkish translation.

1189.   Altinel, Sabri (tr.). *Seçme Şiirler* (Selected Poems).
Istanbul: Galata Poetry Publications, 1962.

A translation of fifty-seven poems by L into Turkish.

1190.   ————. *Federico García Lorca: Seçme Şiirler.* Istanbul: Ceviren, 1963.

Selected poems by L translated into Turkish.

1191.   Maden, Said (tr.). *Federico García Lorca: Bütün Siir-
leri.* Istanbul: Cem Yayinevi, 1974. 565 pp.

The complete poems of L. This book is presented as
the only one-volume complete L poems available in any
language, except Spanish.

BOOKS OF POETRY

1192.   Maden, Said (tr.). *Cingene Türküleri Ve Ignacio Sánchez Mejías 'A Agit.* Istanbul: Hilal Matbassi, 1969.
103 pp.

Translation into Turkish of the *Romancero* and the
Llanto.

INDIVIDUAL POEMS

"Romance sonámbulo"

1193.   Akalin, L. Sami (tr.). "Uyurgezerlerin Baladi."
Varlik Yilligi (1965): 340-343.

1194.   Demirekler, Yüksel (tr.). "Uyurgezerce Ballad." *Sesimiz* (Oct. 1976): 14-15.

OTHER POEMS

1195. Eyuboḡlu, Sabahattin (tr.). "Su Kiyisinda Iki Gemici."
       (Dos marinos en la orilla). *Tercüme* 194?.

1196. Akalin, L. Sami (tr.). "Kordoba." (Córdoba). *Varlik
       Yilligi* (1966): 435.

1197. ———. "Ufak Kasaba." (Pueblo). *Varlik Yilligi*
       (1966): 429.

1198. Anday, Melih Cevdet, and Sabahattin Eyuboḡlu (trs.).
       "Atlinin Türküsü." (Canción de jinete). *Yeni Dergi*
       17 (Feb. 1966)[1]: 103.

       Rpt.: Berk, Ilhan. *Dünya Siiri*. Istanbul: Varlik
           Yayinevi, 1969, p. 90.

1199. Capan, Çevat (tr.). "Deniz Suyu Türküsü." (La balada
       del agua del mar). *Yeni Dergi* 17 (Feb. 1966): 101.

       Rpt.: Berk, Ilhan. *Dünya Siiri*. Istanbul: Varlik
           Yayinevi, 1969, pp. 87–88.

1200. ———. "Havana'ya Variyor Ozan/Küba Zencilerinin
       Türküsü." (El poeta llega a la Habana; Son de negros
       en Cuba). *Yeni Dergi* 17 (Feb. 1966): 147–148.

1201. ———. "Kara Güvercin Kasidesi." (Casida de las
       palomas oscuras). *Yeni Dergi* 17 (Feb. 1966): 150.

1202. ———. "Sasirti." (Sorpresa). *Yeni Dergi* 17 (Feb.
       1966): 102.

1203. ———. "Sessizlik, Son Türkü." (Remanso, canción
       final). *Yeni Dergi* 17 (Feb. 1966): 105.

1204. ———. "Ürküten Varliga Gazel." (Gacela de la ter-
       rible presencia). *Yeni Dergi* 17 (Feb. 1966): 149.

1205. ———. "Walt Whitman's Övgü." (Oda a Walt Whitman).
       Yeni Dergi 17 (Feb. 1966): 142–146.

1206. ———. "Yol." (Camino). *Yeni Dergi* 17 (Feb. 1966):
       104.

1207. Kutlar, Onat (tr.). "Thamar ile Amnon." (Thamar y
       Amnón). *Yeni Dergi* 17 (Feb. 1966): 131–133.

---

[1] This issue of *Yeni Dergi*, one of Turkey's leading literary
magazines, was devoted entirely to L.

1208. Süreya, Cemal (tr.). "Ayaḡi Karincali." (La casada infiel). *Yeni Dergi* 17 (Feb. 1966): 129-130.

 Rpt.: Berk, Ilhan. *Dünya Siiri*. Istanbul: Varlik Yayinevi, 1969, pp. 88-90.

1209. ————. "Romaya Dogru Haykiris." (Grito hacia Roma). *Yeni Dergi* 17 (Feb. 1966): 139-141.

1210. Süreya, Cemal, and R. Tomris (trs.). "Harlem Kirali." (Oda al rey de Harlem). *Yeni Dergi* 17 (Feb. 1966): 134-138.

1211. Tamer, Ülkü (tr.). "Baska Bir Anlatim." (De otro modo). *Yeni Dergi* 17 (Feb. 1966): 102.

1212. Eyuboḡlu, Sabahattin (tr.). "Ayda Ölüm." (La luna y la muerte). In: Berk, Ilhan. *Dünya Siiri*. Istanbul: Varlik Yayinevi, 1969, p. 87.

1213. Maden, Said (tr.). "Ispanyol Sivil Muhafizlar Baladi." (Romance de la Guardia Civil española). *Yorum* (Sydney, Australia) (Sept. 4, 1978): 7.

Prose

1214. Eroglu, Itah (tr.). "Federico García Lorca ile Konusmalar." (Conversations with Lorca). *Yeni Dergi* 17 (Feb. 1966): 168-178.

 Selected from *BH* LV, 3-4 (1953) and LVI, 3 (1954).

YUGOSLAVIAN

General Anthologies and the *Obras completas*

1215. Košutić, Vladeta R., et al. (trs.). (*IT* 25 (1972): 820) *Celokupna dela*. Sarajevo: Veselin Maslesa, 1972.

 Serbo-Croatian translation of the *O.C.*

1216. ————. (*IT* 28 (1975): 771) *Celokupna dela*. 5 vols. Belgrade: "Narodna knjiga," 1974.

 Translation into Serbo-Croatian of the *O.C.*

1217.   Košutić, Vladeta R., and Olga Košutić (trs.). (*IT*
        28 (1975): 771) *Igra peska i meseca: izabrana dela.*
        Belgrade: "Prosveta" (2 izd.), 1975. 334 pp.

        Translation into Serbo-Croatian of selected works of
        L.

                                Poetry

COLLECTIONS OF POETRY

1218.   Matevski, Mateja (tr.). (*IT* 28 (1975): 775) *Poezija*
        (Mak). Skopje: "Makedonska kniga," 1974. 155 pp.

        Translation into Macedonian of selected poems by L.

BOOKS OF POETRY

Romancero gitano

1219.   Mićević, Kolja (tr.). (*IT* 22 (1969): 798) *Ciganski*
        Romansero. Belgrade: Kultura, 1969. 95 pp. illus.

1220.   Milićević, Nikola (tr.). (*IT* 24 (1971): 881) *Ciganski*
        Romansero. Zagreb: Studentski centar Sveyčilišta,
        1970.

1221.   Mićević, Kolja (tr.). (*IT* 26 (1973): 864) *Ciganski*
        Romansero. Belgrade: Beogradski izdavačko-grafičik
        zavod, 1972.

Adaptations of Lorca's Works

1222. Batista, Julián. *Tres ciudades*. Barcelona: Consejo
       Central de la Música, Ministerio de Instrucción Pública
       y Bellas Artes, 1937.

       "Canciones sobre poesías de F.G.L. para voz de soprano
       y piano y para voz de soprano y orquesta."

1223. Bowles, Paul. *The Wind Remains*. A "zarzuela" from
       Así que pasen cinco años, based on the "Manikin Scene."

       Premiere: New York, Museum of Modern Art, 1943. Re-
       corded by MGM, 1957. Conducted by Leonard Bernstein.
       Choreographed by Merce Cunningham.

       Review: Lawrence, Robert. *NYHT* April 1, 1943.

1224. Morris, Mary (producer). *Doña Rosita the Spinster or:
       The Language of the Flowers*.

       Graham-Luján/O'Connell translation of *Doña Rosita* pro-
       duced at Carnegie Institute of Technology (CIT) [now
       Carnegie Mellon University (CMU)], in partial fulfill-
       ment for MFA, April 13, 1946.

       See: CIT prompt book (CMU library).

1225. Milhaud, Darius. *The House of Bernarda Alba*.

       Score for Pelican Productions presentation of *B.A.*

       Review: Hoffman, Leonard. *SRL* XXX, 52 (Dec. 27, 1947):
                 46.

1226. Casarès, María. *Federico García Lorca*. Paris:
       Seghers, 1947.

       A recording of poems by L, recited by Casarès. Part
       of the "Poètes d'aujourd'hui" series.

       Side I, "Sommet," "Verlaine," "Chanson," "Thamar et
       Amnón." Side II, "Mort d'amour," "Voisines," "Avec
       un couteau" (from *Bodas*), "Chanson du cavalier," "Me-
       mento."

1227. Poulenc, Francis. *Trois Chansons de F. García Lorca*.
       Paris: Heugel et Cie, 1947. 9 pp. LC 48-21079.

       Three of L's poems set to music. Translation of the
       poems by Félix Gattegno. Music by Francis Poulenc.
       Includes: "L'enfant muet," "Adelina à la promenade,"
       "Chanson de l'oranger sec."

1228. ————. *Sonata. To the Memory of García Lorca*. New
       York: Capital Records, n.d. (probably 1949 or 1950).

       For violin and piano. Recording has Louis Kaufman on
       violin and Arthur Balsam on piano.

       Review: Taubman, H. *N.Y.T.* (Feb. 12, 1950): 10.

1229. Spayde, Sidney H. *The Shoemaker's Prodigious Wife*.

       Presentation of O'Connell/Graham-Luján translation of
       Zapatera in partial fulfillment of requirements for the
       degree of Master of Fine Arts at CIT, Feb. 23, 1950.

       See: CIT prompt book (CMU Library).

1230. Castelnuovo-Tedesco, Mario. *Romancero gitano*. Opus
       152 (1951). Recorded on DGG 2530-037.

       For chorus and guitar.

1231. Bergman, Ingmar. *Blodsbröllop*. *Radiojansts teater-
       bibliotek*, 1952. 63 pp.

       A Swedish adaptation of *Bodas* for radio by Ingmar
       Bergman.

1232. Rieti, Vittorio. *Don Perlimplín*.

       A one-act opera based on *Perlimplín*.

       Performed at the University of Illinois in 1952. To
       our knowledge, never published.

1233. Simon, Roland (tr.). *Le chant funèbre pour Ignacio
       Sánchez Mejías*. Paris: Théâtre de l'Oeuvre, 1953.

       Guitar accompaniment, Jean Borredon; stage adaptation,
       Marcel Lupovici; decorations, Pablo Picasso; direction,
       Lucien Beer and Robert de Ribon.

       Presented by Compagnie Marcel Lupovici in one act and
       2 curtains, Théâtre de l'Oeuvre, Paris, October 13,
       1953.

See: *Bulletin de l'Institut International du Théâtre. Créations mondiales.* (Paris) V, 7 (April 1954).

1234. Fern, Dale Edward. *The House of Bernarda Alba.*

Ballet presented at Hunter College, New York, 1953.

1235. Killmayer, Wilhelm. *Lorca Romanzen.* Unpublished (1954). LC M55-1733.

"Ich singe nummer das Lied, das auf den Lippen mir einschlief"; "Reiterleid"; "Main Mädchen ging an das Meer"; "Ghasel, von der Liebe mit hundert Jahren"; "Totenklage." Musical score for above poems handwritten by L.

1236. Obradors, F.J. "La casada infiel. (Romance gitano para canto y piano)." Madrid: Unión Musical Española, 1955. 11 pp.

Musical adaptation of "La casada infiel" by Obradors.

1237. Lee, Nöel. *Five Songs on Poetry by Federico García Lorca.* n.p., 1955. LC M60-2022.

Translation into French by André Belamich for soprano, flute, and guitar. Includes: "La lune et la mort," "Arbrisseau," "L'enfant muet," "Joli coeur," "Mort au petit matin."

1238. Cortés, Ramiro. *Yerma. A Symphonic Portrait of a Woman.* Premiere: Los Angeles Philharmonic Orchestra, Nov. 23, 1955, Los Angeles, California.

This work won the $1,000 first prize in the composition contest sponsored by the Women's Committee for the Los Angeles Philharmonic Orchestra. It is described as a short symphonic poem which "... has not sought to mirror the play, but to mirror the maternal madness of its heroine."

Review: Hickman, C. Sharpless. *Musical Courier* 152, 8 (Dec. 15, 1955): 27.

See: *Etude* (Dec. 1955) for an announcement of the above award.

1239. Browns, Irwin (producer). *The House of Bernarda Alba.*

Presentation of *La Casa de Bernarda Alba* in partial fulfillment of the requirements for the degree of Master of Fine Arts at CIT, April 23, 1956.

See: CIT prompt book (CMU Library).

1240. Villa-Lobos, Heitor. *Yerma*.

Opera written in 1956 for an all-black cast. First performed in 1971 by the Santa Fe Opera.

Review: Siberman, R. *N.Y.T.* (Aug. 14, 1971): 13.
          A review of the Santa Fe Opera's presentation.

1241. *Poesía y drama*. New York: Caedmon, TC 1067, 1957.

Selections from L's works read by Maria Douglas and Raúl Dantés. Text of 28 pp. enclosed.

1242. Fortner, Wolfgang. *Bluthochzeit (nach Federico García Lorca)*. Mainz: B. Schotts Söhne, 1957. 64 pp.

The libretto of this opera based on *Bodas* is a shortened version of the German text by Enrique Beck. There are elisions, but no additions or alterations. Premiere: June 8, 1957.

1243. Revueltas, Silvestre. *Homenaje a García Lorca* (1937). New York: Southern Music, 1958. LC M58-2156. Recorded on MGM E 3496.

Includes: "Baile," "Duelo," and "Son."

1244. *Yerma*. Regal: Spain, 1958. 33 rpm.

Music by R. Ferrer. Artistic directions by L. Saslavasky and C. Madanes. Includes a text.

1245. Bialas, Günter. *Lieder und Balladen nach Gedichten von García Lorca für Sopran und Klavier*. Kassel/New York: Bärenreiter, c. 1959. LC M60-731.

1246. Fellegara, Vittorio. *Dies irae*. Milan: Suvini Zerboni, 1959. LCM 60-1240.

Text from the "Romance de la Guardia Civil española," with musical adaptation.

1247. Montero, Germaine. *Lament on the Death of a Bullfighter*. New York: Vanguard Recording Society, Inc., 1960.

Includes the *Llanto* as well as other poems and songs sung and read by Montero.

1248. Romera, Edgardo (ed.). *Cancionero andaluz, 1959-1960, y cantes por la muerte de Federico García Lorca.* Buenos Aires: Distribuído por Librería Hachette, 1961. LC 65-77604/M.

1249. Fortner, Wolfgang. *In seinem Garten liebt Don Perlimplín Belisa in der Art eines Kammerspieles von Federico García Lorca.* Mainz: B. Schott's Söhne, 1962. LC 62-47768/M.

This libretto is taken exclusively from Beck's translation of *Perlimplín*. The opera was presented in the Spring of 1962 at the Schwetzingen Festival.

1250. Reutter, Hermann. *Ein kleines Requiem, auf Verse von Federico García Lorca.* Mainz: B. Schott's Söhne, 1962. LC 63-38345.

Includes: "Trockne Erde," "Spottverse auf Don Pedro zu Pferd," "Tanz im Garten der Petenera," "Tod der Petenera," and "De profundis." The German text is by Enrique Beck.

1251. Rossellini, Renzo. *Il linguaggio dei fiori (Donna Rosita nubile).* Milan: Ricordi, 1962. LC 63-35682.

"Poema granadino del Novecento di Federico García Lorca." Italian version by Vittorio Bodini.

1252. *Doña Rosita la soltera o el lenguaje de las flores.* Regal: Spain, 1962.

Music by R. Ferrer, artistic direction by L. Saslavasky and C. Madanes. Accompanied by a text.

1253. Yonmar, Carola. *Federico García Lorca* (Ciclo de poesía castellana). New York: JMC 1010-Pro Arte, 1962-3 (?).

Recitation by Yonmar of selections from L's poetry with guitar accompaniment by J. Martínez.

1254. García Lorca, Federico. *Don Bludgeon Was a Puppet.* (BBC: World Theater, 95). London: BBC Transcription Service, 1963 (?).

Recording of L's *Retablillo de don Cristóbal.*

1255. Reutter, Hermann. *Andalusiana.* Mainz: B. Schott's Söhne, 1963. LC 63-587 19/M.

"Arien und Intermezzi nach Gedichten von F.G. Lorca, für Sopran und Orchester oder Klavier, 1962."

Includes: "Leid der Wäscherinnen, aus *Yerma*"; "Dorf"; "Kleine Ballada von den drei Flüssen"; "Totengeläut"; and "Morgenglocken." German text by Enrique Beck.

1256. Brindle, Reginald Smith. *El polifemo de oro. (Four Fragments for Guitar)*. Florence: Aldo Brozzichelli, 1963. Recorded on RCA LSC-2964.

1257. Wilbur, Margaret L. (producer). *The House of Bernarda Alba*.

Presentation of *Bernarda Alba* on May 28, 1963, at CIT in partial fulfillment of the requirements for the degree of Master of Fine Arts.

See: CIT prompt book and thesis (CMU Library).

1258. Saguer, Louis. *Seis cantares de Federico García Lorca. Fragmentos de Mariana Pineda de Federico García Lorca*. Paris: Ricordi, c. 1964. LC 65-50490/M.

1259. Szokolay, Sándor. *Bodas de sangre*. Hungary: Qualiton, 1964.

Operatic version of *Bodas* by Szokolay, from the translation into Hungarian of Gyula Illyés.

Six sides accompanied by fifty-four-page libretto with the text in Hungarian and French. Introductory material by Péter Várnai gives brief history of evolution of the Hungarian work, as well as brief summaries of the three acts included in Hungarian, French, English, German, and Russian.

1260. García Leoz, J. *Tríptico de canciones*. Madrid: Unión Musical Española, 1965.

1261. Meale, Richard. *Homage to García Lorca*. London and New York: Boosey and Hawkes, 1966. LC 67-58257/M.

1262. Reutter, Hermann. *Spanischer Totentanz*. Mainz: B. Schott's Söhne, 1966. LC 66-55969-M.

Five of L's poems in German translation by Enrique Beck.

1263. Pomare, Eleo. *Las desenamoradas.*

A ballet adaptation of *B.A.*

Review: McDonagh, D. *N.Y.T.* (April 24, 1967): 38.

1264. MacMillan, Kenneth. "Las hermanas."

Ballet based on *B.A.* with music from F. Martin's *Concerto for Harpsichord and Small Orchestra.*

Presented by the American Ballet Theater at New York City Center, Nov. 29, 1967.

Review: *N.Y.T.* (Nov. 30, 1967): 60.

1265. Ailey, Alvin. *Feast of Ashes.* New York, 1967 (?).

Ballet based on *B.A.*

1266. Crumb, George. *Night Music I.* New York: Mills Music, 1967. Recorded on CRI USD 218.

Includes "La luna asoma" and "Gacela de la terrible presencia," translated by O'Connell and Graham-Luján.

1267. ————. *Night of the Four Moons.* (For alto, alto flute, banjo, electric cello, and percussion). New York: C.F. Peters Corp., 1969, 1971, 1973. 8 pp.

Musical score "Based on fragments from Federico García Lorca." Bilingual text, p. 8, Poems included: "La luna está muerta, muerta," "Cuando sale la luna," "Otro Adán oscuro está soñando," and Huye luna, luna, luna."

1268. Kocsar, Miklos. *Lamenti, per soprano e pianoforte, su poesie de F. García Lorca.* London and New York: Boosey and Hawkes, 1970. LC 76-284260.

Includes: "Clamor," "Malagueña," and "Lamentación de la muerte."

1269. Quaranta, Felice. *San Gabriel (1966).* Milan: Ricordi, 1970. LC 71-298228.

1270. Schostakovich, Dmitriĭ Dmitrievich. *Symphonie No. 14.* (nach Gedichten von Federico García Lorca). Hamburg: Musikverlag H. Sikorski, 1970. 98 pp.

Russian and German text. Preface in Russian and German.

Rpt.: New York: E.F. Kalmus, 1970. 98 pp. LC 71-
277579. Includes "De profundis" and "Malagueña."
Recorded on RCA LSC 3206 and Angel Melodia SR-
40147.

1271. Volkonskii, Andrei Mikhailovich. *Siuita Zerkal. (Mirror Suite)*. Moscow, 1970. LC 70-265325.

Text translated by V. Burich.

1272. Crumb, George. *Ancient Voices of Children*. New York:
C.F. Peters Corp., 1970. LC 72-209620.

A cycle of songs on texts by L. For soprano, boy soprano, oboe, mandolin, harp, electric piano, and percussion. Text with English translation included. Reproduced from holograph.

1273. ————. *Madrigals*. 4 vols. New York: C.F. Peters
Corp., 1971.

Musical score to poems by L. Book 1, Soprano, vibraphone, double bass; Book 2, Soprano, alto flute, and percussion; Book 3, Soprano, harp, and percussion; Book 4, Soprano, flute, harp, double bass, and percussion. Note that the first two books were written in 1965, the last two in 1969.

1274. ————. *Songs, Drones and Refrains of Death*. New
York: C.F. Peters Corp., 1971, 1973. 17 pp.

Musical settings for: "La guitarra," "Casida de las palomas oscuras," "Canción del jinete, 1860," "Casida del herido por el agua." Spanish by L with English translation of text by Spender/Gili.

1275. *Spanish Folk Songs*. Angel S-36716 (1971).

Spanish folk songs collected and harmonized by L.
Also "Psyche" and "Soneto a Córdoba" by M. de Falla
and "Ten Sephardic Songs" arranged by Valls. Soprano,
Victoria de los Angeles.

1276. ApIvor, Denis. *Seis canciones de Federico García
Lorca*. Ancona, Italy: Bèrben, 1972. 22 pp.

Musical score, for voice and guitar.

1277. Aschero, Sergio. *García Lorca, Canciones*. Madrid:
Editorial Alpuerto, 1973. 77 pp. illus.

Original guitar accompaniments to L's "Puñal," "¡Ay!"
"Canción china en Europa," "Serenata," "Aire de nocturno," "La cogida y la muerte," "El lagarto está llorando," "La Lola," "Amor," "Canción tonta," "Memento,"
"Sorpresa."

1278. Pfister, Hugo. *Zwischenspiel aus "Yerma" und Improvi-
sation für Gitarre*. Zurich: Eulenburg, 1973. 4 pp.

Interludes from *Yerma* for guitar.

1279. Nono, Luigi. *Epitaffio per García Lorca. 1,2,3.*
Mainz: Ars Viva Verlag, 1974. 167 pp. (Musical score).

Musical setting of various poems by L, including "Memento" and "Romance de la Guardia Civil española,"
"Y su sangre ya viene cantando," No. 1 for solo voices,
speaking chorus, and instrumental; No. 2, Flute and
chamber orchestra; No. 3, Speaker, speaking chorus,
orchestra.

Rpt.: 2--"Y su sangre ya viene cantando"--recorded on
RCA VICS-1313.

Review: Schonberg, A.C. *N.Y.T.* (Feb. 18, 1966): 27.
Review of New Orleans Philharmonic performance
on Feb. 19, 1967.

1280. *Canciones populares españolas.* (Manuel de Falla and
Federico García Lorca). West Germany: Deutsche Gram-
mophon, 1977. 2530875.

Stereo record (33 rpm) of songs by Falla and L with
Narciso Yepes, guitar, and Teresa Berganza, mezzo soprano. Includes L's: "Anda jaleo," "Los cuatro muleros," "Las tres hojas," "Los mozos de Monleón," "Las
morillas de Jaén," "Sevillanas del siglo XVIII," "El
café de Chinitas," "Los pelegrinitos," "Zorongo," "Romance de don Boyso," "Los reyes de la baraja," and
"La Tarara." Introd. to text in French, German, and
English by Gerardo Diego. Texts of songs given in
Spanish, English, French, and German.

Appendix
A

1281. Prieto, Gregorio. *Paintings and Drawings*. London: Falcon Press, Ltd., 1947.

Includes Prieto's painting of the head of L, but no works by L.

1282. Castellet, José María. *Spagna: poesia oggi*. Milan: Feltrinelli Editore, 1962.

1283. Puccini, Dario (ed.). *Romanza della resistenza spagnola, 1936-1965*. 2 vols. Rome: Editori Riuniti, 1965.

1284. Sousa, Alfonso Felix de. *Antologia Poetica*. Rio de Janeiro: Editora Leitura, S.A., 1966.

Though this volume includes "Pranto por Federico García Lorca" on pp. 73-74, it does not have any translations of L's works.

Appendix
B

1285. Roblès, Emmanuel. *Prologue: Poème* (Méditerraniennes 20, Serie 1). Algiers: Charlot, 1940.

1286. ————. *Prologue.* (2ᵉ ed. Collection Poésie et Théâtre). Algiers: Charlot, 1942.

1287. ————. *Romances historiques.* Algiers: Charlot, 1942.

1288. Alin, Karin, and Hjalmar Gullberg (trs.). *Bernardas Hus.* Stockholm: Norsted and Soners, 1947.

1289. Gattegno, Félix. *Federico García Lorca: Anthologie poétique.* Paris: GLM, 1948.

Note that we have included the work by the title published by Charlot in 1946 in the main part of this volume.

1290. García Lorca, Francisco, and Jaime Salinas. *The Selected Poems of Lorca.* New York: New Directions, 1953.

According to a letter received from New Directions, though projected, this work was never realized.

1291. Angulo, Jaime de. *Selected Poems.* Norfolk, Conn.: New Directions, 1955.

1292. Auclair, Marcelle (tr.). *Oeuvres complètes (de García Lorca).* Paris: Gallimard, 1956. Vol. 5.

This volume listed as "missing" at all three U.S. locations, University of Oklahoma, University of Wisconsin, and L.C.

1293. Civrny, Lumír. *Cikañské Romance.* Prague: Edit. SNKLHU, 1956.

1294. András, László. *Toreodorsirató.* Budapest: Europa, 1957.

1295. Delay, Florence. *Chanson avec mouvement*. Alès: P.A. Benoit, 1957. 12 pp.

1296. András, László. *Három szinmu*. Budapest: Europa, 1958.

1297. András, László, with J. Benyhe. *A. osodálatos Vargáné*. Budapest: Gondulat, 1959.

1298. András, László. *Valogatott prózai irásai*. Budapest: Gondulat, 1959.

1299. Godenne, Willy. *Romancero gitano*. Heideland: Albe, 1959.

1300. ————. *Doden Klacht voor Ignacio Sánchez Mejías*. Heideland: Albe, 1959.

1301. Civrny, Lumír. *Lyrika*. Prague: Edit. SNKLHU, 1959. 232 pp.

1302. ————. *Zeleny vítr*. Prague: Edit. Českaslovenský, 1961.

1303. ————. *Pisně na andaluskoa notu*. Prague: Edit. Mladá fronta, 1961.

1304. András, László. *Federico García Lorca összes müvei*. 2 vols. Budapest: Magyar Helikon, 1962.

1305. Politis, Cosmas, and Nikos Simiriotis. *Poesías*. Athens: A. Caravias, 1964. 183 pp.

1306. Bo, Carlo. *Tre liriche d'amore*. Verona: Corubolo e Castliglione, 1966. 14 pp.

1307. Vajsbord, M. *Federiko García Lorca: Musykant*. Moscow: Sovietskij Kompositor, 1970.

1308. Anon. *Yerma*. Oslo: Tormod Klagestad, 1972.

1309. Muratov, Aleksandar. *Izbrani Tvorbi*. Sofia: Nar. Kúltura, 1973.

1310. Rincón, Carlos. *Stüke* (Ausdem Spanischen [RUB Band 655]). Leipzig: Reclam, 1976.

1311. Gattegno, Félix. *Morceaux Choisis*. Algiers: Charlot.

Indexes

INDIVIDUAL POEMS AND SONGS

TITLED DRAWINGS BY LORCA

Note: This list includes in alphabetical
order only those drawings by Lorca that
are known by a title, whether given by
Lorca or by others. It does not include
those drawings with no known title, though
these are found in the bibliography.